एक रंगीली लड़की ने

गीत संग्रह

कैलाश चन्द्र यादव

Published By

Anybook

Cell : 9971698930

E-mail : contactanybook@gmail.com

Website : www.anybook.org

Price in India :350/- INR

First published by Anybook in 2022

Printed and bound in India

Cover Design & Typesetting by Anybook

ISBN : 978-93-91571-41-2

फिल्म जगत की, महान संगीतकार श्रीमती उषा खन्ना
महान गायक श्री मोहम्मद रफ़ी के साथ

समर्पण

भारत की एक मात्र महिला संगीतकार 'उषा खन्ना' जी मेरे साथ whatsapp पर जुड़ी हैं। आपने मेरे गीतों को सदा ही पसन्द किया है। आपका आशीर्वाद मुझे सदा ही मिला है। यह गीत संग्रह 'एक रंगीली लड़की ने' मैं आदरणीया उषा खन्ना जी को समर्पित करता हूँ।

- गीतकार

कैलाश चन्द्र यादव

कलमकार के उद्‌गार

सभी पाठकों को नमन !

गीत संग्रह 'एक रंगीली लड़की ने' को आप को सौंपते हुए हर्ष का अनुभव हो रहा है। फेसबुक पर तमाम मित्रों के स्नेह भरे कमेंट्स जब मिलते हैं तो मन होता है, लिखता रहूँ , लिखता रहूँ... ।

प्रातः से ही पाठक मेरे इन्तजार में रहते हैं। मेरी पोस्ट जैसे ही फेस बुक पटल पर पहुंचती है, उनके कमेन्ट्स आना शुरू हो जाते हैं।

'एक रंगीली लड़की ने' में गीतों के सृजन में बहुत सारी बातें ध्यान में रखी गयी हैं। मेलोडियस, नयी कम्पोजिंग, बहुत से पुराने बेहतरीन सदाबहार गीतों का नया वर्जन, साथ ही सामयिक परिस्थितियों से जुड़े गीत भी इसमें शामिल हैं।

सभी तरह के रोमांटिक, सुख और दुःख, जिन्दगी के हर ऐसे लम्हें, जो हमसे जुड़े हैं, जिनको मैंने जिया है, जिनका मैंने जीवन में अनुभव किया है। सभी उद्‌गार गीत की भाषा में, संगीत के सहयोग से कब शब्द बन जाते हैं, मुझे नहीं मालूम। इसी तरह आप सभी का स्नेह मिलता रहेगा तो आगे लिखने की प्रेरणा बनी रहेगी।

एक बार पुनः आप सभी का आभार व्यक्त करता हूँ।

कैलाश चन्द्र यादव

कैलाश चन्द्र यादव गीतकार : परिचय

मेरा जन्म दिनांक 16 नवम्बर 1960 को काशीपुर उत्तराखण्ड में एक निर्धन परिवार में हुआ। बचपन काफी कठिनाईयों के दौर से गुजरा। आर्थिक हालात ठीक नहीं थे। फिर भी मेरे माता पिता ने मेरे लालन-पालन में कोई कमी नहीं रखी।

प्रारम्भ से ही सरकारी स्कूलों के माध्यम से शिक्षा पायी। पढ़ने में पहले से ही तेज था। हर कक्षा में अव्वल ही आता था। हाई स्कूल, इण्टरमीडिएट में भी मैं प्रथम श्रेणी में उत्तीर्ण हुआ। स्नातक स्तर बी०कॉम० में भी मेरा कुमायूँ विश्वविद्यालय में तृतीय स्थान रहा। इसके उपरान्त मेरे परिवार के आर्थिक हालात ठीक नहीं होने के कारण मुझे सर्विस ज्वाइन करनी पड़ी।

एक वर्ष उत्तर प्रदेश राज्य वस्त्र निगम लिमिटेड काशीपुर में सेवा के दौरान ही मैंने एम०काम० परीक्षा उर्तीण की और मेरा चयन भारतीय दूरसंचार विभाग में हो गया। सेवा के लगभग 38 वर्ष मैंने अपने ही शहर में गुजारने के बाद वर्ष 2019 में वी आर एस लेकर मैं कार्यमुक्त हुआ। लेखन का शौक पहले ही था। पहले मैं आर्थिक जगत से जुड़े लेख लिखता था। बाद में मैंने कई कारणोंवश अपनी दिशा बदल दी और कविता व शायरी क्षेत्र से गुजरते हुए मैं गीतकार बन गया।

संगीत भी बचपन से मेरी ज़िंदगी का एक हिस्सा रहा। इसलिये गीतों के सृजन को संगीत का सहारा मिलता गया और मैं बढ़ता गया।

वर्तमान में मैं अन्य जैसे-कन्नड़, तेलगू, मलयालम,असमिया, मराठी... आदि भाषाओं के गीतों को हिन्दी में सृजन करने का प्रयास कर रहा हूँ। हालाँकि मुश्किल है फिर भी अच्छा लगता है।

प्रकाशित पुस्तकों का विवरण -

क्रम	वर्ष	गीतों की सं०	प्रकाशित पुस्तक का नाम
01.	2022	285	एक रंगीली लड़की ने (गीत संग्रह)
02.	2021	284	दिल को मेरे छू गयी (गीत संग्रह)
03.	2020	284	कब से तेरी राह में बैठी (गीत संग्रह)
04.	2020	284	ऐसा तुझमें क्या है (गीत संग्रह)
05.	2020	379	साजन मेरे साजन (गीत संग्रह)
06.	2020	016	आपातकाल में सृजन फुलबाड़ी
07.	2018	000	इस उपवन में (कहानी संग्रह)
08.	2018	181	सपनों में तुम (गीत संग्रह)
09.	2018	281	ऐसे मौसम में (गीत संग्रह)
10.	2017	240	सनम तेरे प्यार में (गीत संग्रह)
11.	2017	182	साजन-साजन (गीत संग्रह)
12.	2002	355	याद आओगे तुम (गीत संग्रह)
13.	2001	056	तुम पिया नहीं आये (वि०रचना संग्रह)
14.	2002	048	कौन कली मुस्काई (बाल गीत)
15.	2001	059	मातृभूमि तुझे प्रणाम (राष्ट्रभक्ति गीत)
16.	1993	000	चिट्ठी आई है (मनोविश्लेषण)

सरस्वती वन्दना

बहा दो, ज्ञान की गंगा, मेरी माँ, शारदे!
खड़ा हूँ द्वार पर माँ आपके, फ़रियाद ले
बहा दो, ज्ञान की गंगा, मेरी माँ, शारदे!

खिलौना हूँ मैं माटी का,इसे तुम प्राण भर दे दो।
खज़ाना हूँ माँ हर ग़म का,मुझ में झाँक कर देखो।
नज़र ऐसे नहीं फेरो,मुझे इन्साफ़ भर दे दो।
सजा दो फिर, मेरी गलियाँ, मेरी माँ शारदे!
खड़ा हूँ, द्वार पर माँ, आपके, फ़रियाद ले,
बहा दो, ज्ञान की गंगा, मेरी माँ, शारदे!

कभी जीता, कभी हारा,ज़माना है बड़ा ज़ालिम।
मुझे लूटा है, इस तरह,बताना है नामुमकिन।
ये कैसी आग है दिल में,बुझाना है नामुमकिन।
बुझा दो, पाप की लपटें, मेरी माँ, शारदे!
खड़ा हूँ, द्वार पर माँ, आपके फ़रियाद ले,
बहा दो, ज्ञान की गंगा, मेरी माँ, शारदे!

मैं अपनी जान भी मैया,तेरे चरणों में दे दूँगा।
मैं अपना सर मेरी मैया,तेरे सज़दे में रख दूँगा।
सुनेगी गर न तू मेरी,तेरी दुनिया से चल दूँगा।
सुनी तेरी, है महिमा, मेरी माँ, शारदे!
खड़ा हूँ, द्वार पर माँ, आपके फ़रियाद ले,
बहा दो, ज्ञान की गंगा, मेरी माँ, शारदे!

पुस्तक परिचय

'एक रंगीली लड़की' ने जैसा कि आपको लग रहा है। रंगीली अर्थात् इस गीत संग्रह में मनोरंजन को ध्यान में रखकर ही गीतों का सृजन किया गया है। मेरा प्रयास है बहुभाषायी फिल्मी गीतों से हटकर अपनी मातृभाषा हिन्दी को गीतों का माध्यम क्यों न बनाया जाये।

सामान्य भाषा में लिखा गया हर गीत चाहे वह रोमेंटिक है या दुःखद अपनी छाप छोड़ जाता है। मुझे इसका एहसास तब होता है जब देश-विदेश से फेस बुक के 300 से भी अधिक ग्रुप के सदस्यों से मुझे कमेन्ट मिलते हैं। फेस बुक पर जारी सामग्री का विस्तार अवश्य विश्वस्तर का है परन्तु एक पुस्तक, एक गीत संग्रह का जो मजा है, वह अलग ही होता है। पुस्तक हाथ में आते ही लगता है किसी ने हमारे एहसासों को छुआ। मानों ख़त में किसी का चेहरा दिखायी दिया।

मुझे विश्वास है गीतों के माध्यम से जिन एहसासों पर मैंने कार्य किया है वे अवश्य आपके अन्तः मन को छुयेंगे। गीतों की विषय सामग्री तैयार करने में पाठकों के कमेन्ट उनकी पोस्टें बड़ी मददगार होती हैं। जब कोई विषय नहीं सूझता फेस बुक पर पाठकों के विचार भी गीत की शक्ल ले लेते हैं। ग्लैमरस चेहरे खुद ब खुद जहन में रंगीनियाँ ला देते हैं।

मेरी अब तक की प्रकाशित पुस्तकों में इस गीत संग्रह पर बहुत बारीकियों के साथ काम किया गया है। फिर भी कहीं कोई त्रुटि नज़र आये तो आप इस नाचीज़ को अवश्य क्षमा करेंगे !

कैलाश चन्द्र यादव 'गीतकार'

काशीपुर जिला ऊधमसिंहनगर उत्तराखण्ड

अनुक्रम

गीत

शुभ वन्दन है प्यार का

शुभ वन्दन है प्यार का, अभिनंदन है आपका।
चलता रहे सदा यूँ ही, गठबन्धन है आपका।
शुभ वन्दन है प्यार का, अभिनंदन है आपका।

मुस्कुराना आपका, वाकई क़माल है।
चेहरा ये आपका, क्या बेमिसाल है?
लाऊँ कहाँ से शब्द मैं तारीफ के लिये,
होंठों पर आज फिर उलझा सवाल है।
खन-खन खनक रहा है, जो कंगन है आपका।
चलता रहे सदा यूँ ही, गठबन्धन आपका।
शुभ वन्दन है प्यार का, अभिनंदन है आपका।

अन्जानी चाहतों को, तुमने मिला दिया।
अन्जाने रास्तों पर, चलना सिखा दिया।
जिसका न कोई जग में, तुम साथ हो लिये,
दुःख बाँट कर सदा, गले से लगा लिया।
मस्तक झुका-झुका मेरा और चंदन है आपका।
चलता रहे सदा यूँ ही, गठबन्धन आपका।
शुभ वन्दन है प्यार का, अभिनंदन है आपका।

जुड़कर मै आपसे, कितना खुशनसीब।
ठुकराओ या भी प्यार दो, बन्दा मैं अजीब।
नग़मों का ये सफर, हमराह तुम मिले।
नज़राने हैं ये प्यार के, सब हो मेरे अज़ीज़।
खुशियों से हरा-भरा, ये गुलशन है आपका।
चलता रहे सदा यूँ ही, गठबन्धन आपका।
शुभ वन्दन है प्यार का, अभिनंदन है आपका।

अब फिर उनसे मुलाक़ात

अब फिर उनसे मुलाक़ात, न होगी यारों।
पहले जैसी बरसात, न होगी यारों।
अब फिर उनसे मुलाक़ात, न होगी यारों।

जिक्र जब आयेगा, जुबाँ पर उनका।
नाम दिखता है नहीं, कहीं पर उनका।
अब फिर उनसे कोई बात, न होगी यारों।
पहले जैसी बरसात, न होगी यारों।
अब फिर उनसे मुलाक़ात, न होगी यारों।

गुनगुनाते थे संग, प्यार की सरगम।
जब उठाते थे चेहरे से, शोख़ चिलमन।
अब फिर वैसी हँसीन रात, न होगी यारों।
पहले जैसी बरसात न होगी यारों।
अब फिर उनसे मुलाक़ात न होगी यारों।

मुस्कुराती थी देखकर, बाग की कलियाँ।
दिन कटते थे खेल से, चैन से रतियाँ।
अब फिर कल सी क़रामात, न होगी यारों।
पहले जैसी बरसात, न होगी यारों।
अब फिर उनसे मुलाक़ात, न होगी यारों।

दर्दे दिल का बयाँ आज करूँ किससे?
बेअसर हुई हैं दुआऐं आज करूँ किससे?
दुआ की है क़बूल आज, न होगी यारों।
पहले जैसी अब बरसात, न होगी यारों।
अब फिर उनसे मुलाक़ात, न होगी यारों।

अब कोई दूरी न उलझन

अब कोई दूरी न उलझन, बस एक इक़रार है।
मिल गये दो दीवाने, काहे इंतज़ार है।
अब कोई दूरी न उलझन, बस एक इक़रार है।

दुनिया हमें कुछ भी कहे, मिलना हमें है, मिलकर रहेंगे।
गुंचे हैं ये, गुलशन के खिलना जिन्हें, खिलकर रहेंगे।
झूमेगा-गायेगा गुलशन, कलियों पे निखार है।
मिल गये दो दीवाने, काहे इंतज़ार है।
अब कोई दूरी न उलझन, बस एक इक़रार है।

दिल जो कहे, वही हम करें, तुम हो जहाँ, मैं भी वहीं हूँ।
साथी मेरे जाने जिगर, तुम हो जवाँ मैं भी हँसी हूँ।
शोला तुम मैं शबनम, तुम पर ऐतबार है।
मिल गये दो दीवाने, काहे इंतज़ार है।
अब कोई दूरी न उलझन, बस एक इक़रार है।

जुड़ जाते हैं, एक बार जो टूटे नहीं, उल्फ़त के धागे।
आगें हैं जब, रखे कदम रुकते नहीं, करके इरादे।
बन गये जो हैं धड़कन, दोनों की एक राह है।
मिल गये दो दीवाने, काहे इंतज़ार है।
अब कोई दूरी न उलझन, बस एक इक़रार है।

करते नहीं शिकवे-गिले, हर बात को मानते।
बन जाते मनमीत जो, जज़्बात को पहचानते।
चुपके से हटाते हैं चिलमन, न कोई तक़रार है।
मिल गये दो दीवाने, काहे इंतज़ार है।
अब कोई दूरी न उलझन, बस एक इक़रार है।

अच्छे दिन लौटकर आयेंगे

अच्छे दिन लौटकर आयेंगे, 'सोचते ही रहे-सोचते ही रहे'।
कभी हम-तुम भी चाँद पर जायेंगे, 'सोचते ही रहे-सोचते ही रहे'।
कभी अच्छे दिन लौटकर आयेंगे, 'सोचते ही रहे-सोचते ही रहे'।

ले लो थाली, ठोंको ताली, शतक बना पेट्रोल का।
कम है क़ीमत, टैक्स है ज्यादा, किस्सा है ये क़माल का।
कभी अपने ही दिल तोड़कर जायेंगे, 'सोचते ही रहे-सोचते ही रहे'।
कभी हम-तुम भी चाँद पर जायेंगे, 'सोचते ही रहे-सोचते ही रहे'।
कभी अच्छे दिन लौटकर आयेंगे, 'सोचते ही रहे-सोचते ही रहे'।

जब अपने ही बने दुश्मन, तो गैरों से शिकायत क्या?
ये छीनेंगे भी रोटी, नहीं बदलेंगे, हैं पत्थर, वाह!
कभी लँगड़े भी दौड़कर आयेंगे, 'सोचते ही रहे-सोचते ही रहे'।
कभी हम-तुम भी चाँद पर जायेंगे, 'सोचते ही रहे-सोचते ही रहे'।
कभी अच्छे दिन लौटकर आयेंगे, 'सोचते ही रहे-सोचते ही रहे'।

मिलेगा काम इन्हें कब तक, कभी पतवार ही छूटा।
बना था जो मेरा हमदम, उसी इन्सान ने लूटा।
कब्र मेरी वो खोदकर आयेंगे, 'सोचते ही रहे-सोचते ही रहे'।
कभी हम-तुम भी चाँद पर जायेंगे, 'सोचते ही रहे-सोचते ही रहे'।
कभी अच्छे दिन लौटकर आयेंगे, 'सोचते ही रहे-सोचते ही रहे'।

फैसलों को करने वाले, चन्द इन्सां ये कौन हैं?
रास्तों में डेरा डाले, है ज़ुबाँ पर, क्यों मौन हैं?
निहत्थे ही जंग जीतकर आयेंगे, 'सोचते ही रहे-सोचते ही रहे'।
कभी हम-तुम भी चाँद पर जायेंगे, 'सोचते ही रहे, सोचते ही रहे'।
कभी अच्छे दिन लौटकर आयेंगे, 'सोचते ही रहे-सोचते ही रहे'।

अंग-अंग तेरा मस्ती का ख़जाना

अंग-अंग तेरा, मस्ती का ख़जाना, नज़र न लग जाये।
जाने वाली तुझे जाने है ज़माना, नज़र न लग जाये।
अंग-अंग तेरा मस्ती का ख़जाना, नज़र न लग जाये।

कारे-कारे नयन कजरारे, बजे पैरों में छम-छम पायलिया।
कानों में लटकती बाली मुई, पल-पल सरके चुनरिया।
मेरा तुझसे कोई रिश्ता पुराना, नज़र न लग जाये।
जाने वाली तुझे जाने है ज़माना, नज़र न लग जाये।
अंग-अंग तेरा मस्ती का ख़जाना, नज़र न लग जाये।

बड़ी बिन्दास तेरी जवानी, हँसते देखकर ये नजारे।
बजे जब-जब हाथों के कँगना, झूमती बागों में बहारें।
ढूँढ ले कोई मिलने का बहाना, नज़र न लग जाये।
जाने वाली तुझे जाने है ज़माना, नज़र न लग जाये।
अंग-अंग तेरा मस्ती का ख़जाना, नज़र न लग जाये।

तन्हा आ मिलें चंद लम्हें करें, पूरी दिल की तमन्ना।
अच्छा लगता है जाने जिगर, गलियों से तेरी अब गुजरना।
कब बनेगी तू मेरी जानेजानाँ, नज़र न लग जाये।
जाने वाली तुझे जाने है ज़माना, नज़र न लग जाये।
अंग-अंग तेरा मस्ती का ख़जाना, नज़र न लग जाये।

बिखराकर जुल्फ़ें तू अपनी, कर दे प्यार की मुझपे छैंया।
आ भी जा, तुझे थाम लूँ, बड़ी नाजुक हैं तेरी कलैय्याँ।
रोज-रोज तुझे लिखूँ अफ़साना, नज़र न लग जाये।
जाने वाली तुझे जाने है ज़माना, नज़र न लग जाये।
अंग-अंग तेरा मस्ती का ख़जाना, नज़र न लग जाये।

अंग-अंग तेरा नशीला

अंग-अंग तेरा नशीला, होंठों से चूम लूँगा,
हूँ भी दीवाना, हूँ भी दीवाना।
अंग-अंग तेरा नशीला, होंठों से चूम लूँगा,
हूँ भी दीवाना, हूँ भी दीवाना।
गर बात दिल की आयी, तेरा मैं नाम लूँगा,
हूँ भी दीवाना, हूँ भी दीवाना।

अपना मुझे बना ले या भी ज़हर तू दे-दे.,
अपना मुझे बना ले या भी ज़हर तू दे-दे।
होगा मिलन हमारा इतनी ख़बर तू दे-दे।
तन-मन मेरा रंगीला, तुझ पर मैं वार लूँगा,
हूँ भी दीवाना, हूँ भी दीवाना।

पलकों में बन्द तू है, जब तक है ज़िंदगानी.,
पलकों में बन्द तू है, जब तक है ज़िंदगानी।
मेरा नसीब तू है, कर मुझ पे मेहरबानी।
मीलों के फ़ासले मैं, पल भर में नाप लूँगा,
हूँ भी दीवाना, हूँ भी दीवाना।

इतना हँसीन मंजर, पहले कभी न देखा.,
इतना हँसीन मंजर, पहले कभी न देखा।
तक़दीर तू है मेरी, किस्मत की है भी रेखा।
क़ुदरत का ये क़रिश्मा, बागों से चुन मैं लूँगा,
हूँ भी दीवाना, हूँ भी दीवाना।

सब कुछ तुझे मिलेगा, पर मैं न मिल सकूँगा.,
सब कुछ तुझे मिलेगा, पर मैं न मिल सकूँगा।
जो कुछ है तूने चाहा, वो मैं न लिख सकूँगा।
तस्वीर तेरी रखकर, तन्हा मैं जी भी लूँगा,
हूँ भी दीवाना, हूँ भी दीवाना।

अजीब है तेरी मुहब्बत

अजीब है तेरी मुहब्बत, अजीब है तेरी आदत।
न याद करने का हक़ दिया है, न भूल जाने की इजाज़त।
अजीब है तेरी मुहब्बत, अजीब है तेरी आदत।

बेचैन है मेरा दिल, यादों में तुमने मुझे सताया।
मैंने तुझे सज़दे किये, साँसों में मैंने तुझे बसाया।
अजीब है तेरी शिकायत, अजीब है तेरी शरारत।
न याद करने का हक़ दिया है, न भूल जाने की इजाज़त।
अजीब है तेरी मुहब्बत, अजीब है तेरी आदत।

ख़ता क्या मेरी, ऐ मेरे रब! मिलन जो चाहा, मिली तन्हाई।
उदास मुझको किया तूने, क्या खूब है तेरी ख़ुदाई।
अजीब है तेरी जन्नत, अजीब है तेरी दोजख़।
न याद करने का हक़ दिया है, न भूल जाने की इजाज़त।
अजीब है तेरी मुहब्बत, अजीब है तेरी आदत।

पाया है मैंने जब किनारा, वहीं है मेरी डुबोयी कश्ती।
हँसीं चमन था मेरा ज़हाँ, न जाने किसने मिटायी हस्ती।
अजीब है तेरी वक़ालत, अजीब है तेरी अदालत।
न याद करने का हक़ दिया है, न भूल जाने की इजाज़त।
अजीब है तेरी मुहब्बत, अजीब है तेरी आदत।

सहे हैं मैंने सितम तेरे, सुने हैं चर्चे तेरी गली के।
देखे मचलते दिन सुहाने, देखे हैं तारे ज़मीं पे।
अजीब है तेरी फ़ितरत, अजीब है तेरी हिक़मत।
न याद करने का हक़ दिया है, न भूल जाने की इजाज़त।
अजीब है तेरी मुहब्बत, अजीब है तेरी आदत।

अपना सा लगता है ये फ़साना

अपना सा लगता है, ये फ़साना ज़िंदगी का।
यूँ ही कैसे हो गया हूँ? दीवाना मैं किसी का।
अपना सा लगता है, ये फ़साना ज़िंदगी का।

मुस्कुरा रहा है कोई, चिलमन से आज तक भी।
मुझे चाहता है कोई, नहीं भूला चाह कर भी।
अच्छा सा लगता है, शरमाना फिर किसी का।
यूँ ही कैसे हो गया हूँ? दीवाना मैं किसी का।
अपना सा लगता है, ये फ़साना ज़िंदगी का।

मुझे क्यों सता रहें हैं, लम्हें वो आशिक़ी के।
लब गुनगुना रहे हैं, किस्से वो बेबसी के।
अँखियों को चुभता है, बलख़ाना अब किसी का।
यूँ ही कैसे हो गया हूँ? दीवाना मैं किसी का।
अपना सा लगता है, ये फ़साना ज़िंदगी का।

दिल बेक़रार करके, कहीं वो अब खो गये हैं।
नींदें वो छीन करके, कैसे वो अब सो गये हैं।
सपना सा लगता है, वो ज़माना बन्दगी का।
यूँ ही कैसे हो गया हूँ? दीवाना मैं किसी का।
अपना सा लगता है, ये फ़साना ज़िंदगी का।

की जो सदाएँ मैंने, दीवारें बोलती हैं।
थे कौन वो मुसाफिर, ये बहारें सोचती हैं।
बचपन सा लगता है, याराना उस हँसी का।
यूँ ही कैसे हो गया हूँ? दीवाना मैं किसी का।
अपना सा लगता है, ये फ़साना ज़िंदगी का।

अंजानी-अंजानी~अंजानी एक लड़की

अंजानी-अंजानी, अंजानी एक लड़की।
दिल ले गयी चुरा के, मेरा अभी-अभी।
बिन बातों, बिन बातों, बिन बातों के भड़की,
कर गयी मुझे मनचला अभी-अभी।
अंजानी-अंजानी, अंजानी एक लड़की दिल ले गयी चुरा ...।

न कोई वादा किया, न कोई तोहफ़ा दिया।
नाम भी तो नहीं है, बताकर दिया।
शरमाकर गयी, मुस्कुराकर गयी।
इल्तिजा को मेरी, अनसुना कर गयी।
अलबेली-अलबेली, अलबेली एक लड़की।
चैन ले गयी चुरा के, मेरा अभी-अभी।
बिन बातों, बिन बातों, बिन बातों के भड़की,कर गयी मुझे ...।
अंजानी-अंजानी, अंजानी एक लड़की,दिल ले गयी चुरा ...।

गाल थे क्या ग़ज़ब, चाल थी क्या ग़ज़ब?
चन्दन सा बदन, होंठ थे क्या ग़ज़ब?
बिखरे थे गेसू, एक घटा की तरह।
लगती थी वो क्यों? ज़िंदगी की तरह।
मतवाली-मतवाली, मतवाली एक लड़की।
ग़म दे गयी है, इस तरह, अभी-अभी।
बिन बातों,बिन बातों,बिन बातों के भड़की, कर गयी मुझे ...
अंजानी-अंजानी~अंजानी एक लड़की. दिल ले गयी चुरा ...।

फिर मिले या न मिले, फिर दिखे या न दिखे।
पैग़ाम उल्फ़त मुझे, वो लिखे या न लिखे।
बन गया आशिक़ हूँ मैं, उसकी चंचल अदा देखकर।
हुआ घायल अभी से मैं, उसकी क़ातिल निग़ाह देखकर।
दीवानी-दीवानी, दीवानी एक लड़की।
फँसवा गयी मुझे बेवजह, अभी-अभी।
बिन बातों,बिन बातों,बिन बातों के भड़की, कर गयी मुझे ...।
अंजानी-अंजानी~अंजानी एक लड़की, दिल ले गयी चुरा ...।

अनि जैसा नाम, कहाँ से तू लाई

'अनि' जैसा नाम, कहाँ से तू लाई?
गोरी-गोरी बाहें हों, जैसे मलाई
अल्ला! दुहाई है दुहाई, अल्ला! दुहाई है दुहाई।

बना आशिक मैं तेरी जुल्फों का, बना दीवाना तेरे जलवों का।
बना मजनू मैं तेरी गलियों का, बना तारा मैं तेरी अँखियों का।
मखमल जैसी नरम है कलाई,
गोरी-गोरी बाहें हों जैसे मलाई।
अल्ला! दुहाई है दुहाई,अल्ला! दुहाई है दुहाई।
'अनि' जैसा नाम, कहाँ से तू लाई?

चाँद के जैसी तेरी सूरत है, मोहनी कैसी तेरी मूरत है?
मुझको तेरी ही ज़रूरत, यही इस दिल की हक़ीक़त है।
लबों के ये जाम कहाँ से तू लाई?
गोरी-गोरी बाहें हों जैसे मलाई।
अल्ला! दुहाई है दुहाई, अल्ला! दुहाई है दुहाई
'अनि' जैसा नाम, कहाँ से तू लाई?

नैन कजरारे तेरे जादू से, चाल मतवाली तेरी हिरनी सी।
रूप मस्ताना तेरा चांदी सा, तू दिलवाली मेरे सपनों की।
जी चाहता है मैं कर लूँ सगाई,
गोरी-गोरी बाहें हों जैसे मलाई।
अल्ला! दुहाई है दुहाई, अल्ला! दुहाई है दुहाई।
'अनि' जैसा नाम, कहाँ से तू लाई?

आ चिलमन से निकल के आ, आ बगियन में सँवर के आ।
आ बाहों में मचल के आ, आ साँसों में जिधर से तू आ।
देंगी तेरी सखियाँ, हमें तो बधाई।
गोरी-गोरी बाहें, हों जैसे मलाई।
अल्ला! दुहाई है दुहाई, अल्ला! दुहाई है दुहाई।
'अनि' जैसा नाम, कहाँ से तू लाई?

अपना बनाकर आपने, मुस्कुराना सिखा दिया

अपना बनाकर आपने, मुस्कुराना सिखा दिया।
अपना बनाकर आपने, मुस्कुराना सिखा दिया।
ऐसा लगाया रोग है, हमको दीवाना बना दिया।
अपना बनाकर आपने, मुस्कुराना सिखा दिया।

पहले तो हम भी थे, अन्जानों की तरह,
तुम भी तो ऐसे न थे, परवानों की तरह।
खिड़की पर आकर आपने, दिल का चुराना सिखा दिया।
ऐसा लगाया रोग है हमको दीवाना बना दिया।
अपना बनाकर आपने मुस्कुराना सिखा दिया।

बैठे थे बन्द करके, खिड़कियाँ तन्हा-तन्हा।
लगती थी ख़्वाब जैसे, खुशियाँ लम्हा-लम्हा।
खिड़की पर आकर अपने ग़म का भुलाना सिखा दिया।
ऐसा लगाया रोग है, हमको दीवाना बना दिया।
अपना बनाकर आपने, मुस्कुराना सिखा दिया।

मिलते हैं दो दीवाने यहाँ ऐसे मोड़ पर,
क्या हमको हो गया? हम जागे रात भर।
सीटी बजाकर आपने, वादे निभाना सिखा दिया।
ऐसा लगाया रोग है, हमको दीवाना बना दिया।
अपना बनाकर आपने, मुस्कुराना सिखा दिया।

पल भर में जुड़ हैं जाते, कैसे प्रेम बन्धन?
सोचे, न भी समझे, कर देते तन-मन अर्पन।
नग़में सुनाकर आपने, लब का तराना सिखा दिया।
ऐसा लगाया रोग है, हमको दीवाना बना दिया।
अपना बनाकर आपने, मुस्कुराना सिखा दिया।

अपने बारे में हमदम कुछ तो लिखो

अपने बारे में हमदम, कुछ तो लिखो।
अपने बारे में हमदम, कुछ तो लिखो।
कहाँ रहते हो? क्या है तुम्हारा पता?
अपने मोबाइल का ही नम्बर लिखो।
अपने बारे में हमदम, कुछ तो लिखो।

कैसे दिल की बात कहे? ये दीवानी-मस्तानी।
तन्हा-तन्हा कहाँ छिपा है? मेरा दिलबर जानी।
बतलाओ भी मुझसे, हुई क्या ख़ता?
अपनी स्माईल का ही चक्कर लिखो।
अपने बारे में हमदम, कुछ तो लिखो।

सावन क्या है? भादों क्या, क्या हैं मस्त नज़ारे?
असली क्या? नकली क्या, न समझे मेरे इशारे?
माना कि मुहब्बत, है एक सजा.,
अपनी स्टाईल में दो अक्षर लिखो।
अपने बारे में हमदम, कुछ तो लिखो।

कर सोलह श्रृंगार, मैं बैठी आस लगाये।
हल्की-हल्की चाँदनी, तन में आग लगाये।
करती हूँ मैं हरदम, रब से दुआ,
अपने अरमान सारे खुलकर लिखो।
अपने बारे में हमदम, कुछ तो लिखो।

नाम नहीं बतलाया तूने, पता पूछने वाली!
इतनी जल्दी क्या तेरी? ट्रेन छूटने वाली।
मैं रहता हूँ दिल में सबके सदा,
कसमें वादों का एक रजिस्टर रखो।
अपने बारे में हमदम, कुछ तो लिखो।

अपने दिल की बातों को सहमें जज़्बातों

अपने दिल की बातों को, सहमें जज़्बातों को।
किसी से तो शेयर करेगी, मुझसे ही कर ले सनम, मुझसे...।
गोरे मुखड़े वाले को, काली पगड़ी वाले को।
किसी को तो दिलबर कहेगी, मुझ ही को कह ले सनम, मुझी...।
अपने दिल की बातों को, सहमें जज़्बातों को....।

इस सफर में मुझे है ज़रूरत तेरी,
जानेजाँ! जान ले तू हक़ीक़त मेरी।
जागता रात भर मैं तेरी याद ले,
हर घड़ी ये जुबाँ बस तेरा नाम ले।
बिखरे-बिखरे बालों को, महकी-महकी साँसों को।
किसी से तो शेयर करेगी, मुझसे ही कर ले सनम, मुझसे...।
गोरे मुखड़े वाले को, काली पगड़ी वाले को।
किसी को तो दिलबर कहेगी, मुझ ही को कहले सनम, मुझी...।
अपने दिल की बातों को, सहमें जज़्बातों को....।

चाहता था जो मैं वो सिला है भी तू,
मुद्दतें बीती हैं अब मिली मुझको तू।
साथी तुम जो मिले कारवाँ बन गया,
ज़िंदगी थम गयी, बाग़वाँ खिल गया।
उलझे फरमानों को, ग़म के हालातों को,
किसी से तो शेयर करेगी, मुझसे ही कर ले सनम, मुझसे...।
गोरे मुखड़े वाले को, काली पगड़ी वाले को।
किसी को तो दिलबर कहेगी, मुझ ही को कहले सनम, मुझी...।
अपने दिल की बातों को, सहमें जज़्बातों को....।

उम्र भर मैं तेरी यूँ ही करूँ बन्दगी,
हर जनम में तुझे यूँ ही दूँ हर खुशी।
मिल गये तुम मुझे न कभी हों ज़ुदा,
न भी बेजार हो, प्यार की हर सदा।
खुशी या मिले भी गम, हर घड़ी अनोखे रंग।
किसी से तो शेयर करेगी, मुझसे ही कर ले सनम, मुझसे...।
गोरे मुखड़े वाले को, काली पगड़ी वाले को।
किसी को तो दिलबर कहेगी, मुझ ही को कहले सनम, मुझी...।
अपने दिल की बातों को सहमें जज़्बातों को....।

अरमान तेरा कर बैठा मैं

अरमान तेरा कर बैठा मैं, इस दिल के टुकड़े हजार हुए।
तुझको दिल दे बैठा मैं, दोनों के दिल बेकरार हुए।
अरमान तेरा कर बैठा मैं,
इस दिल के टुकड़े हजार हुए।

दुनिया की नज़रें हम पे पड़ी, टूटी रिश्तों की जुड़ती कड़ी।
तिनकों की तरह उजड़ा घर, कहीं किस्मत की बिजली गिरी।
तेरा नाम ख़ुदा रख बैठा मैं,
इस दिल के टुकड़े हजार हुए।
तुझको दिल दे बैठा मैं, दोनों के दिल बेकरार हुए।
अरमान तेरा कर बैठा मैं,इस दिल के टुकड़े हजार हुए।

बिन्दास है तू शोख़ नज़र, बड़ी मस्त है तेरी पतली कमर।
गालों के जलवे देखे जब, ऐ-हुस्न तेरा कैसा ये असर?
तेरे नाम दिल लिखा बैठा मैं,
इस दिल के टुकड़े हजार हुए।
तुझको दिल दे बैठा मैं, दोनों के दिल बेकरार हुए।
अरमान तेरा कर बैठा मैं, इस दिल के टुकड़े हजार हुए।

जन्नत से उतर आयी है परी, कुदरत है तेरी क्या जादूगरी?
ज़ुल्फ़ों की अदा बहती नदी, हसरत है मेरी तुझे पा लूँ अभी।
कोई राज़ यूँ ही कह बैठा मैं,
इस दिल के टुकड़े हजार हुए।
तुझको दिल दे बैठा मैं, दोनों के दिल बेकरार हुए।
अरमान तेरा कर बैठा मैं, इस दिल के टुकड़े हजार हुए।

अधरों को कहा मैंने है कमल, लिखा है तुझे मैंने ताजमहल।
अन्दाज बयाँ कैसे मैं करूँ? समझा है तुझे मैंने ताज़ा ग़ज़ल।
जिस रोज़ तुझे चुन बैठा मैं,
इस दिल के टुकड़े हजार हुए।
तुझको दिल दे बैठा मैं, दोनों के दिल बेकरार हुए।
अरमान तेरा कर बैठा मैं, इस दिल के टुकड़े हजार हुए।

आगे बात बढ़ने दे रानी

आगे बात बढ़ने दे रानी, यहीं न ख़त्म कर कहानी।
आ करें मिलकर दो बातें, ज़रा मुस्कुरा दीवानी।
आगे बात बढ़ने दे रानी, यहीं न ख़त्म कर कहानी।

आँखें तेरी काजल बिन काली, बातें तेरी जहाँ से निराली।
चम-चम चमके माथे की बिंदिया, होंठों पर ग़ज़ब की लाली।
मैं हूँ तेरा दिलबर ए-रानी,
यहीं न ख़त्म कर कहानी।
आ करें मिलकर दो बातें, ज़रा मुस्कुरा दीवानी।
आगे बात बढ़ने दे रानी, यहीं न ख़त्म कर कहानी।

आगे तेरे मैं तारे ला दूँ, तू जो कहे नज़ारे ला दूँ।
पूरा कर दे मेरा हर सपना, तू जो कहे छमाछम नाचूँ।
आगे चाल चलने दे रानी~यहीं न ख़त्म कर कहानी
आ करें मिलकर दो बातें~जरा मुस्कुरा दीवानी
आगे बात बढ़ने दे रानी~यहीं न ख़त्म कर कहानी

नज़दीक आ-ओ-मेरी-अंगूरी, हैं काम तुझसे कितने जरूरी?
काहे चलाये नैनों से छुरियाँ, दे दिल मुझको कैसी मजबूरी?
आगे हाथ कर दे ऐ-रानी!
यहीं न ख़त्म कर कहानी।
आ करें मिलकर दो बातें, ज़रा मुस्कुरा दीवानी।
आगे बात बढ़ने दे रानी, यहीं न ख़त्म कर कहानी।

चढ़ती जवानी सँभालेगी कैसे? अरमाँ दिल के निकालेगी कैसे?
आगे है पर्वत, पीछे है दरिया, पड़ी जो मुश्किल पुकारेगी कैसे?
कर न इतनी मनमानी,
यहीं न ख़त्म कर कहानी।
आ करें मिलकर दो बातें, ज़रा मुस्कुरा दीवानी।
आगे बात बढ़ने दे रानी, यहीं न ख़त्म कर कहानी।

आगे कुछ लिखा न जाये

आगे कुछ लिखा न जाये, हाल-ए-दिल कहा न जाये।
है हँसीन सुहाना मंजर, कैसे आग बुझे ये दिलबर?
तुम ही कुछ बतलाओ न,
तुम ही कुछ बतलाओ न, आगे कुछ लिखा न जाये।

किन ख़्यालों में गुमसुम, सिर झुकाये खड़ी हो तुम।
चाँद सा है हँसीन चेहरा, माना कि हो अज़ीज तुम।
लाजबाव घटा से गेसू, है भी पास, मगर नहीं है तू,
तुम ही कुछ बतलाओ न, तुम ही कुछ बतलाओ न।
आगे कुछ लिखा न जाये।

प्यार की राह चला जो करते, यारों से जफ़ा नहीं करते।
हँसती हैं बराबर कलियाँ, ऐसा भी दगा नहीं करते।
मानते हैं ख़ुदा हम जिनको, कैसे भूल जायें हम उनको?
तुम ही कुछ बतलाओ न, तुम ही कुछ बतलाओ न!
आगे कुछ लिखा न जाये।

शोला बन जाती चिंगारी, देखती फिर दुनिया सारी।
हँसते-हँसते खायी कस्में, पड़ती फिर ख़ुद पर भारी।
हैं अज़ीब जहाँ की रस्में, बदले रंग ये क्यों पल-पल में?
तुम ही कुछ बतलाओ न! तुम ही कुछ बतलाओ न!
आगे कुछ लिखा न जाये।

मैं दीवाना तेरा नहीं हूँ, सोचे तू वो चेहरा नहीं हूँ।
ख़ुद ही मैं मस्त मुसाफिर, बीन का मैं लहरा नहीं हूँ।
चलना ही मेरी फ़ितरत है, क्या लिखा मेरी किस्मत में?
तुम ही कुछ बतलाओ न! तुम ही कुछ बतलाओ न!
आगे कुछ लिखा न जाये।

आ जा ओ मेरी रानी बना ले मुझे राजा

आ जा ओ मेरी रानी, बना ले मुझे राजा।
बजेगा बैंड बाजा, खिलेंगे गुल आँगन में।
है लम्बी तेरी चोटी, पराँदा तेरा लाल।
उम्र अठरह साल, आ चल कहीं मंदिर में।
आ जा, ओ मेरी रानी! बना ले मुझे राजा, बजेगा बैंड बाजा...।

ज़मीं आसमाँ का मिलन हो रहा है,
ज़माना ये देख मगन हो रहा है।
है समाँ सुहाना और हम-तुम जवाँ
फ़साना यह कैसा अलग हो रहा है?
है कमसिन जवानी कि प्रेम रोग लागा।
टूटे न यह धागा, मजा है तेरी चितवन में।
है लम्बी तेरी चोटी, पराँदा तेरा लाल, उम्र अठरह साल, आ...
आ जा, ओ मेरी रानी! बना ले मुझे राजा, बजेगा बैंड बाजा...।

ग़ज़ब ढा रही, तेरे होंठों की लाली।
कि बैठे ही बैठे, बना मैं सवाली।
शराबी नयन है, बदन गोरा-गोरा।
मिले हम जहाँ, हो क्यों न दीवाली?
तू मेरी ज़िंदगानी, किशन मैं तू राधा।
मिलन क्यों हो आधा? बसी तू मेरी धड़कन में।
है लम्बी तेरी चोटी, पराँदा तेरा लाल, उम्र अठरह साल, आ...।
आ जा, ओ मेरी रानी! बना ले मुझे राजा, बजेगा बैंड बाजा...।

कि जलती है हमदम, मुहब्बत से दुनिया।
तो क्यों न लड़ा लें, आपस में अँखियाँ।
जवानी का मौसम है, चन्द दिन का मेला।
तो क्यों न भी खेलें, हम-तुम यह खेला।
चुनर तेरी धानी, शरारा तेरा सादा।
चलेंगे कमायूँ प्लाजा, रँगेंगे दोनों एक रंग में।
है लम्बी तेरी चोटी, पराँदा तेरा लाल, उम्र अठरह साल, आ...।
आ जा, ओ मेरी रानी! बना ले मुझे राजा, बजेगा बैंड बाजा...।

आया मैं तेरे वास्ते दुनिया में दिलरुबा

आया मैं तेरे वास्ते, दुनिया में दिलरुबा।
तुझको मैं रब कहूँ भी, या तुझको कहूँ ख़ुदा।
आया मैं तेरे वास्ते, दुनिया में दिलरुबा।

वर्षों के इंतज़ार का, तू ही तो है सिला।
सदियों की इल्तिजा मेरी, तब जा ये गुल खिला।
कब जाने सहर हुई? कब जाने दिन डूबा?
तुझको मैं रब कहूँ भी, या तुझको कहूँ ख़ुदा।
आया मैं तेरे वास्ते, दुनिया में दिलरुबा।

छोड़ा जहाँ मैंने सनम, बस तेरी याद में।
अब तो दगा न कीजिए, मंजिल है पास में।
न रखना अब ये फ़ासले, जो भी हो मंसूबा,
तुझको मैं रब कहूँ भी, या तुझको कहूँ ख़ुदा।
आया मैं तेरे वास्ते, दुनिया में दिलरुबा।

साँसों की तेरे ताज़गी, हरदम यूँ ही रहे।
यारों मेरी दीवानगी, सरगम यूँ ही रहे।
न हों अलग ये रास्ते, गलियों तुझे ढूँढा।
तुझको मैं रब कहूँ भी, या तुझको कहूँ ख़ुदा।
आया मैं तेरे वास्ते, दुनिया में दिलरुबा।

होता नहीं यकीं मगर, जब सामने तू है।
जाना मुझे कहाँ है? हर राह में तू है।
लाया मैं तेरे वास्ते, नज़राने कुछ जुदा।
तुझको मैं रब कहूँ भी, या तुझको कहूँ ख़ुदा।
आया मैं तेरे वास्ते, दुनिया में दिलरुबा।

आयी है ऋतु मस्तानी

आयी है ऋतु मस्तानी, आ-जा, आ-जा, ओ मेरे दिलबर जानी!
मौसम भी है क्या सुहाना? आ-जा, ओ मेरे सपनों की रानी!
आयी है ऋतु मस्तानी, आ-जा, आ-जा, ओ मेरे दिलबर जानी!

आजा-आजा बाँध के घुँघरू, आजा-आजा पहन पायलिया।
माथे पे बिंदिया, होंठों पे लाली, आ-जा, आ-जा ओढ़ चुनरिया।
आयी है शाम सुहानी, आ-जा, आ-जा, ओ महलों की रानी!
मौसम भी है क्या सुहाना? आ-जा, ओ मेरे सपनों की रानी!
आयी है ऋतु मस्तानी, आ-जा, आ-जा, ओ मेरे दिलबर जानी!

गोरे तेरे गाल गुलाबी, बहकी तेरी चाल शराबी।
बीच बजरिया महके गजरा, नैना तेरे लगते छलाबी।
छायी है तुझ पर जवानी, आ-जा, उम्र है तेरी सयानी।
मौसम भी है क्या सुहाना? आ-जा, ओ मेरे सपनों की रानी!
आयी है ऋतु मस्तानी, आ-जा, आ-जा, ओ मेरे दिलबर जानी!

चाँद सा मुखड़ा अज़ब पहेली, निकली घर से काहे अकेली।
मस्त अदायें बला के नखरे, छेड़ेंगी तुझको तेरी सहेली।
है अभी तू अन्जानी, आ-जा, आ-जा लिखें कोई नई कहानी।
मौसम भी है क्या सुहाना? आ-जा, ओ मेरे सपनों की रानी!
आयी है ऋतु मस्तानी, आ-जा, आ-जा, ओ मेरे दिलबर जानी!

मैं तेरा आशिक़ हूँ कैसा? तूने चाहा, हूँ मैं वैसा।
तेरी चाहत मेरी मंजिल, बदन तेरा है हीरे जैसा।
प्रीत की रीत है पुरानी, आ-जा, करेंगे हम मनमानी।
मौसम भी है क्या सुहाना? आ-जा, ओ मेरे सपनों की रानी!
आयी है ऋतु मस्तानी, आ-जा, आ-जा, ओ मेरे दिलबर जानी!

एक रंगीली लड़की ने दिल यूँ लिया

एक रंगीली लड़की ने, दिल यूँ लिया और यूँ गई।
सुबह उठा मैं चार बजे, यूँ गयी वो यूँ गई।
एक रंगीली लड़की ने, दिल यूँ लिया और यूँ गई।

चलती-फिरती थी वो आफ़त, कर गई मुझपे क़यामत।
हिरनी जैसे निकली हवा सी, उफ़! क्या थी? उसकी नज़ाक़त।
लगती मुझको मेरी मंजिल, किस गली में वो गयी।
सुबह उठा मैं चार बजे, यूँ गयी वो यूँ गई।
एक रंगीली लड़की ने, दिल यूँ लिया और यूँ गई।

नैना काजल से कजरारे, गेसू उसके थे घुँघराले।
चाँद जैसा उसका चेहरा, होंठ उसके मय के प्याले।
हुस्न ग़ज़ब निग़ाहें क़ातिल, बेजुबाँ कुछ कह गई।
सुबह उठा मैं चार बजे, यूँ गयी वो यूँ गई।
एक रंगीली लड़की ने, दिल यूँ लिया और यूँ गई।

पेड़ों पर कूके कोयलिया, कौन दिशा से आयी गुज़रिया।
गाने लगी भोर सुहानी, साजन बिन हुई बावरिया।
अनकही वो निशानी देकर, किस ज़हाँ में गुम गई।
सुबह उठा मैं चार बजे, यूँ गयी वो यूँ गई।
एक रंगीली लड़की ने, दिल यूँ लिया और यूँ गई।

उसको मैं भुलाऊँ कैसे? नज़दीक आऊँ तो आऊँ कैसे?
कोई पता, न उसका ठिकाना, ग़म मैं अपने सुनाऊँ कैसे?
चन्द ही लम्हों में, वो दिल मेरा छूकर गई।
सुबह उठा मैं चार बजे, यूँ गयी वो यूँ गई।
एक रंगीली लड़की ने, दिल यूँ लिया और यूँ गई।

ऐसा क्या तुझमें देखा था

ऐसा क्या? तुझमें देखा था, तुझ ही से दिल लगा बैठा।
निग़ाहों का था मिलना बस, मैं अपने ग़म भुला बैठा।
ऐसा क्या? तुझमें देखा था, तुझ ही से दिल लगा बैठा।

पता मुझको न था की ये, कहानी यूँ भी बदलेगी।
किसी का दिल पिघलेगा, जवानी मेरी सँवरेगी।
लिखा था प्यार का नग्मा, लबों से गुनगुना बैठा।
निग़ाहों का मिलना था, मैं अपने ग़म भुला बैठा।
ऐसा क्या? तुझमें देखा था, तुझ ही से दिल लगा बैठा।

वज़ह कुछ भी हो लेकिन, है हलचल मेरी धड़कन में।
जिया मेरा हुआ बेकल, बसी तू मेरे तन-मन में।
मेरे दिल ने चुना तुझको, मैं हाल-ए-दिल सुना बैठा।
निग़ाहों का था मिलना बस, मैं अपने ग़म भुला बैठा।
ऐसा क्या? तुझमें देखा था, तुझ ही से दिल लगा बैठा।

लबों पर प्यार की सरगम, उभरते गीत हैं तुझसे।
कि पल भर ठहर तू जाये, कि बनते राग हैं तुझसे।
समझ रब तुझको पूजा था, ख़ुदा तुझको समझ बैठा।
निग़ाहों का था मिलना बस, मैं अपने ग़म भुला बैठा।
ऐसा क्या? तुझमें देखा था, तुझ ही से दिल लगा बैठा।

है दिल में आग सी दहकी, मुहब्बत इसको कहते हैं।
हैं नींदें आँखों से गायब, इनायत इसको कहते हैं।
था पाया जो कुछ मैंने, तुझ ही पर सब लुटा बैठा।
निग़ाहों का था मिलना बस, मैं अपने ग़म भुला बैठा।
ऐसा क्या? तुझमें देखा था, तुझ ही से दिल लगा बैठा।

बदन तेरा है चाँदी सा नयन तेरे

बदन तेरा है चाँदी सा, नयन तेरे मयख़ाने से।
मुझे तुझसे मुहब्बत है, तुझे चाहा ज़माने से।
बदन तेरा है चाँदी सा, नयन तेरे मयख़ाने से।

अदाओं का तेरी जादू, दीवाना कर रहा मुझको।
मुझही को चुन लिया तो क्या? किसी का होना है तुझको।
फ़साना है ये उल्फ़त का, चली आ तू बहाने से।
मुझे तुझसे मुहब्बत है, तुझे चाहा ज़माने से।
बदन तेरा है चाँदी सा, नयन तेरे मयख़ाने से।

जहाँ रखे कदम तूने, वहाँ पलकें बिछा दूँगा।
कि पल-पल देखती तू जा, मैं जाँ भी ये लुटा दूँगा।
पड़ेगा फ़र्क तुझ पर क्या? मेरा दिल टूट जाने से।
मुझे तुझसे मुहब्बत है, तुझे चाहा ज़माने से।
बदन तेरा है चाँदी सा, नयन तेरे मयख़ाने से।

लिखा करता हूँ मैं नग़में, फ़लक से तू उतर आये।
दुआ करता ख़ुदा से मैं, कहीं तो तू नज़र आये।
चलाये तीर हैं तूने वो लगे सीधे निशाने पे।
मुझे तुझसे मुहब्बत है, तुझे चाहा ज़माने से।
बदन तेरा है चाँदी सा, नयन तेरे मयख़ाने से।

तमन्ना थी खिलेंगे गुल, कभी मेरे भी आँगन में।
कि गुंचे खिलखिलायेंगे, कभी मेरे भी गुलशन में।
करूँ किस पर भरोसा क्या? है मतलब क्या याराने से?
मुझे तुझसे मुहब्बत है, तुझे चाहा ज़माने से।
बदन तेरा है चाँदी सा, नयन तेरे मयख़ाने से।

बहुत हुआ मिलना मिलाना

बहुत हुआ मिलना-मिलाना, खुले आम प्यार दे दूँ क्या?
नहीं यार घण्टी बजाना, मैं हूँ बेक़रार कह दूँ क्या?
बहुत हुआ मिलना-मिलाना, खुले आम प्यार दे दूँ क्या?

चिलमन से बाहर निकल आई, परियों सा बन-सँवर आई।
आगे जो होगा वो रब जाने, जैसे ही तेरी ख़बर आई।
नहीं है भी कल का ठिकाना, तेरा नाम आज ले दूँ क्या?
नहीं यार घण्टी बजाना, मैं हूँ बेक़रार कह दूँ क्या?
बहुत हुआ मिलना-मिलाना, खुले आम प्यार दे दूँ क्या?

रंगीला सावन बरसता है, धक-धक दिल मेरा धड़कता है।
मिलने की तुझसे हसरत बड़ी, शोला सा दिल में मचलता है।
बहुत हुआ सीटी बजाना, मैं अरमाँ ये दिल का कह दूँ क्या?
नहीं यार घण्टी बजाना, मैं हूँ बेक़रार कह दूँ क्या?
बहुत हुआ मिलना-मिलाना, खुले आम प्यार दे दूँ क्या?

सोचता है क्या दिलवाले पण्डित से, सितारों को मिलवा ले।
देर हो जायेगी अब देर में, मौला से तू कलमा पढ़वा ले।
मैं हूँ तेरी सलमा-सुल्ताना, मैं दिल का राज़ कह दूँ क्या?
नहीं यार घण्टी बजाना, मैं हूँ बेक़रार कह दूँ क्या?
बहुत हुआ, मिलना-मिलाना, खुले आम प्यार दे दूँ क्या?

दुनिया में जहाँ दिल मिलते हैं, वही जन्नत सदायें देती है।
चार दिन का जवानी मेला है, यही धरती अम्बर से कहती है।
बहुत हुआ दिलरुबा फ़साना, बता दाम यार दे दूँ क्या?
नहीं यार घण्टी बजाना, मैं हूँ बेक़रार कह दूँ क्या?
बहुत हुआ मिलना-मिलाना, खुले आम प्यार दे दूँ क्या?

बरबाद कर दिया तेरी मुहब्बत ने

बरबाद कर दिया, तेरी मुहब्बत ने जानम।
वरना तो हम भी आदमी थे... काम के हमदम।
बरबाद कर दिया, तेरी मुहब्बत ने जानम।

देखी हैं हमने आप सी, कितनी ही तितलियाँ?
चेहरे पर है नज़ाक़त गिराती बिजलियाँ।
संग इनके तय किये हैं, मीलों से फ़ासले।
संग इनके राह में, शोलों पर हम चले।
अन्जान कर दिया, तेरी शरारत ने जानम।
वरना तो हम भी आदमी थे... काम के हमदम।
बरबाद कर दिया, तेरी मुहब्बत ने जानम।

बैठे हैं इन्तजार में, चाहत की ले सदा।
यूँ ही व्यर्थ जायेगी, मुद्दत की इल्तिजा।
कहते थे बन गये हैं तक़दीर आपकी,
टूटे से न टूटेगी, जंजीर प्यार की।
नाक़ाम कर दिया, तेरी अदालत ने जानम।
वरना तो हम भी आदमी थे... काम के हमदम।
बरबाद कर दिया, तेरी मुहब्बत ने जानम।

सदियों से बन्द कोई, खिड़की न खुली।
गुम हमसे हो गयी, वो तस्वीर न मिली।
हैं तेरे तलबगार, मजबूर क्या करें?
हर शय है तेरे साथ, मनसूब क्या करें?
हर बार ग़म दिया, तेरी चाहत ने जानम।
वरना तो हम भी आदमी थे... काम के हमदम।
बरबाद कर दिया, तेरी मुहब्बत ने जानम।

बात-बात पर दीवाने करता है

बात-बात पर दीवाने, करता है काहे का शोर।
दिल ये मेरा माँगे मोर, दिल ये मेरा माँगे मोर।
बात-बात पर दीवाने, करता है काहे का शोर।

तुझे पलकों में बंद मैंने किया,
फिर भी तूने मुझे धोखा दिया।
तेरी राहों में पलकें बिछाने लगी,
फिर भी तूने पल-पल लोचा किया।
किसी राह में तन्हा-तन्हा चल देगा,मुझको तू छोड़
दिल ये मेरा माँगे मोर, दिल ये मेरा माँगे मोर।
बात-बात पर दीवाने, करता है काहे का शोर।

बिरहा की अग्नि में मैं जलने लगी,
तेरी आहट को हमदम तरसने लगी।
दिल दुःखाती रही ठंडी पवन,
तेरी उल्फ़त को अँखियाँ बरसने लगीं।
मैं जानूँ या तू जाने, आया है यह कैसा दौर?
दिल ये मेरा माँगे मोर, दिल ये मेरा माँगे मोर।
बात-बात पर दीवाने, करता है काहे का शोर।

शरमाने लगी,घबराने लगी, मेरी पतली कमर,बलखाने लगी
हरसू है नज़ारों में तू ही पिया, मुझे बाली उमर तड़पाने लगी।
गुजरे हैं कई ज़माने, करता है नहीं तू गौर।
दिल ये मेरा माँगे मोर, दिल ये मेरा माँगे मोर।
बात-बात पर दीवाने, करता है काहे का शोर।

बेवज़ह दीवानी मैं बन गयी,
बेवज़ह जोगनियाँ मैं बन गयी।
बेवज़ह मैं सपनों में खोयी तेरे,
बेवज़ह बावरिया मैं बन गयी।
बन बैठा तू सन्यासी, दिल पर है किसका जोर?
दिल ये मेरा माँगे मोर, दिल ये मेरा माँगे मोर।
बात-बात पर दीवाने, करता है काहे का शोर।

एक ही कविता को मैं

एक ही कविता को मैं, हर बार पढ़ता हूँ।
एक ही कविता को मैं, हर बार पढ़ता हूँ।
कुछ चुराकर पढ़ रहा, कुछ अपनी गढ़ता हूँ।
कुछ चुराकर पढ़ रहा, कुछ अपनी गढ़ता हूँ।
है आँगन वही, है गुलशन वही, हैं कविवर वही भी आज।
है अनुश्री वही, है तनुश्री वही, हैं श्रोता वही भी आज।

सोचता था, कुछ नया मैं, आज लिख लाऊँ।
साज बिन, गीत कैसा, मैं ना भी लिख पाऊँ।
एक सी सीढ़ी तो मैं हर बार चढ़ता हूँ।
कुछ चुराकर पढ़ रहा, कुछ अपनी गढ़ता हूँ।
है आँगन वही, है गुलशन वही, हैं कविवर वही भी आज।
है अनुश्री वही, है तनुश्री वही, हैं श्रोता वही भी आज।

रंग-बिरंगे, फूल हैं और, ऋतु है मस्तानी
मस्त ये दिल, हो रहा है, ओ मेरी रानी!
ग़म भुलाने के लिये, अख़बार पढ़ता हूँ।
कुछ चुराकर पढ़ रहा, कुछ अपनी गढ़ता हूँ।
है आँगन वही, है गुलशन वही, हैं कविवर वही भी आज।
है अनुश्री वही, है तनुश्री वही, हैं श्रोता वही भी आज।

जिस्म अपना, लिख दिया है, नाम शहीदों के।
कैसे-कैसे, किस्से सुनता, राम-रहीमों के।
क्या करूँ उसको ही मैं हर बार चुनता हूँ?
कुछ चुराकर पढ़ रहा, कुछ अपनी गढ़ता हूँ।
है आँगन वही, है गुलशन वही, हैं कविवर वही भी आज।
है अनुश्री वही, है तनुश्री वही, हैं श्रोता वही भी आज।

मैं किनारे, पर खड़ा हूँ, अपनी कश्ती ले।
घूमता, हर कोई यहाँ है, अपनी अर्जी ले।
लिख चुका दोहे बहुत, दमदार पढ़ता हूँ।
कुछ चुराकर पढ़ रहा, कुछ अपनी गढ़ता हूँ।
है आँगन वही, है गुलशन वही, हैं कविवर वही भी आज।
है अनुश्री वही, है तनुश्री वही, हैं श्रोता वही भी आज।

बातें प्यार की करेंगे खुल के

बातें प्यार की, करेंगे खुल के, अफ़साने दिल के, लिखेंगे मिलके।
चल मेरे साथ चल, दुनिया के पार चल, कुछ भी कहे ये जहाँ।
बातें प्यार की, करेंगे खुल के, अफ़साने दिल के, लिखेंगे मिल के।

प्यार कभी कम न होगा, जब दीवाने चल पड़े।
दिल की धड़कन एक हुई, तब ये गुंचे खिल पड़े।
जंजीरों को हम तोड़ेंगे मिल के, तकदीर को बदलेंगे मिल के।
चल मेरे साथ चल, दुनिया के पार चल, कुछ भी कहे ये जहाँ।
बातें प्यार की, करेंगे खुल के, अफ़साने दिल के, लिखेंगे मिल के।

देखता है ये ज़माना, जलने वाले जल रहे हैं।
रात का हँसीन आलम, चाँद-तारे ढ़ल रहे हैं।
आँखें प्यार में करेंगे हम चार, क्यों भला अब करें इंतज़ार?
चल मेरे साथ चल, दुनिया के पार चल, कुछ भी कहे ये जहाँ।
बातें प्यार की,करेंगे खुल के, अफ़साने दिल के, लिखेंगे मिल के।

हों ज़ुदा न हम कभी, न करें कभी दिल्लगी।
जब तलक है धरती-अंबर, न ख़त्म हो दिल लगी।
प्यारे नज़राने लाये चुन के, गायेंगे हम-तुम नाचेंगे झूम के।
चल मेरे साथ चल, दुनिया के पार चल, कुछ भी कहे ये जहाँ।
बातें प्यार की, करेंगे खुल के, अफ़साने दिल के, लिखेंगे मिल के।

प्यार का कोई नाम देंगे, चाहत को अन्जाम देंगे।
इस जहाँ को चलते-चलते, कोई नया पैग़ाम देंगे।
वादे, इकरार करेंगे मिल के, खुशी मिले या ग़म बाँटेंगे मिल के।
चल मेरे साथ चल, दुनिया के पार चल, कुछ भी कहे ये जहाँ।
बातें प्यार की, करेंगे खुल के, अफ़साने दिल के, लिखेंगे मिल के।

बिन्दास है जानम मेरी

बिन्दास है जानम मेरी, मेरे दिल के आस-पास है।
कुछ ख़ास है उसमें जरूर, उल्फ़त की वो किताब है।
बिन्दास है जानम मेरी, मेरे दिल के आस-पास है।

तन्हाइयाँ कटती नहीं, बैठा मैं इन्तजार में।
चेहरा ज़रा पढ़ने लगा, कर बैठा इन्तख़ाब मैं।
हर बात है उसमें जुदा, लिखता कोई इतिहास है।
कुछ ख़ास है उसमें जरूर, उल्फ़त की वो किताब है।
बिन्दास है जानम मेरी, मेरे दिल के आस-पास है।

वाक़िफ़ हुआ जब नाम से, लिखने लगा उसपे ग़ज़ल।
मजनूँ बना दीवाना मैं, दिल ने कहा कुछ तो सँभल।
अच्छी है किस्मत मेरी, मीठा कोई एक ख़्वाब है।
कुछ ख़ास है उसमें जरूर, उल्फ़त की वो किताब है।
बिन्दास है जानम मेरी, मेरे दिल के आस-पास है।

क़ातिल सी हर अदा, घायल हुआ मैं देखकर।
नाज़ुक बड़ा है दिल मेरा, हैराँ हुआ हर बात पर।
रंग लाती है सरगम मेरी, वो मचलता शबाब है।
कुछ ख़ास है उसमें जरूर, उल्फ़त की वो किताब है।
बिन्दास है जानम मेरी, मेरे दिल के आस-पास है।

जी चाहता सज़दा करूँ, पर ए-ख़ुदा कैसे करूँ?
यूँ ही जागता मैं रात भर, पर ये ख़ता कैसे करूँ?
बढ़ने लगी धड़कन मेरी, मुद्दत की ये तलाश है।
कुछ ख़ास है उसमें जरूर, उल्फ़त की वो किताब है।
बिन्दास है जानम मेरी, मेरे दिल के आस-पास है।

एक बार तुझसे मिलने का

एक बार तुझसे मिलने का, फिर से ख़्याल आया।
किसने सितम था ये ढाया? फिर यह सवाल आया।
एक बार तुझसे मिलने का, फिर से ख़्याल आया।

सागर मचल रहे थे, सावन बरस रहा था।
बिन्दास तेरा चेहरा, पल-पल निखर रहा था।
इक़रार तुझसे करने का, फिर से ख़्याल आया।
किसने सितम था ये ढाया? फिर यह सवाल आया।
एक बार तुझसे मिलने का, फिर से ख़्याल आया।

गुजरे जो साथ लम्हें, क्या आयेंगे दुबारा?
आयें हैं मस्त झोंके, क्या करते हैं इशारा?
बेकरार दिल ये करने का, फिर से ख़्याल आया।
किसने सितम था ये ढाया? फिर यह सवाल आया।
एक बार तुझसे मिलने का, फिर से ख़्याल आया।

हँसती हैं आज कलियाँ, गुन्चों नें राज़ खोले।
भँवरे सुनायें सरगम, कोयलिया कू-कू बोले।
आग़ाज आज करने का, फिर से ख़्याल आया।
किसने सितम था ये ढाया? फिर यह सवाल आया।
एक बार तुझसे मिलने का, फिर से ख़्याल आया।

पलकों में बन्द है तू, नहीं ख़त्म हुई कहानी।
पतझड़ हुआ है जैसे, कैसी है ज़िंदगानी।
ख़त नाम तेरे लिखने का, फिर से ख़्याल आया।
किसने सितम था ये ढाया? फिर यह सवाल आया।
एक बार तुझसे मिलने का, फिर से ख़्याल आया।

बिताये साथ जो लम्हें

बताये साथ जो लम्हें, अभी तक हम नहीं भूले।
कभी संग बाग में खेले, कभी संग-संग थे झूले।
बिताये साथ जो लम्हें, अभी तक हम नहीं भूले।

मुझे हर रोज़ दिखती तू, तुझे ख़त रोज लिखता मैं।
सुबह ही तू सँवर जाती, गली से जब गुजरता मैं।
कहीं भी तू रहे हमदस, ख़बर तेरी रखता मैं।
थी खायीं साथ जो कस्में, अभी तक हम नहीं भूले।
कभी संग बाग में खेले, कभी संग-संग थे झूले।
बिताये साथ जो लम्हें, अभी तक हम नहीं भूले।

छिपा जब चाँद बदली में, शुरू तब हुई दास्ताँ।
लगा ऐसा, परी आयी बला सी, हुई तू जवाँ।
शरारत कुछ हुई हमसे, बने हम-तुम कारवाँ,
भुला बैठे सभी रस्में, अभी तक हम नहीं भूले।
कभी संग बाग में खेले, कभी संग-संग थे झूले।
बिताये साथ जो लम्हें, अभी तक हम नहीं भूले।

मुहब्बत रंग लायेगी कभी सोचा न ऐसा था
कली एक खिल जायेगी हुआ लोचा न ऐसा था
ज़ुदाई यूँ सतायेगी कभी आलम न ऐसा था
नहीं कुछ भी रहा बस में, अभी तक हम नहीं भूले।
कभी संग बाग में खेले, कभी संग-संग थे झूले।
बिताये साथ जो लम्हें, अभी तक हम नहीं भूले।

बड़ी प्यारी-प्यारी तेरी आँखें

बड़ी प्यारी-प्यारी तेरी आँखें, नागिन के जैसी तेरी ज़ुल्फ़ें।
परियों जैसा सुन्दर मुखड़ा, यौवन है क्या चाँद का टुकड़ा?
हिरनी जैसी चाल है तेरी, लब पर हो कोई सरगम,
बड़ी प्यारी-प्यारी तेरी आँखें, नागिन के जैसी तेरी ज़ुल्फ़ें।

सावन-भादों भीगा-भीगा, रंग-रँगीला मौसम।
तेरा क्या है? मेरा क्या है?.. एक हो जायें तुम हम।
गोरे-गोरे गालों वाली, हर अदा तेरी मतवाली,
चंचल-चंचल तेरी चितवन, हो जाने दे संगम।
बड़ी प्यारी-प्यारी तेरी आँखें, नागिन के जैसी तेरी ज़ुल्फ़ें।

गलियों का तेरी जानम, मैं हूँ एक बंजारा।
दुनिया वाले समझें मुझको, मैं हूँ एक आवारा।
मैं हूँ शोला, तू है शबनम, तू है खुशबू, मैं हूँ चंदन।
हरसू है बस तेरा जलवा, अंग लगा ले प्रियतम।
बडी प्यारी-प्यारी तेरी आँखें, नागिन के जैसी तेरी ज़ुल्फ़ें।

नाम तेरे लिख दी मैंने, अपनी ये जवानी।
जादू कैसा मुझ पर कर गयी? तेरी ये नादानी।
बढ़ती जाती मेरी धड़कन, डोल रहा है मेरा तन-मन।
पाकर तुझको दिल का मेरे, मिट जाता है हर ग़म।
बड़ी प्यारी-प्यारी तेरी आँखें, नागिन के जैसी तेरी ज़ुल्फ़ें।

बिन साजन हुई बावरिया

बिन साजन मैं हुई बावरिया, फिरूँ ऐसे जैसे जोगनियाँ।
मैं पल-पल तड़पूँ आज, मुई आग लगे ऐसे सावन में।
बिन साजन हुई बावरिया, फिरूँ ऐसे जैसे जोगनियाँ।

बेदर्दी बालम माने न मेरी, करे बस अपनी बात।
नख़रे दिखाये, उल्लू बनाये, समझे न जज़्बात।
हुआ साजन मेरा परदेसी, मैं कमरे में तन्हा बैठी।
मैं पल-पल तड़पूँ आज, मुई आग लगे ऐसे सावन में।
बिन साजन हुई बावरिया, फिरूँ ऐसे जैसे जोगनियाँ।

मलमल जैसी मेरी जवानी, मुखड़ा जैसे चाँद।
बड़े शहर की मैं रहने वाली उजड़ा तेरा गाँव।
दिल धक-धक करने लगा, कंगना बैरी खन-खन करने लगा।
मैं पल-पल तड़पूँ आज, मुई आग लगे ऐसे सावन में।
बिन साजन हुई बावरिया, फिरूँ ऐसे जैसे जोगनियाँ।

धोखा दिया है तूने मुझको, कर डाला बदनाम।
देखा न भाला, सोचा न समझा, होगा क्या अंजाम
उड़ी सिर से मेरी चुनरिया, गया कौन सी तू नगरिया।
मैं पल-पल तड़पूँ आज, मुई आग लगे ऐसे सावन में।
बिन साजन हुई बावरिया, फिरूँ ऐसे जैसे जोगनियाँ।

करके मैं बंद आँखों में तुझको, जी भर के सो जाऊँ।
चाहे पुकारे फिर तू कितना, फिर मैं कभी न आऊँ।
इंतज़ार में बेक़ल हुई अँखियाँ,अब कटती नहीं तन्हा रतियाँ।
मैं पल-पल तड़पूँ आज, मुई आग लगे ऐसे सावन में।
बिन साजन हुई बावरिया, फिरूँ ऐसे जैसे जोगनियाँ।
मैं पल-पल तड़पूँ आज, मुई आग लगे ऐसे सावन में।
बिन साजन हुई बावरिया, फिरूँ ऐसे जैसे जोगनियाँ।

बुझे चिराग़ जला दो

बुझे चिराग़ जला दो, कि शाम होने को है।
ज़रा शराब तो ला दो, कि शाम होने को है।
बुझे चिराग़ जला दो, कि शाम होने को है।

बला का हुस्न है, है भी मगर छिपा-छिपा।
अज़ब यह दर्द है, है भी मगर दबा-दबा।
कि ये नक़ाब हटा दो, कि शाम होने को है।
ज़रा शराब तो ला दो, कि शाम होने को है।
बुझे चिराग़ जला दो, कि शाम होने को है।

हवा से कह दे कोई, नज़दीक़ न आये मेरे।
अदा से उसको बुलाओ, जब वो पास आये मेरे।
गुलों से सेज सजा दो, कि शाम होने को है।
ज़रा शराब तो ला दो, कि शाम होने को है।
बुझे चिराग़ जला दो, कि शाम होने को है।

मिलन की रात है, कैसी हैं ख़ामोशियाँ?
सताये कोई न हमें, लेने भी दो मस्तियाँ।
इक माहताब को ला दो, कि शाम होने को है।
ज़रा शराब तो ला दो, कि शाम होने को है।
बुझे चिराग़ जला दो, कि शाम होने को है।

चले हैं जिस तरह, चलते रहें, कदम-कदम।
मिलेंगे, जिस तरह,मिलते रहें जनम-जनम।
लगी है आग बुझा दो कि शाम होने को है
ज़रा शराब तो ला दो, कि शाम होने को है।
बुझे चिराग़ जला दो, कि शाम होने को है।

बेजुवां से इश्क़ को तुम

बेजुबाँ से इश्क़ को तुम, आँखों से पढ़कर देखना।
बहुत किताबें पढ़ी हैं तुमने, चेहरे को पढ़कर देखना।
बेजुबाँ से इश्क़ को तुम, आँखों से पढ़कर देखना।

मिलता है सुकूँ, तेरे आने से, मिलता है चैन मुस्कुराने से।
बलख़ाकर तू लेती अँगड़ाई, खिलती फ़िज़ायें शरमाने से।
ग़मजदा इस यार को तुम, बाहों में भरकर देखना।
बहुत किताबें पढ़ी हैं तुमने, चेहरे को पढ़कर देखना।
बेजुबाँ से इश्क़ को तुम, आँखों से पढ़कर देखना।

बड़ा अच्छा तेरा दीवानापन, दिल माने न मेरा मैं क्या करूँ?
जाने कैसी तेरी सौदागरी? मैं दुआओं में तुझको सज़दे करूँ।
इम्तहाँ मेरे प्यार का तुम, कानों से सुनकर देखना।
बहुत किताबें पढ़ी हैं तुमने, चेहरे को पढ़कर देखना।
बेजुबाँ से इश्क़ को तुम, आँखों से पढ़कर देखना।

सदियों से तेरी मैं दीवानी हूँ, गलियों से तेरी अंजानी हूँ।
वादा करके सनम भूल जाता तू, पास होकर भी बेगानी हूँ।
प्रेम के इस पाठ को तुम, ख़तों में लिखकर देखना।
बहुत किताबें पढ़ी हैं तुमने, चेहरे को पढ़कर देखना।
बेजुबाँ से इश्क़ को तुम, आँखों से पढ़कर देखना।

नादानी कैसी मैं करने लगी? तुझसे नज़र क्यों लड़ने लगी?
तूने भेजा अफ़साना प्यार का, तेरी आहट को समझने लगी।
मंज़िल-ए-मक़सूद को तुम ज़रा सा हटकर देखना।
बहुत किताबें पढ़ी हैं तुमने, चेहरे को पढ़कर देखना।
बेजुबाँ से इश्क़ को तुम, आँखों से पढ़कर देखना।

बड़ी अजीब दुनिया है

बड़ी अजीब दुनिया है, पसरती सड़कों पर है मौत।
अजब से रास्ते देखो यहाँ, है पल-पल को ख़ौफ़।
बड़ी अजीब दुनिया है, पसरती सड़कों पर है मौत।
अजब से रास्ते देखो यहाँ, है पल-पल को ख़ौफ़।
बड़ी अजीब...।

अपने ही ग़म क्या कम हैं औरों के भी हैं ग़म
दुश्मनों की लाइन ज्यादा दोस्त बनते कम
ग़ुनाह करके वो भागा है, सभी ये देखकर है मौन।
बड़ी अजीब दुनिया है, पसरती सड़कों पर है मौत।
अजब से रास्ते देखो यहाँ, है पल-पल को ख़ौफ़।
बड़ी अजीब...।

सड़कों पर है भीड़ बहुत, चलना है मुश्किल।
गलियों-गलियों क़ाफ़िले हैं, बचना है मुश्किल।
लिये शमशीर, दुनिया है बिछी, शतरंज सी है गोट।
बड़ी अजीब दुनिया है, पसरती सड़कों पर है मौत।
अजब से रास्ते देखो यहाँ, है पल-पल को ख़ौफ़।
बड़ी अजीब...।

पहले करते बन्दगी, हैं फिर उठाते हाथ।
ये ख़ुदा का नाम लेकर, छोड़ जाते साथ।
यहाँ कानून बनते हैं, बदलते मतलब से रोज।
बड़ी अजीब दुनिया है, पसरती सड़कों पर है मौत।
अजब से रास्ते देखो यहाँ, है पल-पल को ख़ौफ़।
बड़ी अजीब...।

ज़िंदगी है एक सफर, तन्हा चलते जाना है।
लेकर आया हाथ खाली, हाथ खाली जाना है।
बड़ी ग़मगीन दुनिया है, नहीं जीने का अब है शौक।
बड़ी अजीब दुनिया है, पसरती सड़कों पर है मौत।
अजब से रास्ते देखो यहाँ, है पल-पल को ख़ौफ़।
बड़ी अजीब...।

बेवज़ह क्यों नक़ाब ढकते हो

बेवज़ह क्यों नक़ाब ढकते हो?
गोरे मुखड़े को आज तकने दो।
बेवज़ह क्यों नक़ाब ढकते हो?

माना फैली बीमारियाँ बेहद,
हमको भी हैं ख़ुमारियाँ बेहद।
बेवज़ह क्यों जवाब रखते हो?
गोरे मुखड़े को आज तकने दो,
बेवज़ह क्यों...?

है यह मौसम बहार का देखो,
है भी मौक़ा क़रार का देखो।
बेवज़ह क्यों शराब रखते हो?
गोरे मुखड़े को आज तकने दो।
बेवज़ह क्यों...?

शमा बुझती है और जलती है,
कोई डाली हवा से हिलती है।
बेवज़ह क्यों यह राज़ रखते हो?
गोरे मुखड़े को आज तकने दो।
बेवज़ह क्यों...?

कभी आओ गरीबख़ाने में,
रुसवा हम हो गये ज़माने में।
बेवज़ह क्यों गुलाब रखते हो?
गोरे मुखड़े को आज तकने दो।
बेवज़ह क्यों...?

मेरे हमदम अभी जवाँ तुम हो।
किन ख़्यालों में आज गुमसुम हो?
बेवज़ह क्यों हिसाब रखते हो?
गोरे मुखड़े को आज तकने दो।
बेवज़ह क्यों...?

बैठी तन्हाई में~लेती अँगड़ाईयाँ

बैठी तन्हाई में लेती अँगड़ाइयाँ।
दीवाना आयेगा लेकर शहनाइयाँ।
न जाने क्या हो गया? आया न वो साथिया।
बैठी तन्हाई में लेती अँगड़ाइयाँ, दीवाना आयेगा लेकर...।

चन्दा जैसा है मुखड़ा मेरा, दर्पन मैं कब तक निहारूँ।
फूलों जैसा है नाज़ुक बदन, आते-जाते मैं उसको पुकारूँ।
सारी बस्ती में होंगी रुसवाइयाँ, दीवाना आयेगा लेकर...।
न जाने क्या हो गया? आया न वो साथिया।
बैठी तन्हाई में लेती अंगड़ाईयाँ, दीवाना आयेगा लेकर...।

इस जवानी के ख़ास लम्हें, कर देती मैं उसको हवाले।
मुझको काजल समझकर, अपनी आँखों में बसा ले।
बड़ी उस पर होंगी मेहरबानियाँ, दीवाना आयेगा लेकर....।
न जाने क्या हो गया? आया न वो साथिया।
बैठी तन्हाई में लेती अँगड़ाईयाँ, दीवाना आयेगा लेकर...।

न जाने कैसा है साँवरिया? नहीं लेता है मेरी ख़बरिया।
दिल कहता उसकी हुई मैं, तंग करता है, उड़ती चुनरिया।\
बातें छोटी मगर गहराइयाँ, दीवाना आयेगा लेकर...।
न जाने क्या हो गया? आया न वो साथिया।
बैठी तन्हाई में लेती अँगड़ाइयाँ, दीवाना आयेगा लेकर...।

उड़ती है हवाओं में खुशबू, दिखता तू फ़िजाओं में हर सू।
आ जा हम-तुम गगन को छू लें, जँचता है हजारों में बस तू।
मेरा जानूँ मेरा दिलजानिया, दीवाना आयेगा लेकर...।
न जाने क्या हो गया? आया न वो साथिया।
बैठी तन्हाई में लेती अँगड़ाइयाँ, दीवाना आयेगा, लेकर...।

बैठे-बैठे अफ़साना कर गई वो लड़की

बैठे-बैठे अफ़साना कर गई।
वो लड़की थी कौन? दीवाना कर गई।
जाते-जाते इशारा कर गई,
वो छमियाँ थी कौन? आँखों को जँच गई।
बैठे-बैठे अफ़साना कर गई, वो लड़की थी कौन?

थे घटा की तरह, उसके गेसू खुले।
काले चश्मे से नैना उसके ढके।
थी फैशन-पसन्द, लगती परी,
लाल चुनर से मुखड़ा आधा ढके।
दिल घायल मेरा कर गई, वो लड़की थी कौन, दीवाना..।
जाते-जाते इशारा कर गई, वो छमियाँ थी कौन? आँखों...।
बैठे-बैठे अफ़साना कर गई।
वो लड़की थी कौन? दीवाना कर गई।

जैसे जलती है रातों को फुलझड़ी,
वाह ही क़ुदरत तेरी कारीगरी।
झूमती बालियों में उलझता था दिल,
हुस्न की ऐसी गागर किसने गढ़ी?
लम्हा-लम्हा मुझे छल गई वो लड़की थी कौन? दीवाना...।
जाते-जाते इशारा कर गई, वो छमियाँ थी कौन, आँखों....।
बैठे-बैठे अफ़साना कर गई।
वो लड़की थी कौन? दीवाना कर गई।

टूटा तारा कहीं से मुझ पर गिरा।
फूटी किस्मत मेरी, बन गया मनचला।
जैसे झोंका हवा का, वो उड़ गयी,
रह गया ख़्वाबों का हँसी सिलसिला।
सूने दिल में, ठिकाना कर गई, वो लड़की थी कौन? दीवाना..।
जाते-जाते इशारा कर गई, वो छमियाँ थी कौन? आँखों...।
बैठे-बैठे अफ़साना कर गई वो लड़की थी कौन...?

भोली-भाली एक लड़की सीधे सादे से घर की

भोली-भाली एक लड़की, सीधे सादे से घर की।
भोली-भाली एक लड़की, सीधे सादे से घर की।
मुस्कुराने लगी, दिल को भाने लगी।
मुस्कुराने लगी, दिल को भाने लगी।
भोली-भाली एक लड़की, सीधे-सादे से घर की।

कब उससे नज़र लड़ गयी? मुझे इसकी ख़बर न हुई।
बेसबब थी मेरी ज़िंदगी, पल भर में बदल सी गई।
ठण्डी साँसें वो भरती, मुझ पर जाने क्यों करती?
मुस्कुराने लगी, दिल को भाने लगी।
भोली-भाली एक लड़की, सीधे-सादे से घर की।

करूँ जब-जब मैं बंद पलकें, नज़र आता उसका ही चेहरा।
मदमाती ग़ज़ब की जवानी, राज़ इसमें है कोई गहरा।
चंचल-चंचल चितवन, जब भी बोले कोयल सी।
मुस्कुराने लगी, दिल को भाने लगी।
भोली-भाली एक लड़की, सीधे-सादे से घर की।

रहा दिल पे मेरे, अब न काबू, मन मेरा मचलने लगा।
रंग लाया बहारों का मौसम, पल भर में बदलने लगा
कहना क्या? वो झिझकी, उफ! ये गागर थी छलकी।
मुस्कुराने लगी, दिल को भाने लगी।
भोली-भाली एक लड़की, सीधे-सादे से घर की।

मेरी गली में उसका था आना, बन गया नया एक फ़साना।
देख न पाया दिलों का मिलना, बन गया दुश्मन ये ज़माना।
जाने उसकी क्या मर्जी? चुनर उसकी थी सरकी।
मुस्कुराने लगी, दिल को भाने लगी।
भोली-भाली एक लड़की, सीधे-सादे से घर की।

चन्द लफ़्जों का अफ़साना

चन्द लफ़्जों का अफ़साना, न तू समझा, न मैं समझी।
तेरा-मेरा ये याराना, तू भी उलझा, मैं भी उलझी।
चन्द लफ़्जों का अफ़साना, न तू समझा, न मैं समझी।

दिलवाले तूने क्या ये सोचा? किया प्यार मुझसे, मिला जब मौक़ा।
पलकों में तुझे बंद करके, मैं क्या कर बैठी? किया तूने लोचा।
शमा मैं हूँ तू परवाना, न तू समझा न मैं समझी।
तेरा-मेरा ये याराना, तू भी उलझा, मैं भी उलझी।
चन्द लफ़्जों का अफ़साना, न तू समझा, न मैं समझी।

कर बैठी मैं नादानी, कि दे दी तुझे मुफ़्त में ये जवानी।
भड़का कोई दिल में शोला, कि मुश्किल हुई मेरी ज़िंदगानी।
वादे करके मुकर जाना, न तू समझा, न मैं समझी।
तेरा-मेरा ये याराना, तू भी उलझा, मैं भी उलझी।
चन्द लफ़्जों का अफ़साना, न तू समझा, न मैं समझी।

याद मुझे सब कुछ है अब तक, वो मस्त नज़ारे नदी का किनारा।
पकड़ी तूने मेरी कलैय्याँ, वो पनघट पुराना,आँगन चौबारा।\
एक दूजे पर है मर जाना, न तू समझा, न मैं समझी।
तेरा-मेरा ये याराना, तू भी उलझा, मैं भी उलझी।
चन्द लफ़्जों का अफ़साना, न तू समझा, न मैं समझी।

कैसी तूने बजाई बंशी, थी याद मुझको, भुलायी भी गिनती।
ऐसा भी कैसा निराला पिया? सोया तू ऐसा, बजाऊँ मैं घण्टी।
बिन बातों के घबराना, न तू समझा, न मैं समझी।
तेरा-मेरा ये याराना, तू भी उलझा, मैं भी उलझी।
चन्द लफ़्जों का अफ़साना, न तू समझा, न मैं समझी।

चंद लम्हों के लिये प्यार का इज़हार कर

चंद लम्हों के लिये प्यार का, इज़हार कर~न भी इंकार कर।
इक़रार कर, इक़रार कर, इक़रार कर।
चंद लम्हों के लिये प्यार का, इज़हार कर~न भी इंकार कर।

प्यार है जहाँ-जहाँ, गुल हैं वहाँ-वहाँ।
प्रेम के कच्चे धागे, ऐसे टूटे हैं कहाँ?
प्यार में शिकवे-गिले, प्यार में पंछी उड़े,
जिसे मिले ये डगर, प्यार से दोनों जहाँ।
जन्म-जन्मों के लिये,
यार का ऐतबार कर~न भी इंकार कर।
इक़रार कर, इक़रार कर, इक़रार कर।
चंद लम्हों के लिये प्यार का इज़हार कर~न भी इंकार कर।

नींद आती है नहीं, प्यार हो जाता है जब।
चैन आता है नहीं, नैन मिल जाते हैं जब।
होंठ लगते हैं कमल, बोल लगते हैं ग़ज़ल,
कोई भाता है नहीं, दिल मिल जाते हैं जब।
उम्र भर के लिये किसी का इन्तख़ाब कर~न भी इंकार कर।
इक़रार कर, इक़रार कर, इक़रार कर।
चंद लम्हों के लिये प्यार का इज़हार कर~न भी इंकार कर।

बढ़े हैं कदम-कदम, खायी जब हमने कसम।
पायी सपनों की डगर, क्यों न झूमेंगे अब हम?
गली-गली शहर-शहर, किस्से मशहूर हुए।
चली वो मस्त हवा, दोनों मग़रूर हुए।
जलें हरदम ये दीये, कुछ तो एहसान कर~न भी इंकार कर।
इक़रार कर, इक़रार कर, इक़रार कर।
चंद लम्हों के लिये प्यार का, इज़हार कर~न भी इंकार कर।

चाहिए तेरा प्यार आ भी जा मेरे यार

चाहिए तेरा प्यार, आ भी जा मेरे यार।
बेकरार दिल हो रहा सनम,
जानेमन, दिलरुबा! ओ मेरी महबूबा!
इंतज़ार तेरा हो रहा सनम।
चाहिए तेरा प्यार, आ भी जा मेरे यार, बेकरार दिल हो रहा...।

फूल खिलने लगे, हो गयी है सहर।
बात कुछ तो करें, मिल गयी है नज़र।
बाँट लें शौक से, ज़िंदगी के ये ग़म।
क्या ग़िला हम करें? गर भी खुशियाँ हैं कम।
क्यों करें तक़रार? आ करें इक़रार, बेकरार दिल हो रहा है...।
जानेमन, दिलरुबा! ओ मेरी महबूबा!
इंतज़ार तेरा हो रहा सनम।
चाहिए तेरा प्यार, आ भी जा मेरे यार, बेकरार दिल हो रहा...।

साथ तू जो मेरे, ज़िंदगी है सफल।
मामला दिल का है, न दे कोई दख़ल।
इस नये मोड़ पर, हम खड़े क्यों रहें?
खामोख्वाह जिद पर हम अड़े क्यों रहें?
सिलसिले प्यार के, आ शुरू हम करें, बेकरार दिल हो रहा...।
जानेमन, दिलरुबा! ओ मेरी महबूबा!
इंतज़ार तेरा हो रहा सनम।
चाहिए तेरा प्यार, आ भी जा मेरे यार, बेकरार दिल हो रहा...।

कोई वादा करें, आ मेरे साथिया।
पछताना उसको है, जो पीछे हट लिया।
यूँ ही चलते रहेंगे, हाँ ये शिकवे गिले।
वक़्त का क्या पता? फिर मिलें न मिलें।
तुझसे है इल्तिजा, आ करें रब से दुआ, बेकरार दिल हो रहा...।
जानेमन, दिलरुबा! ओ मेरी महबूबा! इंतज़ार तेरा हो रहा...।
चाहिए तेरा प्यार, आ भी जा मेरे यार, बेकरार दिल हो रहा...।

चाहूँगा तुझको सनम

चाहूँगा तुझको सनम, मर के भी लूँगा जनम।
सज़दा करूँगा कदमों में तेरे, सहूँगा सारे सितम।
चाहूँगा तुझको सनम, मर के भी लूँगा जनम।

मुझसा दीवाना नहीं मिले, ले चिराग और ढूँढ।
ऐसी मुहब्बत मिलती कहाँ है? चाहे जी भर के रूठ।
खायी ले तेरी कसम, कितने भी बदले तू रंग।
सज़दा करूँगा, कदमों में तेरे सहूँगा सारे सितम।
चाहूँगा तुझको सनम, मर के भी लूँगा जनम।

एक बार मुझको मिलने की, जानम दे इजाज़त मुझे।
कह के रहूँगा, हर बात दिल की, दे इजाज़त मुझे।
माँगूँगा रब से सनम, बहकें न मेरे कदम।
सज़दा करूँगा कदमों में तेरे, सहूँगा सारे सितम।
चाहूँगा तुझको सनम, मर के भी लूँगा जनम।

ज़िंदगी का ये फ़लसफ़ा, तू समझती नहीं।
हर खुशी एक ख़्वाब जैसे ही गुजरती रही।
तोड़ूँगा सारे भरम, कर दे तू मुझ पे करम।
सज़दा करूँगा कदमों में तेरे, सहूँगा सारे सितम।
चाहूँगा तुझको सनम, मर के भी लूँगा जनम।

लब पर रहेगा नाम तेरा, आयें तूफ़ाँ तो क्या?
रुक न सकेगा कारवाँ ये, गरजें बादल तो क्या?
पाऊँगा हर वो चरम, कितने भी दे तू जख़्म?
सज़दा करूँगा कदमों में तेरे, सहूँगा सारे सितम।
चाहूँगा तुझको सनम, मर के भी लूँगा जनम।

चाहूँगा तुझे जनम जनम मेरे साथी

चाहूँगा तुझे जनम-जनम।
मेरे साथी, मेरे,दिलबर, ओ मेरे महबूब!
लग जाये न तुझे नज़र, मेरे साथी, मेरे दिलबर, ओ मेरे महबूब!
चाहूँगा तुझे जनम-जनम, मेरे साथी, मेरे दिलबर, ओ मेरे .....।

इम्तहाँ ही इम्तहाँ ज़िंदगी मेरी हो गयी।
मैं मनाता ही रहा तू ख़फ़ा क्यों हो गयी?
आँधियाँ ऐसी चलीं, रास्ते गुम गये।
इतनी भी ये दूरियाँ, बेवज़ह क्यों हो गयीं?
कर भी ले जो सितम सनम, मेरे साथी, मेरे दिलबर, ओ मेरे....।
लग जाये न तुझे नज़र, मेरे साथी, मेरे दिलबर, ओ मेरे महबूब।
चाहूँगा तुझे जनम-जनम, मेरे साथी, मेरे दिलबर, ओ मेरे....।

रात भर तेरी याद में खोया-खोया मैं रहा।
तूने ऐसा क्या किया? चैन मुझको न मिला।
तन्हा मैं कैसे चलूँ? मीलों सी लम्बी डगर।
बेझिझक बतला मुझे यार, मुझसे क्या ग़िला?
हमें निभानी रस्म कसम, मेरे साथी, मेरे दिलबर, ओ मेरे....।
लग जाये न तुझे नज़र, मेरे साथी, मेरे दिलबर, ओ मेरे....।
चाहूँगा तुझे जनम-जनम, मेरे साथी, मेरे दिलबर, ओ मेरे....।

ऐसा क्या मुझमें नहीं? अंगारों पर मैं चला।
जुल्म सब सहता रहा, अन्जामों से ना डरा।
कहती तू मुझको बेदर्दी, समझा मुझको संगदिल।
सिलसिला ऐसा चला, फरमानों से मैं डरा।
कर दे मुझ पर कुछ करम, मेरे साथी, मेरे दिलबर, ओ मेरे....।
लग जाये न तुझे नज़र, मेरे साथी, मेरे दिलबर, ओ मेरे....।
चाहूँगा तुझे जनम-जनम, मेरे साथी, मेरे दिलबर, ओ मेरे....।

बेसबब मजबूरियाँ दिल दुःखाकर

बेसबब मजबूरियाँ, दिल दुःखा कर हँस रही।
हुई जब नज़दीकियाँ, कैसे बंधन कस रही?
बेसबब मजबूरियाँ, दिल दुःखा कर हँस रही।

ज़िंदगी का ये सफ़र, मुश्किल होता जा रहा।
जो सँभाल कर रखा, वो ख़त्म होता जा रहा।
उनकी मग़रूरियाँ, हर दफ़ा बेबस रही।
हुई जब नज़दीकियाँ, कैसे बंधन कस रही?
बेसबब मजबूरियाँ, दिल दुःखा कर हँस रही।

क्या ख़बर थी ऐसा होगा? अपने ही तड़पायेंगे।
छोड़ तन्हा रास्ते में, लौटकर सब जायेंगे।
उनकी ये चालाकियाँ, घर बुलाकर छल रही।
हुई जब नज़दीकियाँ, कैसे बंधन कस रही?
बेसबब मजबूरियाँ, दिल दुःखा कर हँस रही।

महकी गलियाँ, खिलता आँगन, खाली-खाली रह गया।
ऐसे बरसा ग़म का बादल, हाल-ए-दिल कह गया।
उड़ गया वो आशियाँ, आँधियाँ वो चल रही।
हुई जब नज़दीकियाँ, कैसे बंधन कस रही?
बेसबब मजबूरियाँ, दिल दुःखा कर हँस रही।

अलविदा कैसे कहूँ? अब भी कोई आस है।
ग़मज़दा कैसे रहूँ? इम्तहाँ यह ख़ास है।
मंदिरों की घण्टियाँ कसमकस कर रही।
हुई जब नज़दीकियाँ, कैसे बंधन कस रही?
बेसबब मजबूरियाँ, दिल दुःखा कर हँस रही।

चेहरा तेरा लाजवाब

चेहरा तेरा लाजवाब, जैसे खिलता कोई गुलाब।
चेहरा तेरा लाजवाब, जैसे खिलता कोई गुलाब।
सदियों से रखी शराब, फुरसत में लिखी किताब।
चेहरा तेरा लाजवाब, जैसे खिलता कोई गुलाब।

हैं होंठ तेरे फूल से, चाँदनीं सा है बदन।
लग रही तू जलपरी, किन ख़्यालों में मगन?
लड़की तू है बेमिसाल, हुस्न तेरा आफ़ताब।
सदियों से रखी शराब, फुरसत में लिखी किताब।
चेहरा तेरा लाजवाब, जैसे खिलता कोई गुलाब।

कह रही नादानियाँ, ख़ुद ही से है बेख़बर।
छिप भी जा चिलमन में तू, तुझपे है सबकी नज़र।
मर न जाऊँ मैं कहीं, आया तुझ पर है शबाब।
सदियों से रखी शराब, फुरसत में लिखी किताब।
चेहरा तेरा लाजवाब, जैसे खिलता कोई गुलाब।

बन्दगी क़बूल कर, झुक गया कदमों में मैं।
बेसबब ये ज़िंदगी, लुट गया सज़दों में मैं।
हुई है क्या मुझसे ख़ता, रूठे-रूठे हैं जनाब।
सदियों से रखी शराब, फुरसत में लिखी किताब।
चेहरा तेरा लाजवाब, जैसे खिलता कोई गुलाब।

तेरी ही तारीफ़ में, लिखता नग़में रात-दिन।
नाख़ुदा मेरी बने तू, झूठी खुशियाँ तेरे-बिन।
चाहता तुझसे हूँ मैं, चंद सवालों का जवाब।
सदियों से रखी शराब, फुरसत में लिखी किताब।
चेहरा तेरा लाजवाब, जैसे खिलता कोई गुलाब।

चैन चुरा लेते है नींदें उड़ा देते हैं

चैन चुरा लेते हैं, नींदें उड़ा देते हैं।
चैन चुरा लेते हैं, नींदें उड़ा देते हैं।
नज़रें मिलाकर, जलवे दिखाकर, अच्छा सिला देते हैं।
चैन चुरा लेते हैं, नींदें उड़ा देते हैं।

बिखरे-बिखरे गेसू इनके, हिरनी जैसी अदायें।
मेरे जैसे कई दीवाने, इन पर मर-मर जायें।
बैठे-बैठे यारों ये तो, दिल का रोग लगायें।
आँखें इनकी करती जादू, समझ ये ना पायें।
दिल में जगह देते हैं, फिर ये दगा देते हैं।
नज़रें मिलाकर, जलवे दिखाकर, अच्छा सिला देते हैं।
चैन चुरा लेते हैं, नींदें उड़ा देते हैं।

दिल करता है, इनको पाऊँ, धक-धक धक-धक बोले।
दिन निकला, मैं घबराऊँ, कब वो खिड़की खोले?
ये तितली है, वो बिजली है, वो है नख़रेवाली।
ये मुनिया है, वो धनिया है, वो है बिल्कुल काली।
कान ज़रा लम्बे हैं, गाल ज़रा वैसे हैं।
नज़रें मिलाकर, जलवे दिखाकर,अच्छा सिला देते हैं।
चैन चुरा लेते हैं, नींदें उड़ा देते हैं।

दिल की मेरे वो शहजादी, आयी थी सपनों में।
उल्टे-सीधे वादे करके, बाँध गयी कसमों में।
बढ़ती जाये दिल की धड़कन, ऋतु है अलबेली।
मिस्री जैसी उसकी बातें, वो है छैल-छबीली।
रंग जमा देते हैं, खुशबू फैला देते हैं।
नज़रें मिलाकर, जलवे दिखाकर, अच्छा सिला देते हैं।
चैन चुरा लेते हैं, नींदें उड़ा देते हैं।

चोर तो नहीं हूँ फिर भी

चोर तो नहीं हूँ फिर भी, दिल तेरा चुराने को जी चाहता है।
दूर तो नहीं हूँ फिर भी, नज़दीक आने को जी चाहता है।
चोर तो नहीं हूँ फिर भी, दिल तेरा चुराने को जी चाहता है।

परदे में रहने वाली, परदे से बाहर आ।
चिलमन हटाकर अपना जलवा दिखा ज़रा।
दिल को सुकूँ मिलेगा, गालों को चूमकर,
चाँद सा गोरा अपना मुखड़ा दिखा ज़रा।
बन्दगी में तेरी फिर से, सिर ये झुकाने को जी चाहता है।
दूर तो नहीं हूँ, फिर भी, नज़दीक आने को जी चाहता है।
चोर तो नहीं हूँ, फिर भी, दिल तेरा चुराने को जी चाहता है।

कैसा यह तूने मुझको रास्ता दिखा दिया?
मजबूर तूने मुझको इतना बना दिया।
हम-तुम मिले थे, दोनों भीगी सी रात में,
अँखियों से मुझको मय का सागर पिला दिया।
जिस्म-ओ-जाँ फिर भी, तुझ पर लुटाने को जी चाहता है।
दूर तो नहीं हूँ, फिर भी, नज़दीक आने को जी चाहता है।
चोर तो नहीं हूँ, फिर भी, दिल तेरा चुराने को जी चाहता है।

हंस दे तो खिल जाये कलियाँ, बोले तो रागनीं।
एक नाम तेरा मैं रख दूँ,आ चाँदनीं।
मिलना-बिछड़ना दोनों, किस्मत की बात है,
हर एक अदा है तेरी, मन-लुभावनी।
आग ये बुझी है, फिर भी, आग ये लगाने को जी चाहता है।
दूर तो नहीं हूँ, फिर भी, नज़दीक आने को जी चाहता है।
चोर तो नहीं हूँ, फिर भी, दिल तेरा चुराने को जी चाहता है।

दस्तूर मुहब्बत का सिखलाया नहीं जाता

दस्तूर मुहब्बत का सिखलाया नहीं जाता।
लिख-लिख कर दीवारों पर समझाया नहीं जाता।
दस्तूर मुहब्बत का सिखलाया नहीं जाता।

सागर के पानी में, दिन-रात लहर उठती है।
खेतों के सीने में, हर साल फसल उगती है।
मजदूर की हालत को दिखलाया नहीं जाता।
लिख-लिख कर दीवारों पर समझाया नहीं जाता।
दस्तूर मुहब्बत का सिखलाया नहीं जाता।

उल्फ़त के धागे हैं, जुड़ते ही रहेंगे सदा।
मनमीत के मतवाले, चलते ही रहेंगे सदा।
हर लफ़्ज शिक़ायत का, लिखवाया नहीं जाता।
लिख-लिख कर दीवारों पर, समझाया नहीं जाता।
दस्तूर मुहब्बत का सिखलाया नहीं जाता।

सावन का महीना है, तन्हाई का आलम।
लिखा है किस्मत में, रुसवाई का मातम।
हर जाम ही साक़ी का, पिलवाया नहीं जाता।
लिख-लिख के दीवारों पर, समझाया नहीं जाता।
दस्तूर मुहब्बत का सिखलाया नहीं जाता।

इधर भी मुश्किल है, उधर भी मुश्किल है।
दोनों की एक डगर, और एक सी मंजिल है।
क़सूर है क्या इनका? मिलवाया नहीं जाता।
लिख-लिख कर दीवारों पर,समझाया नहीं जाता।
दस्तूर मुहब्बत का, सिखलाया नहीं जाता।

दिल बहलता नहीं छूने से गुलाब

दिल बहलता नहीं, छूने से गुलाब, पीने से शराब।
दे भी दे सनम, मेरे सवालों का जवाब।
दिल बहलता नहीं, छूने से गुलाब, पीने से शराब।

ज़िंदगी का सफर, क्यों भी कटता नहीं, तन्हा-तन्हा सनम।
खूबसूरत समाँ, यूँ गुजर जायेगा, लम्हा-लम्हा सनम।
कैसे रखूँ भला? पल-पल का हिसाब, ए-मेरी माहताब।
दे भी दे सनम, मेरे सवालों का जवाब।
दिल बहलता नहीं, छूने से गुलाब, पीने से शराब।

आशिकी बन गयी क्यों अब मेरी सजा? आँधियाँ वो चलीं।
बन्दगी न मेरी, सुन रहा है ख़ुदा, हर दुआ उड़ चली।
शब(रात) गुजरती नहीं, पढ़ने से भी, दिल की किताब।
दे भी दे सनम, मेरे सवालों का जवाब।
दिल बहलता नहीं, छूने से गुलाब, पीने से शराब।

हर सू दिखने लगा है, धुँआ ही धुँआ, दिन निकलता नहीं।
गुम गया राह में वो मेरा राज़दाँ, दिल सँभलता नहीं।
कोई भी जँचता नहीं, जिसका करूँ, मैं इन्तख़ाब।
दे भी दे सनम, मेरे सवालों का जवाब।
दिल बहलता नहीं, छूने से गुलाब, पीने से शराब।

वो हँसी तू ही है, जिसको चाहा कभी, तू मेरी वो ग़ज़ल।
एक पल ही तुझे, देख खिल सा गया, मेरे दिल का कमल।
महज़बीं, हमनशीं, शोला है बदन, तू है माहताब।
दे भी दे सनम, मेरे सवालों का जवाब।
दिल बहलता नहीं, छूने से गुलाब, पीने से शराब।

दिल बहलाना आ गया हमको

दिल बहलाना... आ गया हमको... तुम्हारे बगैर।
हम हैं अनाड़ी... ऐसा न समझो... ख़ुदा की है ख़ैर।
दिल बहलाना... आ गया हमको... तुम्हारे बगैर।

ऐसे क्यों अकड़ रहे हो? हम भी डरते नहीं।
हुस्न वालों की अदा पर, हम हैं मरते नहीं।
तोड़ तारे लाकर देंगे, हम तुम्हारे लिये।
तितलियों से पँख वाली, हम भी हैं मनचले।
लुक-छिप जाना, आ गया हमको, तुम्हारे बगैर।
हम हैं अनाड़ी..., ऐसा न समझो..., ख़ुदा की है ख़ैर।
दिल बहलाना..., आ गया हमको..., तुम्हारे बगैर।

देखो हम रख रहे हैं, मंजिलों पर कदम।
बेधड़क चल रहे हैं, अब नहीं कोई भरम।
छोड़ आये हैं हम, बेबसी के लम्हें।
आसमाँ तक हम चलेंगे, कोई रोके न हमें।
जीने का बहाना, आ गया हमको, तुम्हारे बगैर।
हम हैं अनाड़ी..., ऐसा न समझो..., ख़ुदा की है ख़ैर।
दिल बहलाना..., आ गया हमको..., तुम्हारे बगैर।

कैसी ये हवा चली है? हुये हैं अपने पराये।
याद कोई कसम नहीं है, बैठे हैं पलकें झुकाये।
और भी हैं ख़ुदा मेरे, बन्दगी के लिये।
साथी तो एक चाहिये, ज़िंदगी के लिये।
ग़म सह जाना, आ गया हमको, तुम्हारे बगैर।
हम हैं अनाड़ी..., ऐसा न समझो..., ख़ुदा की है खैर।
दिल बहलाना..., आ गया हमको..., तुम्हारे बगैर।

दिल बेक़रार है घड़ी-घड़ी

दिल बेकरार है घड़ी-घड़ी, तेरा इंतज़ार है घड़ी-घड़ी।
तू मेरा गुलफाम है, मैं तेरी लालपरी, तुझसे प्यार है घड़ी-घड़ी।
दिल बेकरार है घड़ी-घड़ी, तेरा इंतज़ार है घड़ी-घड़ी।

ऐसी भी क्या जल्दी है, धीरे-धीरे चल?
अपने दिन-रात हैं, अपने हैं ये पल।
कितना हैण्डसम है, कितना अलबेला।
दिल का राजा तू, लगता है छैला।
तुझपे ऐतबार है घड़ी-घड़ी, तुझपे इख़्तियार है घड़ी-घड़ी।
तू मेरा गुलफाम है, मैं तेरी लालपरी, तुझसे प्यार है घड़ी-घड़ी।
दिल बेकरार है घड़ी-घड़ी, तेरा इंतज़ार है घड़ी-घड़ी।

बाहर कितनी सर्दी है, अन्दर-अन्दर आग।
मैं तेरी चकोरी पिया, तू है माहताब।
मेरी आँखों का, तुझ पर है जादू।
क्यों यह माने न, दिल है बेकाबू।
कैसा इम्तहान है घड़ी-घड़ी, दिल में तू मेहमान है घड़ी-घड़ी?
तू मेरा गुलफाम है, मैं तेरी लालपरी, तुझसे प्यार है घड़ी-घड़ी।
दिल बेकरार है घड़ी-घड़ी, तेरा इंतज़ार है घड़ी-घड़ी।

थोड़ी-थोड़ी खुशियाँ हैं, थोड़े-थोड़े ग़म।
डरने की क्या बात है, बाँट लेंगे हम?
चलें संग राहों में, अँधेरी रातों में।
समाँ को बदलें हम, सुरीले रागों में।
संग तू जो आया है घड़ी-घड़ी, मेरा हमराज़ है घड़ी-घड़ी।
तू मेरा गुलफाम है, मैं तेरी लालपरी, तुझसे प्यार है घड़ी-घड़ी।
दिल बेकरार है घड़ी-घड़ी, तेरा इंतज़ार है घड़ी-घड़ी।

दिल बेक़रार है मेरा छिप-छिपकर

दिल बेक़रार है मेरा, छिप-छिपकर ना मिलो।
मुद्दत से फ़ासले हैं क्यों, खुलकर आ मिलो?
दिल बेक़रार है मेरा, छिप-छिपकर ना मिलो।

यूँ ही भी गर्दिशों में, पल-पल गुजर रहा है।
मदहोश हुस्न तेरा, पल-पल निखर रहा है।
मुझे ऐतबार है तेरा, मुझे रब से माँग लो।
मुद्दत से फ़ासले हैं क्यों, खुलकर आ मिलो?
दिल बेक़रार है मेरा, छिप-छिपकर ना मिलो।

उल्फ़त बुलन्द करके, इतना करीब आओ।
अम्बर पे मेघ जैसे, इस तरह छा भी जाओ।
रस्म 'ओ' रिवाज भूल के, दामन को थाम लो।
मुद्दत से फ़ासले हैं क्यों, खुलकर आ मिलो?
दिल बेक़रार है मेरा, छिप-छिपकर ना मिलो।

मैं तुमको चाहता हूँ, अपने ही दिल से पूछो।
शिकवे हैं ज़िंदगी में, ऐसे न मुझसे रूठो।
मुझे इंतज़ार है तेरा, अरे दिल की मान लो।
मुद्दत से फ़ासले हैं क्यों, खुलकर आ मिलो?
दिल बेक़रार है मेरा, छिप-छिपकर ना मिलो।

मैंने तो बन्दगी में, हरदम ही सिर झुकाया।
मूरत तेरी सजाकर, हमदम तुझे मनाया।
अब इम्तिहान है तेरा, लब तुम यूँ न सिलो।
मुद्दत से फ़ासले हैं क्यों, खुलकर आ मिलो?
दिल बेक़रार है मेरा, छिप-छिपकर ना मिलो।

दिल भी तेरे नाम किया

दिल भी तेरे नाम किया, जाँ भी तेरे नाम करूँ।
आ-जा सारी दुनिया के आगे, मैं ये ऐलान करूँ।
मैं तुझसे प्यार करता हूँ, मैं तुझसे प्यार करता हूँ।
मैं तुझसे प्यार करता हूँ, मैं तुझसे प्यार करता हूँ।

हमसफर तू मेरी, दिलरुबा तू मेरी।
जानेमन तू मेरी, महबूबा तू मेरी।
कुछ हुआ है मुझे, दे-दे कुछ दवा।
दिखती है तू मुझे, हर घड़ी हर जगह।
उल्फ़त का पैग़ाम दिया, ठण्डी मैं आहें भरूँ।
आ-जा सारी दुनिया के आगे, मैं ये ऐलान करूँ।
मैं तुझसे प्यार करता हूँ, मैं तुझसे प्यार करता हूँ।
मैं तुझसे प्यार करता हूँ, मैं तुझसे प्यार करता हूँ।

सारे ग़म मैं तेरे, ले लूँगा शौक से।
दे इजाज़त मुझे, खेलूँगा जुल्फ़ से।
चाहिए तेरा प्यार, जितना तू दर्द दे।
दिल हुआ बेक़रार, बस थोड़ा वक़्त दे।
सिर पर हर इल्ज़ाम लिया, दुनिया से क्या मैं डरूँ?
आ-जा सारी दुनिया के आगे, मैं ये ऐलान करूँ।
मैं तुझसे प्यार करता हूँ, मैं तुझसे प्यार करता हूँ।
मैं तुझसे प्यार करता हूँ, मैं तुझसे प्यार करता हूँ।

जागता रात भर, याद में मैं तेरी।
सोचता मैं सदा, क्या ख़ता है मेरी?
उठ रहे हैं मेरे, बेख़ुदी में कदम।
आजकल हर तरफ, बेबसी है सनम।
सुबह क्या और शाम क्या? तुझको ही मैं याद करूँ।
आ-जा सारी दुनिया के आगे, मैं ये ऐलान करूँ।
मैं तुझसे प्यार करता हूँ, मैं तुझसे प्यार करता हूँ।
मैं तुझसे प्यार करता हूँ, मैं तुझसे प्यार करता हूँ।

दिल चाहता है जो वो करने दे

दिल चाहता है जो वो करने दे, दुनिया में रुसवा हो ही गये।
मुश्किल से मिले खुशियों के पल,
उल्फ़त के किस्से हो ही गये।
दिल चाहता है जो वो करने दे, दुनिया में रुसवा हो ही गये।

इल्ज़ाम लगा मुझ पर जितने, पर दिल न तोड़ा कर ऐ-सनम।
जब जुड़ ही गया मुझसे बंधन, मुँह न मोड़ा कर ऐ-सनम।
चाहत का ये दरिया बहने दे, जब दीवाने हो ही गये।
मुश्किल से मिले खुशियों के पल, उल्फ़त के किस्से ...।
दिल चाहता है जो वो करने दे, दुनिया में रुसवा हो ही गये।

इंतज़ार नहीं होता है अब, आ मिलकर कर लें रब से दुआ।
देखा है यहाँ किसने कल? अब मिलकर हम न होंगे जुदा।
जंग प्यार की है ये लड़ लेंगे, हर सू जब शिकवे हो ही गये।
मुश्किल से मिले खुशियों के पल, उल्फ़त के किस्से ...।
दिल चाहता है जो वो करने दे, दुनिया में रुसवा हो ही गये।

सूरत है तेरी प्यारी-प्यारी, अँखियों का कजरा प्यारा लगे।
मतवाले तेरे अधरों की कसम, ज़ुल्फों का गजरा प्यारा लगे।
नयनों से नयना मिलने दे, गलियों में चर्चे हो ही गये।
मुश्किल से मिले खुशियों के पल, उल्फ़त के किस्से ...।
दिल चाहता है जो वो करने दे, दुनिया में रुसवा हो ही गये।

पलकों में नहीं इस दिल में आ, कुछ ऐसे जलवे मुझको दिखा।
हुआ जग बैरी अपना तो क्या? अब देंगे जग को हम ये सिखा।
दो रूहों का संगम होने दे, दो से हम अब एक हो ही गये।
मुश्किल से मिले खुशियों के पल, उल्फ़त के किस्से ...।
दिल चाहता है जो वो करने दे, दुनिया में रुसवा हो ही गये।

दिल देना है दान में

दिल देना है दान में, कोई लड़की है क्या ध्यान में?
चुन लूँगा मैं प्यार से कोई गुल, ऐसा है क्या बाग में?
दिल देना है दान में, कोई लड़की है क्या ध्यान में?

डूबी हो जो मेरे ख़्यालों में, चलती हो जो मेरे इशारों में।
सुबह उठते ही मुझको सज़दा करे, मस्ती हो उसके गालों में।
क्या रखा है नाम में? कोई तितली है क्या याद में?
चुन लूँगा मैं प्यार से, कोई गुल ऐसा है क्या बाग में?
दिल देना है दान में, कोई लड़की है क्या ध्यान में?

पढ़ ले जो दिल की भाषा मेरे, पी ले जो लब से हाला मेरे।
हो चाँद सा मुखड़ा, गोरा बदन, जान ले वो क्या भाता मुझे?
सुबह हो या शाम में, कुछ कम सी है क्या माप में?
चुन लूँगा मैं प्यार से कोई गुल, ऐसा है क्या बाग में?
दिल देना है दान में, कोई लड़की है क्या ध्यान में?

हो चम्पा-चमेली या चाँदनी हो, काजल, सरिता या रागनी।
दुनिया में मुकद्दर से सब मिले हो दिलकश समाँ सी नाज़नीं।
झुमका लटके कान में, कोई नागिन है क्या ध्यान में।
चुन लूँगा मैं प्यार से कोई गुल, ऐसा है क्या बाग में?
दिल देना है दान में, कोई लड़की है क्या ध्यान में?

जानी हो या अंजानी, सिर पे पल्लू लगे हिन्दुस्तानी।
चंद लम्हों का मेल ही न हो, गुजरे सारी ये ज़िंदगानी।
ऐसे-कैसे पकड़ूँ मैं, वो चिड़िया है आसमान में।
चुन लूँगा मैं प्यार से कोई गुल, ऐसा है क्या बाग में?
दिल देना है दान में, कोई लड़की है क्या ध्यान में?

चुन-चुन मुझको ले चुन-चुन

चुन-चुन मुझको ले चुन-चुन।
चुन-चुन मुझको ले चुन-चुन।
किसी न किसी को तो चुनना होगा, चुनना होगा।
सुन-सुन दिलबर सुन-सुन, सुन-सुन दिलबर सुन-सुन,
जमाने के संग-संग चलना होगा, चलना होगा।

ऐसा मुझमें क्या नहीं जो औरों में है।
छपता अपना नाम अख़बारों में है।
यारों का मैं यार, दिल का शहज़ादा,
माना अपना नाम बन्जारों में है।
गुम-सुम खड़ी क्या गुम-सुम?
गुम-सुम खड़ी क्या गुम-सुम?
पतंग अब बनी है तू उड़ना होगा, उड़ना होगा।
सुन-सुन दिलबर सुन-सुन,
सुन-सुन दिलबर सुन-सुन।
जमाने के संग-संग चलना होगा, चलना होगा।

कहना है जो कह दे इस दीवाने से,
शमा क्यों घबराती है इस परवाने से?
पतली-पतली कमरिया, हिरनी जैसी चाल,
जादू तू कर जाती है इस दीवाने पे।
बुलबुल मेरी तू बुलबुल, बुलबुल मेरी तू बुलबुल।
पुराना ही ती कोई, रिश्ता रहा होगा, रिश्ता रहा होगा।
सुन-सुन दिलबर, सुन-सुन, सुन-सुन दिलबर, सुन-सुन!
जमाने के संग-संग, चलना होगा, चलना होगा।

सह लूँगा तेरी ख़ातिर कितने मैं सितम,
मैंने भी देखे हैं यारा इस दुनिया के रंग।
कसमें, वादे, प्यार, मुहब्बत प्यारी सी बातें,
मीलों सी दुनिया सारी, देख मुझे है दंग, देख मुझे है दंग।
कहीं न कहीं तो रुकना होगा, रुकना होगा।
सुन-सुन दिलबर, सुन-सुन, सुन-सुन दिलबर, सुन-सुन!
जमाने के संग-संग, चलना होगा, चलना होगा।

दिल है बेक़रार–तेरा है इंतज़ार

दिल है बेक़रार, तेरा है इंतज़ार।
आ-जा सनम आ-जा, तेरी याद फिर आई है।
दिल पर अब मेरे, तेरा है इख़्तियार।
आ-जा सनम आ-जा, मेरी आँख भर आई है।
दिल है बेक़रार, तेरा है इंतज़ार, आ-जा सनम आ-जा, तेरी.......।

पिया तेरी राह में पलकें बिछाये हूँ।
पिया तेरे नाम की, मैं शमा जलाये हूँ।
कैसे बतलाऊँ, मैं रात भर जागी हूँ?
देख तुझे राहों में, मैं तो शरमाती हूँ।
ले-ले इम्तिहान, तेरा है ऐतबार।
आ-जा सनम आ-जा, होती रुसवाई है।
दिल पर अब मेरे, तेरा है इख़्तियार।
आ-जा सनम आ-जा, मेरी आँख भर आई है।
दिल है बेक़रार, तेरा है इंतज़ार, आ-जा सनम आ-जा, तेरी.......।

आँखें काली-काली और सुरमा लगाऊँ मैं।
झुमका मेरा हाले-डोले, तुझको रिझाऊँ मैं।
मोल कुछ दे-दे मुझे, मेरे अरमानों का।
सिला कुछ दे-दे मुझे, किये एहसानों का।
जिद न कर यार, ऐसे न कर तक़रार।
आ-जा सनम आ-जा, तेरे नाम की दुहाई है।
दिल पर अब मेरे, तेरा है इख़्तियार।
आ-जा सनम आ-जा, मेरी आँख भर आई है।
दिल है बेक़रार, तेरा है इंतज़ार, आ-जा सनम आ-जा, तेरी.......।

मार मुझे डालेगी, ये दिल की लगी अब।
सुध कब लेगा तू जानेमन मेरी अब।
बाँधी तूने डोर कैसी, खोयी-खोयी रहती हूँ।
दिल मेरे नाम कर, बुझी-बुझी रहती हूँ।
कर ले इख़्तियार, तेरा है दिल का गाँव।
आ-जा सनम आ-जा, जानूँ तेरी घबराई है।
दिल पर अब मेरे, तेरा है इख़्तियार।
आ-जा सनम आ-जा, मेरी आँख भर आई है।
दिल है बेक़रार, तेरा है इंतज़ार, आ-जा सनम आ-जा, तेरी.......।

दिल छीना है मेरा कसम से

दिल छीना है मेरा कसम से।
शराबी नैनों वाली ने कि गोरे गालों वाली ने।
चैन लूटा न जाने है कब से?
शराबी नैनों वाली ने कि गोरे गालों वाली ने।
दिल छीना है मेरा कसम से, शराबी नैनों वाली ने, कि गोरे...।

जब भी मुझसे मिलती है, शिक़वा मुझसे करती है।
जाने क्या ऐसा है मुझमें? फिर भी मुझ पर मरती है।
कैसे किस्मत पर कर लूँ भरोसा?
कभी होगा भी ऐसा न सोचा।
रंग डाला मुझे किस रंग से?...
शराबी नैनों वाली ने कि गोरे गालों वाली ने।
चैन लूटा न जाने है कब से?
शराबी नैनों वाली ने कि गोरे गालों वाली ने।
दिल छीना है मेरा कसम से, शराबी नैनों वाली ने, कि गोरे...।

आ गया उसकी बातों में, नींद नहीं अब रातों में।
कर गयी मदहोश मुझे, चन्द मुलाक़ातों में।
बैठी खिड़की से करती इशारे।
नाम ले-ले कर मुझको पुकारे।
किया वादा मिलने का मुझसे,
शराबी नैनों वाली ने कि गोरे गालों वाली ने।
चैन लूटा न जाने है कब से?
शराबी नैनों वाली ने कि गोरे गालों वाली ने।
दिल छीना है मेरा कसम से, शराबी नैनों वाली ने, कि गोरे...।

जाने क्या होगा कल, किसी तरह निकले हल।
वो सपने में आयी मेरे, कहती मुझसे संग ले चल।
रंग लाने लगी भी मुहब्बत।
बढ़ती जाती ये कैसी मुसीबत?
जाल फेंका है कैसे जतन से?...
शराबी नैनों वाली ने कि गोरे गालों वाली ने।
चैन लूटा न जाने है कब से?
शराबी नैनों वाली ने कि गोरे गालों वाली ने।
दिल छीना है मेरा कसम से, शराबी नैनों वाली ने, कि गोरे...।

दिल मेरा तेरा हो गया बिन तेरे मैं...

दिल मेरा तेरा हो गया, बिन तेरे मैं कैसे जिऊँगी भला?
मेरी धड़कन-धड़कन गा रही, कैसे ग़म का सागर मैं पिऊँगी भला।
दिल मेरा तेरा हो गया, बिन तेरे मैं कैसे जिऊँगी भला?

बाँधूँगी मैं पैरों में पायलिया, लोग समझें हुई मैं बावरिया।
हुई हूँ मैं दीवानी तेरे नाम की, सारे शहर में उड़ी ख़बरिया।
रोग कैसा बुरा हो गया दुनिया से कैसे लड़ूँगी भला?
मेरी धड़कन-धड़कन गा रही, कैसे ग़म का सागर मैं पिऊँगी भला?
दिल मेरा तेरा हो गया बिन तेरे मैं कैसे जिऊँगी भला?

मनाऊँगी मैं तुझे हलके-हलके, आज हवा में उड़ी मेरी ज़ुल्फें।
सिखाऊँगी तुझे दिल की बातें, लाज़-ओ-शर्म से झुकीं मेरी पलकें।
तूने चाहा वैसा हो गया, अब किससे मैं शिक़वा करूँगी भला?
मेरी धड़कन-धड़कन गा रही,कैसे ग़म का सागर मैं पिऊँगी भला?
दिल मेरा तेरा हो गया, बिन तेरे मैं कैसे जिऊँगी भला?

दिलवाला है तू नाम का, रखवाला तू है गुल्फ़ाम सा।
मैं बैठी तेरे इंतज़ार में, मतवाला तू है बस नाम का।
बेवज़ह तू ख़फ़ा हो गया, बिन तेरे मैं कैसे चलूँगी भला?
मेरी धड़कन-धड़कन गा रही, कैसे ग़म का सागर मैं पिऊँगी भला?
दिल मेरा तेरा हो गया, बिन तेरे मैं कैसे जिऊँगी भला?

दिन-रात तेरी ही तो याद है, नहीं बुझती कैसी यह प्यास है?
संग लेकर मुझे कहीं दूर चल, अभी मुझको तेरी आस है।
तू दवा दर्द-ए-दिल हो गया, बिन तेरे मैं कैसे मरूँगी भला?
मेरी धड़कन-2 गा रही, कैसे ग़म का सागर मैं पिऊँगी भला?
दिल मेरा तेरा हो गया, बिन तेरे मैं कैसे जिऊँगी भला?

दिल सौ-सौ बार, धक-धक धक-धक बोले

दिल सौ-सौ बार, धक-धक, धक-धक बोले।
दिल सौ-सौ बार, धक-धक, धक-धक बोले।
कंगना मेरा आज, खन-खन, खन-खन बोले।
बोले-बोले, बोले-बोले, सजना-सजना, सजना-सजना।

दीवानी मैं तेरी, बसा है तू नस-नस में।
तू मेरे मन भाया, शोला है तू शबनम मैं।
तुझसे है इकरार, क्यों न मुँह तू खोले?
दिल सौ-सौ बार, धक-धक,धक-धक बोले।
कंगना मेरा आज, खन-खन खन-खन बोले
बोले-बोले, बोले-बोले, सजना-सजना, सजना-सजना।

हैं वादे तेरे झूठे, है झूठा तू, तू छलिया।
हैं कसमें तेरी झूठी, मतवाला तू, तू रसिया।
जाने क्या आज गिट-पिट, गिट-पिट बोले?
दिल सौ-सौ बार, धक-धक, धक-धक बोले?
कंगना मेरा आज, खन-खन खन-खन बोले।
बोले-बोले, बोले-बोले, सजना-सजना, सजना-सजना।

कैसे मैं दिल दे दूँ, करे न कहीं मुझसे छल।
ये ज़ालिम जवानी, कटे न अब, एक-एक पल।
तेरा इंतज़ार, चंचल मनवा डोले।
दिल सौ-सौ बार, धक-धक, धक-धक बोले।
कंगना मेरा आज, खन-खन, खन-खन बोले।
बोले-बोले, बोले-बोले, सजना-सजना, सजना-सजना।

दिलों के मिलने का मौसम

दिलों के मिलने का मौसम है लाजवाब।
हर एक चेहरे पर जँचता है ये नक़ाब।
दिलों के मिलने का मौसम है लाजवाब।

बैठे हैं इंतज़ार में खिड़की कोई खुले।
वर्षों के इम्तिहान का सिला कोई मिले।
हँसीन चेहरा वो मुमकिन हो आफ़ताब।
हर एक चेहरे पर जँचता है ये नक़ाब।
दिलों के मिलने का मौसम है लाजवाब।

ज़िंदा हैं अब भी चाहतें ज़िंदा सिलसिले।
राहें हैं सूनी प्यार की तकती हैं मंज़िलें।
छिपा-छिपा सा है पीछे से माहताब।
हर एक चेहरे पर जँचता है ये नक़ाब।
दिलों के मिलने का मौसम है लाजवाब।

कहती है शमा प्यार से रखनी है दूरियाँ।
जाने इरादा क्या लिये बढ़ती हैं बदलियाँ?
किसी के प्रश्नों का देवें भी क्या जवाब?
हर एक चेहरे पर जँचता है ये नक़ाब।
दिलों के मिलने का मौसम है लाजवाब।

तौबा सितम ये क्या हुए किसकी नज़र लगी?
किसकी हैं नादानियाँ कोई बद्दुआ लगी?
फ़रेब करने में क़ातिल है कामयाब।
हर एक चेहरे पर जँचता है ये नक़ाब।
दिलों के मिलने का मौसम है लाजवाब।

दिमाग खराब कर रखा है मेरा

दिमाग खराब कर रखा है मेरा, 'इश्क़ ने-इश्क़ ने'।
हिसाब-किताब क्या जानूँ मैं सैंया? 'इश्क में-इश्क़ में'।
दिमाग खराब कर रखा है मेरा, 'इश्क़ ने-इश्क़ ने'।

चंचल-चंचल नैना हैं, घटा से मेरे गेसू।
मेरे दिल में अगन लगा के, छिप गया कहाँ तू?
अंग-अंग कस्तूरी मेरा, शबनम सी जवानी।
जाने कब होगी मुझ पर, रब की मेहरबानी।
सवाल-जवाब इम्तहाँ ले मेरा, 'हर समय-हर समय'।
हिसाब-किताब क्या जानूँ मैं सैंया? 'इश्क में-इश्क़ में'।
दिमाग खराब कर रखा है मेरा, 'इश्क़ ने-इश्क़ ने'।

लगा लिया है आँखों पर, मैंने काला-काला चश्मा।
तुझसे जब से आँख लड़ी, रोग लगा है दिल का।
मिले अगर फुरसत तो तन्हा ही आ जाना।
वर्षों है सँभाला जिसको दूँगी दिल नज़राना।
कोई दाम है नहीं दे दूँगी, मैं तुझको मुफ़्त में मुफ़्त में।
हिसाब-किताब क्या जानूँ मैं सैंया? 'इश्क में-इश्क़ में'।
दिमाग खराब कर रखा है मेरा, 'इश्क़ ने-इश्क़ ने'।

कुछ दिन हैं ये रँगीले पल, मस्ती में आ जी लें।
वादा क्या कल परसों का? आ भी खुलकर जी लें।
गोरी-गोरी मेरी कलाई, सैंया है तेरे लिये।
नाजुक-नाजुक मेरा यौवन, तन-मन है तेरे लिये।
शबाब, हर ख़्वाब, सब पर हक़ है तेरा, भोर में साँझ में।
हिसाब-किताब क्या जानूँ मैं सैंया? 'इश्क में-इश्क़ में'।
दिमाग खराब कर रखा है मेरा, 'इश्क़ ने-इश्क़ ने'।

दिन-रात मैं तेरे सपनों में

दिन-रात, मैं तेरे सपनों में, खोयी-खोयी रहती हूँ जानेमन।
सुबह-शाम, मैं तेरी ही धुन में, उड़ती-फिरती हूँ जानेमन।
दिन-रात, मैं तेरे सपनों में, खोयी-खोयी रहती हूँ जानेमन।

जीने की तमन्ना है, मरने का इरादा है, संग में तेरे।
जितने तू बोलेगा, सारे वचन निभाऊँगी, साथ मैं तेरे।
बस गया, क्यों मेरी धड़कन में? सोचती ये रहती हूँ जानेमन।
सुबह-शाम, मैं तेरी ही धुन में, उड़ती-फिरती हूँ जानेमन।
दिन-रात, मैं तेरे सपनों में, खोयी-खोयी रहती हूँ जानेमन।

बिन तेरे ऐ-साजना! यूँ भी कट न पाये तन्हा जवानी।
चिलमन उठाई के अपना बनाई ले दे-दे निशानी।
देख आग मेरे यौवन में, शमा सी मैं जलती हूँ जानेमन।
सुबह-शाम, मैं तेरी ही धुन में, उड़ती-फिरती हूँ जानेमन।
दिन-रात, मैं तेरे सपनों में, खोयी-खोयी रहती हूँ जानेमन।

काली घटा घिर आई, कहने कुछ आई है, ऋतु अलबेली।
मौसम है बहारों का, नग़में गुनगुनायेगी नार-नवेली।
ढल गई मैं, तेरे ही रंग में, दिल की जुबाँ से कहती हूँ जानेमन।
सुबह-शाम, मैं तेरी ही धुन में, उड़ती-फिरती हूँ जानेमन।
दिन-रात, मैं तेरे सपनों में, खोयी-खोयी रहती हूँ जानेमन।

चुपके-चुपके मिलने का, होगा अंजाम क्या, मैं न ये जानूँ?
मुझको गर सतायेगा, होगा बदनाम तू, बस यही जानूँ।
सच मान मैं तेरी बन गई हूँ, दिल की बातें कहती हूँ जा।
सुबह-शाम, मैं तेरी ही धुन में, उड़ती-फिरती हूँ जानेमन।
दिन-रात, मैं तेरे सपनों में, खोयी-खोयी रहती हूँ जानेमन।

दीवानगी में लुट गया मैं आज

दीवानगी में लुट गया मैं, आज सनम तेरे कारन।
कब हुई सहर, कब हुई दुपहर से शाम, सनम तेरे कारन।
दीवानगी में लुट गया मैं, आज सनम तेरे कारन।

तेरे वास्ते क्या-क्या उठाये ग़म सनम?
तेरी राह में पलकें बिछाये हम सनम।
कब से शुरू, कब ख़त्म हुई ये दास्ताँ?
मंजिल है गुम, न ही मिला मुझे रास्ता।
क्या-क्या नहीं कर गया मैं काम? सनम तेरे कारन।
कब हुई सहर? कब हुई दुपहर से शाम? सनम तेरे कारन।
दीवानगी में लुट गया मैं आज, सनम तेरे कारन।

तू प्यार में इक़रार कर या ना भी कर।
अब तो तेरी आहट से भी लगता है डर।
ज़रा याद कर हम-तुम मिले तन्हाई में।
बरसात में, कभी रात में, अँगनाई में।
आवारगी में मिट गया मैं आज, सनम तेरे कारन।
कब हुई सहर? कब हुई दुपहर से शाम, सनम तेरे कारन।
दीवानगी में लुट गया मैं, आज सनम तेरे कारन।

हर सू ही मेरे बाग़वाँ में गुल खिले।
देखे हैं मैंने प्यार में सब जलजले।
कभी रोककर तुम थे खड़े मेरा रास्ता।
कभी रो पड़े थे सुनकर मेरी दास्ताँ।
नादानियों में खुल गया यह राज़, सनम तेरे कारन।
कब हुई सहर, कब हुई दुपहर से शाम, सनम तेरे कारन।
दीवानगी में लुट गया मैं, आज सनम तेरे कारन।

दीवाना दिल मेरा हो गया

दीवाना दिल मेरा हो गया, दीवाना दिल मेरा हो गया।
ओ जानम ! तेरा जादू, अब मुझ पर चल गया, चल गया।
दीवाना दिल मेरा हो गया।

मुहब्बत तुझसे करता हूँ, लिखा ले कोरे कागज़ पे।
नहीं मैं होश में अपने, जगा ले अपनी चाहत से।
ज़माना ये मेरा हो गया, ज़माना ये मेरा हो गया।
ओ जानम ! तेरा जादू अब मुझ पर चल गया, चल गया।
दीवाना दिल मेरा हो गया।

ये उल्फ़त जिससे होती है, सताया वो नहीं करते।
कभी इल्ज़ाम यारों पर, लगाया वो नहीं करते।
फ़साना तेरा-मेरा हो गया, फ़साना तेरा-मेरा हो गया।
ओ जानम ! तेरा जादू अब मुझ पर चल गया, चल गया।
दीवाना दिल मेरा हो गया।

लगा ले दिल से अपने तू, अगन ये ठण्डी हो जाये।
सँभालूँ खुद को कैसे मैं ? कहीं न ये राज़ खुल जाये।
तराना ग़म भरा हो गया, तराना ग़म भरा हो गया।
ओ जानम ! तेरा जादू अब मुझ पर चल गया, चल गया।
दीवाना दिल मेरा हो गया।

है आज प्यार का मौसम कि अब ये दूरियाँ कैसी ?
जिस्मों का होने दे संगम, अरे मजबूरियाँ कैसी ?
लबों का अब नशा हो गया, लबों का अब नशा हो गया।
ओ जानम ! तेरा जादू अब मुझ पर चल गया, चल गया।
दीवाना दिल मेरा हो गया।

दीवाना मैं भी हूँ, दीवानी तू भी है

दीवाना मैं भी हूँ, दीवानी तू भी है, चल कहीं तन्हाई में।
ये बातें दिल की हैं, ये रातें अपनी हैं, चल कहीं तन्हाई में।
दीवाना मैं भी हूँ, दीवानी तू भी है, चल कहीं तन्हाई में।

चंद लफ्जों का ये अफ़साना, तूने नहीं है जाना।
मैंने तुझको अपना साथी, अपना सब कुछ माना।
मुसाफिर मैं भी हूँ, मुसाफिर तू भी है, चल कहीं तन्हाई में।
ये बातें दिल की हैं, ये रातें अपनी हैं, चल कहीं तन्हाई में।
दीवाना मैं भी हूँ, दीवानी तू भी है, चल कहीं तन्हाई में।

दिल का चैन खोया जाये, आयी ऋतु मस्तानी।
चुनरिया उड़-उड़ जाये, चंचल मस्त जवानी।
तड़पता मैं भी हूँ, तड़पती तू भी है, चल कहीं तन्हाई में।
ये बातें दिल की हैं, ये रातें अपनी हैं, चल कहीं तन्हाई में।
दीवाना मैं भी हूँ, दीवानी तू भी है, चल कहीं तन्हाई में।

मुश्किलें और भी आयेंगी, उल्फ़त के रास्तों में।
मंजिलें पायी हैं पायेंगे, हम तुम हैं वादियों में।
हँसीं तू है भी गर, जवाँ तो मैं भी हूँ, चल कहीं तन्हाई में।
ये बातें दिल की हैं, ये रातें अपनी हैं, चल कहीं तन्हाई में।
दीवाना मैं भी हूँ, दीवानी तू भी है, चल कहीं तन्हाई में।

गोरे-गोरे तेरे गालों से, हुई है मुझे मुहब्बत।
होता जाता दिल बेकाबू, कर न सकूँ बग़ावत।
लबों से पीने दे कि खुलकर जियेंगे, चल कहीं तन्हाई में।
ये बातें दिल की हैं, ये रातें अपनी हैं, चल कहीं तन्हाई में।
दीवाना मैं भी हूँ, दीवानी तू भी है, चल कहीं तन्हाई में।

दीवाना तो नहीं था मेरा दिल

दीवाना तो नहीं था मेरा दिल, ऐ-सनम! ऐ-सनम!
इस तरह तो नहीं था पहले ग़म, ऐ-सनम! ऐ-सनम!
दीवाना तो नहीं था मेरा दिल, ऐ-सनम! ऐ-सनम!

न ही थे ये महके नज़ारे, न ही थे ये दिल के फ़साने।
न ही थे ये उल्फ़त के धागे, न ही थे ऐसे ज़माने।
परवाना तो नहीं था मेरा दिल, ऐ-सनम! ऐ-सनम!
इस तरह तो नहीं था पहले ग़म, ऐ-सनम! ऐ-सनम!
दीवाना तो नहीं था मेरा दिल, ऐ-सनम! ऐ-सनम!

पहले न थी ऐसी कभी, पगली-पगली सी चंचल हवा।
गुनगुनाता ऐसा समाँ, बदली-बदली सी है फ़िज़ा।
मतवाला तो नहीं था मेरा दिल, ऐ-सनम! ऐ-सनम!
इस तरह तो नहीं था पहले ग़म, ऐ-सनम! ऐ-सनम!
दीवाना तो नहीं था मेरा दिल, ऐ-सनम! ऐ-सनम!

मय सी नशीली आँखें, कर गयीं मुझपे क्या जादू?
मस्ती के ऐसे खज़ाने, कर रहे मुझको बेकाबू।
मयख़ाना तो नहीं था मेरा दिल, ऐ-सनम! ऐ-सनम!
इस तरह तो नहीं था पहले ग़म, ऐ-सनम! ऐ-सनम!
दीवाना तो नहीं था मेरा दिल, ऐ-सनम! ऐ-सनम!

मुझे किसने अपना बनाया? वो हँसी नाज़नीं कहाँ पर?
कहाँ ढूढूँ, किधर मैं जाऊँ? है ज़मीं पर या आसमाँ पर।
बेगाना तो नहीं था मेरा दिल, ऐ-सनम! ऐ-सनम!
इस तरह तो नहीं था पहले ग़म, ऐ-सनम! ऐ-सनम!
दीवाना तो नहीं था मेरा दिल, ऐ-सनम! ऐ-सनम!

दुनिया में ऐसा कौन है

दुनिया में ऐसा कौन है, जो ग़म की दे दवा मुझे।
मुद्दत की मेरी आशिकी, जो अच्छा दे सिला मुझे।
दुनिया में ऐसा कौन है, जो ग़म की दे दवा मुझे।
मुद्दत की मेरी आशिकी, जो अच्छा दे सिला मुझे
दुनिया में ऐसा कौन है....।

जहाँ पड़े तेरे कदम उधर-उधर मैं चल पड़ा।
कहीं झुकी तेरी नज़र, खुशी से मैं उछल पड़ा।
मुझको पता था मेरे यार, साथ चल रहे हो तुम।
मुझको पता था मेरे यार, साथ चल रहे हो तुम।
नहीं पता चला मुझे, ज़ुदा हुए कहाँ पे तुम?
दुनिया में ऐसा कौन है....।

कि दिल को बेकरार कर उड़ी-उड़ी तितलियाँ।
मेघों के पोर-पोर में छिपी-छिपी बिजलियाँ।
मेरे बाग़वाँ में फिर आज कहीं खिले कमल।
दिल चाहने लगा तेरे वास्ते लिखूँ ग़ज़ल।
दिल चाहने लगा तेरे वास्ते लिखूँ ग़ज़ल।
दुनिया में ऐसा कौन है....।

यादों का वो ही सिलसिला, वैसी ही मुलाक़ात हो।
रब से दुआ मैं कर रहा, वैसी ही बरसात हो।
तुझे साथ ले मेरे यार, कहीं दूर जायें हम।
तुझे साथ ले मेरे यार, कहीं दूर जायें हम।
शिक़वा जहाँ न कोई हो, एक-दूजे में खो जायें हम।
दुनिया में ऐसा कौन है....।

दे ख़ुशी या भी ग़म

दे खुशी या भी ग़म, बस तेरे ही हैं हम।
मंजिलें एक हुई न भी बिछड़ें सनम।
दे खुशी या भी ग़म, बस तेरे ही हैं हम।

गुल ये मुरादों के खिलते रहें, दीये उम्मीदों के जलते रहें।
यूँ ही सदा रहें मौसम जवाँ, क़ाफ़िले प्यार के चलते रहें।
शाम हो या सहर, हौंसले न हो कम।
मंजिलें एक हुई, न भी बिछड़ें सनम।
दे खुशी या भी ग़म, बस तेरे ही हैं हम।

डरना नहीं है दुनिया से अब, तन्हा है गुजरीं कितनी ही शब?
ठंडी हवाओं में मचलता है दिल, मिलने दे आज लब से लब।
बेख़ुदी क्या हुई? आँख न कर ये नम।
मंजिलें एक हुई न भी बिछड़ें सनम।
दे ख़ुशी या भी ग़म, बस तेरे ही हैं हम।

चलते हैं राही जो रुकते नहीं, झूठे रिवाज़ों से झुकते नहीं।
बैठे लगाने हमको नज़र, हम इन निगाहों से डरते नहीं।
गीत ये प्यार के गुनगुनायेंगे हम।
मंजिलें एक हुई न भी बिछड़ें सनम।
दे ख़ुशी या भी ग़म, बस तेरे ही हैं हम।

चाहे बिजुरियाँ हम पे गिरें, चाहें बदरियाँ गरजा करें।
रंग बहारों ने हमको दिये, दुनिया जले तो हम क्या करें?
चढ़ ही जब है गया, उल्फ़त का हमपे रंग।
मंजिलें एक हुई न भी बिछड़ें सनम।
दे खुशी या भी ग़म, बस तेरे ही हैं हम।

दो पल मेरे लिये भी

दो पल मेरे लिये भी बरबाद करके देख।
मेरे इश्क़ का ऐ-हमदम! एहसास करके देख।
दो पल मेरे लिये भी, बरबाद करके देख।

मैं तो क़रार दूँगी, तेरे बेक़रार दिल को।
नज़रें चुराने वाले, फुरसत में आकर मिल तो।
साजन मेरे लिये भी, कुछ ख़ास लिख के देख।
मेरे इश्क़ का ऐ-हमदम! एहसास करके देख।
दो पल मेरे लिये भी, बरबाद करके देख।

तूने दीवानगी का, अच्छा दिया है तोहफ़ा।
मुझे सताया जी भर, जब भी मिला है मौक़ा।
हिचकी का नाम लेकर, मुझे याद करके देख।
मेरे इश्क़ का ऐ-हमदम! एहसास करके देख।
दो पल मेरे लिये भी, बरबाद करके देख।

दुनिया के पार ले चल, यहाँ देखते हैं सारे।
दिखलाऊँगी तुझे मैं, इतने हँसीं नज़ारे।
सब कुछ तेरे लिये है, मुझे प्यार करके देख।
मेरे इश्क़ का ऐ-हमदम एहसास करके देख।
दो पल मेरे लिये भी, बरबाद करके देख।

तुझे रब से माँगती हूँ, करती सदा बराबर।
मेरी माँग आ के भर दे, दिल का दिया जलाकर।
जंग है ये प्यार की, तू , मुझे जीत करके देख।
मेरे इश्क़ का ऐ-हमदम! एहसास करके देख।
दो पल मेरे लिये भी, बरबाद करके देख।

धड़कनों का कहना है महबूब से

धड़कनों का कहना है महबूब से, ज़रा आहिस्ता चल।
चिलमन से तुझे देखती मैं रहूँ, ज़रा आहिस्ता चल।
धड़कनों का कहना है महबूब से, ज़रा आहिस्ता चल।

वक़्त शातिर हो गया, जो ठहरता ही नहीं।
तुमको क्या ये हो रहा? रंग बदलता ही नहीं।
रास्ते में हम खड़े मजबूर से, ज़रा आहिस्ता चल।
चिलमन से तुझे देखती मैं रहूँ, ज़रा आहिस्ता चल।
धड़कनों का कहना है महबूब से....।

फ़ासले इतने हुए हैं, हैं बहकते ये कदम।
आरजू में हम तेरी, हैं सँवरते ऐ-सनम!
बँध गये हैं, हम तेरे मंसूबे से, ज़रा आहिस्ता चल।
चिलमन से तुझे देखती मैं रहूँ, ज़रा आहिस्ता चल।
धड़कनों का कहना है महबूब से....।

याद कर तुम्हें शब ढली, याद करते सहर हुई।
साथ तुम गर जो नहीं, मुश्किल हर डगर हुई।
तुम हुए जाते सनम मग़रूर से, ज़रा आहिस्ता चल।
चिलमन से तुझे देखती मैं रहूँ, ज़रा आहिस्ता चल।
धड़कनों का कहना है महबूब से....।

साथ उम्र भर हम रहें, ऐसा कुछ जतन करो।
है शिक़ायत गर तुम्हें, हाल-ए-दिल बयाँ करो।
तुम मिले हमें तक़दीर से, ज़रा आहिस्ता चल।
चिलमन से तुझे देखती मैं रहूँ, ज़रा आहिस्ता चल।
धड़कनों का कहना है महबूब से....।

दिल को धोखे से ले गया अलबेला

दिल को धोखे से ले गया अलबेला।
हट्टा-कट्टा वो छैल-छबीला।
दिन-रात मैं इस सोच में, मर गयी अल्ला-अल्ला।
दिन-रात मैं इस सोच में, मर गयी अल्ला-अल्ला।

धक-धक बोले दिल जवां मैं कैसे हुई?
लगा रोग कैसा, मुश्किल कैसी हुई?
दगा करे मुझसे, मेरा दिलबर जानी।
ग़ज़ब की मैं लड़की, हुस्न मेरा नूरानी।
मैं क्या करूँ...? मैं क्या करूँ...? मैं क्या करूँ...?
मेरा है मजनूँ वो, मैं बन गयी उसकी लैला।
हट्टा-कट्टा वो छैल-छबीला।
दिन-रात मैं इस सोच में, मर गयी अल्ला-अल्ला।
दिन-रात मैं इस सोच में, मर गयी अल्ला-अल्ला।

आया है तूफाँ गरम जवानी में,
नशा-नशा सा है ज़िंदगानी में।
प्यार का मौसम हरजाई न आया,
कर बैठी सौदा, सौदाई न आया।
तन्हाई में..., आहें भरूँ..., आहें भरूँ...,
शहर के कोने में लगा हुआ है मेला।
हट्टा-कट्टा वो छैल-छबीला।
दिन-रात मैं इस सोच में, मर गयी अल्ला-अल्ला।
दिन-रात मैं इस सोच में, मर गयी अल्ला-अल्ला।

रोज शाम-सुबह, खोलूँ मैं खिड़की।
शहर की गलियों में, दीवानी मैं फिरती।
इंतज़ार में उसके, निकले न ये दम।
बेक़रार ये दिल है, बदले है वो रंग।
मुझसे कैसा वो खेल रहा है खेला?
हट्टा-कट्टा वो छैल-छबीला।
दिन-रात में इस सोच में मर गयी अल्ला-अल्ला।
दिन-रात में इस सोच में मर गयी अल्ला-अल्ला।

इक़रार हो गया मुझे प्यार हो गया

इकरार हो गया, मुझे प्यार हो गया।
तुम से, तुम से, तुम से, तुम से मेरी जान।
ये पाठ-ए-उल्फत, मुझे याद हो गया।
तब से, तब से, तब से, तब से मेरी जान।
इकरार हो गया, मुझे प्यार हो गया, 'तुम से-तुम से'।

मेरा गीत तू, संगीत तू, कई जन्मों की है प्रीत तू।
मेरी जीत तू, मेरी हार तू, कई मुद्दत की है आस तू।
तेरी गलियों में मैं बदनाम हो गया।
सुन ले, सुन ले, सुन ले, सुन ले मेरी जान!
ये पाठ-ए-उल्फत मुझे याद हो गया, 'तब से-तब से'।
इकरार हो गया, मुझे प्यार हो गया, 'तुम से-तुम से'।

करनी मुझे तेरी बन्दगी, हर धड़कन तेरी हो गयी।
ए नाज़नीं! जाने ग़ज़ल, तू हमदम मेरी हो गयी।
ऐतबार हो गया, इंतज़ार हो गया।
चुपके, चुपके ,चुपके कर एहसान।
ये पाठ-ए-उल्फत मुझे याद हो गया, 'तब से-तब से'।
इकरार हो गया, मुझे प्यार हो गया, 'तुम से-तुम से'।

मेरे साथ चल जाने जिगर, चाहे ले-ले कोई इम्तहाँ।
हैं दूरियाँ, ये कब तलक अब हो गयी है इन्तहा।
जीना ये सनम-दुश्वार हो गया
दिल दे दिल दे दिल दे दिल दे मेरी जान!
ये पाठ-ए-उल्फत, मुझे याद हो गया, 'तब से-तब से'।
इकरार हो गया, मुझे प्यार हो गया, 'तुम से-तुम से'।

बँध जायें आ जंजीर में, टूटे न जो फिर कभी।
जीने का ये अन्दाज है, रूठें न हम फिर कभी।
मीठा-मीठा सा ये ख़ुमार हो गया।
मुझपे, मुझपे, मुझपे, जाँ भी है कुर्बान।
ये पाठ-ए-उल्फत, मुझे याद हो गया, 'तब से-तब से'।
इकरार हो गया, मुझे प्यार हो गया, 'तुम से-तुम से'।

इक़रार हो गया है, तुझसे प्यार हो गया

इक़रार हो गया है, तुझसे प्यार हो गया है।
इक़रार हो गया है, तुझसे प्यार हो गया है।
जीने का जानम ले-ले मजा, इतना न सोच, इतना न सोच।
इक़रार हो गया है, तुझसे प्यार हो गया है।

चन्द लम्हें क्या? जीवन आजा, संग-संग गुजारें।
एक दूजे को हम-तुम, आजा पल-पल निहारें।
इंतज़ार है तेरा, ऐतबार हो गया है।
जीने का जानम ले-ले मजा, इतना न सोच, इतना न सोच।
इक़रार हो गया है, तुझसे प्यार हो गया है।

अन्जाने से होकर रहें, कब तक यूँ हमदम?
आयी ऋतु है सुहानी, बजने दे ये सरगम।
तेरी आँखों का सनम, ख़ुमार हो गया है।
जीने का जानम ले-ले मजा, इतना न सोच, इतना न सोच।
इक़रार हो गया है, तुझसे प्यार हो गया है।

ढल जायेगी यूँ ही, चन्द दिन में जवानी।
रंग लायेगी एक दिन, तेरी-मेरी कहानी।
तेरे बिना सनम क्या ये हाल हो गया है?
जीने का जानम ले-ले मजा, इतना न सोच, इतना न सोच।
इक़रार हो गया है, तुझसे प्यार हो गया है।

कर दे अपना तन-मन तू, मेरे हवाले।
मैं तुझको सँभालूँ, तू मुझको सँभाले।
तुझ पर तो मेरा इख़्तियार हो गया है।
जीने का जानम ले-ले मजा, इतना न सोच, इतना न सोच।
इक़रार हो गया है, तुझसे प्यार हो गया है।

इल्तिजा आपसे इतनी है

इल्तिजा आपसे इतनी है मेरी।
प्यार की राहों में करना न देरी।
इल्तिजा आपसे इतनी है मेरी।

दर्द इतना दे चुकी तू और न ले इम्तहाँ।
बेतहाशा लुट चुका मैं, हो गयी है इंतिहा।
हर सदा आपको सुननी है मेरी,
प्यार की राहों में करना न देरी।
इल्तिजा आपसे इतनी है मेरी।

धुँधले-धुँधले हो चुके हैं, मंजिलों के निशाँ।
आई है ऋतु अलबेली, हर तरफ कहकशाँ।
हाल क्या होगा, तूने नज़र फेरी?
प्यार की राहों में, करना न देरी।
इल्तिजा आपसे इतनी है मेरी।

हँसते-गाते बीत जाये, ज़िंदगी का कारवाँ।
प्यारे-प्यारे गुल खिलेंगे, महकेगा गुलिस्ताँ।
सदियों से मूरत ये दिल में है तेरी,
प्यार की राहों में करना न देरी।
इल्तिजा आपसे इतनी है मेरी।

बन जाये न ज़िंदगी ये, 'दिल्लगी-दिल्लगी'।
राह के हम दो मुसाफिर, मिल के न बिछड़ें कभी।
ग़मजदा है सफर रात अँधेरी।
प्यार की राहों में करना न देरी,
इल्तिजा आपसे इतनी है मेरी।

इम्तिहान कोई तू ले-ले

इम्तिहान कोई तू ले-ले, मैं तुझसे प्यार करूँगा, मैं तुझसे प्यार करूँगा।
जानेमन ! मैं तेरा दीवाना, मैं तुझे याद करूँगा, मैं तुझे याद करूँगा।
इम्तिहान कोई तू ले-ले, मैं तुझसे प्यार करूँगा, मैं तुझसे प्यार करूँगा।

जब से दीदार तेरा, मैंने किया, बेकरार दिल मैंने किया।
माने न माने, तू मेरे सनम, बेशुमार ग़म मैंने लिया।
इम्तिहाँ कोई तू कर ले, मैं तुझसे प्यार करूँगा, मैं तुझसे प्यार करूँगा।
जानेमन मैं तेरा दीवाना, मैं तुझे याद करूँगा, मैं तुझे याद करूँगा।
इम्तिहान कोई तू ले-ले, मैं तुझसे प्यार करूँगा, मैं तुझसे प्यार करूँगा।

अरमाँ हजार लिए, मैं हूँ खड़ा, जानम तेरे घर पे पहरा बड़ा।
तुझको ही पाना मेरी बंदगी, सजदे में तेरे मैं हूँ झुका।
हैं जहाँ में हम-तुम अकेले, मैं तुझसे प्यार करूँगा, मैं तुझसे....।
जानेमन मैं तेरा दीवाना, मैं तुझे याद करूँगा, मैं तुझे याद करूँगा।
इम्तिहान कोई तू ले-ले, मैं तुझसे प्यार करूँगा, मैं तुझसे प्यार करूँगा।

पलकें बिछा दूँगा तेरे लिए, रंगीं बहारें हमारे लिए।
नादाँ अभी तू है कमसिन बड़ी, दिल में तू है सपने लिए।
छोड़ ये पल-पल झमेले, मैं तुझसे प्यार करूँगा, मैं तुझसे प्यार करूँगा।
जानेमन मैं तेरा दीवाना, मैं तुझे याद करूँगा, मैं तुझे याद करूँगा।
इम्तिहान कोई तू ले-ले, मैं तुझसे प्यार करूँगा, मैं तुझसे प्यार करूँगा।

चलती-फिरती कोई मौज तू, परियों जैसे अन्दाज हैं।
जानेजाँ तू है गुलबदन, मोती जैसे अल्फ़ाज़ हैं।
कल होंगे न फिर ये मेले, मैं तुझसे प्यार करूँगा, मैं तुझसे प्यार करूँगा।
जानेमन ! मैं तेरा दीवाना, मैं तुझे याद करूँगा, मैं तुझे याद करूँगा।
इम्तिहान कोई तू ले-ले, मैं तुझसे प्यार करूँगा, मैं तुझसे प्यार करूँगा।

इश्क़ नहीं ये लम्हों का सदियों की...

इश्क़ नहीं ये लम्हों का, सदियों की मुहब्बत है।
कौन यहाँ किसको जँचता? अँखियों की शरारत है।
इश्क़ नहीं ये लम्हों का, सदियों की मुहब्बत है।

रोक नहीं सकती दीवारें, जिसने जिसको चाह लिया।
जुड़ गया जिससे यह बंधन, उसने उसको याद किया।
इश्क़ सलामत है उसका, जिसने की बगावत है।
कौन यहाँ किसको जँचता? अँखियों की शरारत है।
इश्क़ नहीं ये लम्हों का, सदियों की मुहब्बत है।

नहीं है दूजा आने वाला, दिल जब उसके नाम लिखा।
बढ़ गये अपनी राह पे राही, चाहे जो अन्जाम दिखा।
इश्क़ नहीं झुक सकता, दुश्मन कर क़यामत ले।
कौन यहाँ किसको जँचता? अँखियों की शरारत है।
इश्क़ नहीं ये लम्हों का, सदियों की मुहब्बत है।

ग़म के सागर पीने वाले, भूल गया क्या खायी कस्में?
कौन है अपना, कौन पराया? दूरियाँ बनकर आयी रस्में।
इश्क़ नहीं इतना आसाँ, पल-पल की मुसीबत है।
कौन यहाँ किसको जँचता? अँखियों की शरारत है।
इश्क़ नहीं ये लम्हों का, सदियों की मुहब्बत है।

दुनिया वाले हैं बेदर्दी, फूँक नशेमन को ये खुश होंगे।
चाहेंगे जग में ये शोहरत, जोश दिखाकर बेदम होंगे।
इश्क़ सबक है ईश्वर का, अल्लाह की इबादत है।
कौन यहाँ किसको जँचता? अँखियों की शरारत है।
इश्क़ नहीं ये लम्हों का, सदियों की मुहब्बत है।

इस दुनिया का ले ले मजा

इस दुनिया का ले-ले मजा, कल रहे न रहे, ये दीवाना कहे।
थोड़े दिन हैं ये मस्ती के, बन्दगी कर तू ले, ये दीवाना कहे।
इस दुनिया का ले-ले मजा, कल रहे न रहे, ये दीवाना कहे।

करना है जो जल्दी कर, ठण्डी यूँ आहें न भर।
डरना क्या ज़माने से है? बन जा तू भी बाजीगर।
किसी को तू भी अपना बना ले,
रंग ज़हाँ को तू अपना दिखा दे।
कदमों में कर ले सज़दा गर हसीना, दीवाना कहे।
थोड़े दिन हैं ये, मस्ती बन्दगी कर तू ले, ये दीवाना कहे।
इस दुनिया का ले-ले मजा, कल रहे न रहे, ये दीवाना कहे।

कह दे तू, उसको जानेमन, बोल उसको महबूबा।
तू है मेरी लाल परी, कैसे तुझको है ढूँढा?
थाम ले बढ़ के, उसकी कलाइयाँ,
जानूँ तेरी, तू उसका रमैय्या।
सह लेना, मिले जो सजा, चंद हैं ये लम्हें, ये दीवाना कहे।
थोड़े दिन हैं, ये मस्ती के, बन्दगी कर तू ले, ये दीवाना कहे।
इस दुनिया का, ले-ले मजा, कल रहे न रहे, ये दीवाना कहे।

प्यार होना चाहिए, इकरार होना चाहिए।
चोरी-चोरी कुछ दिन, इज़हार होना चाहिए।
चार दिन की है ये, चढ़ती जवानी।
छोड़ जा जगत में, अपनी निशानी।
न भी हो कोई ऐसी वज़ह, जंग भले ये रहे, ये दीवाना कहे।
थोड़े दिन हैं ये मस्ती के, बन्दगी कर तू ले, ये दीवाना कहे।
इस दुनिया का ले-ले मजा, कल रहे न रहे, ये दीवाना कहे।

इतनी बातें कर ली तुमसे

इतनी बातें कर ली तुमसे, अब है हमको जल्दी।
हम तो ठहरे परदेसी, हम तो ठहरे परदेसी।
इतनी बातें कर ली तुमसे, अब है हमको जल्दी।

जब पुकारोगे हमें, दौड़कर चले आयेंगे।
दुनिया वालों की ये रस्में, तोड़कर चले आयेंगे।
मिलना और फिर बिछड़ना, रीत जग की है वही।
राज़ किसी ने यह न जाना, प्रीत फिर भी है वही।
माँग रहे हैं माफ़ी तुमसे, हुई हो हमसे ग़लती।
हम तो ठहरे परदेसी, हम तो ठहरे परदेसी।
इतनी बातें कर ली तुमसे, अब है हमको जल्दी।

करते तुम न दिल्लगी, न भी होती दोस्ती।
अपने होते रास्ते, न भी होती बेबसी।
न भी तुमसे इस तरह, नैन लड़ाते बेवज़ह।
तन्हा-तन्हा दिल हमारा, यूँ न रोता बेवज़ह।
भुला भी देना हमको दिल से, करते तुमसे विनती।
हम तो ठहरे परदेसी, हम तो ठहरे परदेसी।
इतनी बातें कर ली तुमसे, अब है हमको जल्दी।

गर दीवाना मैं हुआ, तुम क्यों होश खो गये?
ग़मजदा मैं हुआ, तुम क्यों यार रो गये?
रूठकर तुमसे सनम, ज़िंदगी क्या ज़िंदगी?
खुश रहे तू सदा मिले, तुझको हर खुशी।
हाथ मिलाना छोड़ मुझसे, ऐसी क्या ख़ुदग़र्जी?
हम तो ठहरे परदेसी, हम तो ठहरे परदेसी।
इतनी बातें कर ली तुमसे, अब है हमको जल्दी।

फिर से एक बार

फिर से एक बार, मुस्कुराकर देखो।
किसी पर तो आज, दिल लुटा कर तो देखो।
फिर से एक बार, मुस्कुराकर तो देखो।

भीगा-भीगा है समाँ और दिल दीवाना गा रहा है।
महकी-महकी वादियों में कोई मुझे बुला रहा है।
मुझसे मेरे यार, दिल लगाकर तो देखो,
किसी पर तो आज, दिल लुटा कर तो देखो।
फिर से एक बार, मुस्कुराकर तो देखो।

प्यार की आवाज सुनकर, जानेजाँ आ, आ भी जा।
बन्दगी करता मैं तेरी, दिल चुराकर ना भी जा।
संग-संग मेरी जान, गुनगुनाकर देखो।
किसी पर तो आज, दिल लुटा कर तो देखो।
फिर से एक बार, मुस्कुराकर तो देखो।

लब पे आयी मेरे सरगम, ज़िंदगी का राग लेकर।
मन का पंछी कह रहा है, हर खुशी का राज़ लेकर।
ऐ मेरे हमराज! सुर में गाकर तो देखो।
किसी पर तो आज, दिल लुटाकर तो देखो।
फिर से एक बार, मुस्कुराकर तो देखो।

दिल की हालत है बुरी और तूने नख़रे हैं किये।
बढ़ती जाती है बेताबी, तेरे जलवों के लिये।
मचली है शाम, दिल में आकर तो देखो।
किसी पर तो आज, दिल लुटाकर तो देखो।
फिर से एक बार, मुस्कुराकर तो देखो।

हम तुम्हें चाहते हैं यह पता सिर्फ...

हम तुम्हें चाहते हैं, यह पता सिर्फ हमें होना चाहिये।
मंजिलें प्यार की हैं, तेरे दिल में मुझे कोना चाहिये।
हम तुम्हें चाहते हैं, यह पता सिर्फ हमें होना चाहिये।

कल की बातें याद करके, क्यों बढ़ायें दिल का ग़म?
एक दूजे में खो जायें, प्यार के लम्हें हैं कम।
रातों को जागते हैं, खेल है प्यार का, खिलौना चाहिये।
मंजिलें प्यार की हैं, तेरे दिल में मुझे कोना चाहिये।
हम तुम्हें चाहते हैं, यह पता सिर्फ हमें होना चाहिये।

आँधियों के डर से, यारा रुकने वाले हम नहीं।
जो भी होगा, है गँवारा, डरने वाले हम नहीं।
अनसुने रास्ते हैं बेवज़ह, इस तरह नहीं रोना चाहिये,
मंजिलें प्यार की हैं, तेरे दिल में मुझे कोना चाहिये।
हम तुम्हें चाहते हैं, यह पता सिर्फ हमें होना चाहिये।

थाम लेते हैं जो दामन, थामकर नहीं छोड़ते।
उम्र भर को साथ देते, मुँह यूँ ही नहीं मोड़ते।
मीलों से फ़ासले हैं, फ़ासला कम होना चाहिये।
मंजिलें प्यार की हैं, तेरे दिल में मुझे कोना चाहिये।
हम तुम्हें चाहते हैं, यह पता सिर्फ हमें होना चाहिये।

बगिया के निराले दो गुल न जाने कहाँ खिल गये?
जा रहे थे कहाँ? हम जाने न जाने कहाँ बढ़ गये?
अन्जाने में जो हो गया, फिर नहीं अब होना चाहिये,
मंजिलें प्यार की हैं, तेरे दिल में मुझे कोना चाहिये।
हम तुम्हें चाहते हैं, यह पता सिर्फ हमें होना चाहिये।

हमको तुमसे प्यार है

हमको-तुमसे प्यार है, बतलाने की जरूरत क्या?
सच में इक़रार है, समझाने की जरूरत क्या?
हमको-तुमसे प्यार है, बतलाने की जरूरत क्या?

फेरो न निगाहें, ऐ-मेरी जानेजानाँ।
बदलो न ये तेवर, ऐ-मेरी जानेजानाँ।
ये गोरी-गोरी बैंया, ये काली-काली आँखें।
नशीला तेरा यौवन, यहीं मेरा ठिकाना।
हुस्न बेमिसाल है, बलखाने की जरूरत क्या?
सच में इक़रार है, समझाने की जरूरत क्या?
हमको-तुमसे प्यार है, बतलाने की जरूरत क्या?

सितारों का मिलन है, तो ईद भी होगी।
ये जंग प्यार की है, तो जीत भी होगी।
बनेगी तू दुल्हन, मैं दूल्हा तेरा।
बजेंगी शहनाई, हर रीत फिर होगी।
हर लम्हा इंतज़ार है, फरमानों की जरूरत क्या?
सच में इक़रार है, समझाने की जरूरत क्या?
हमको-तुमसे प्यार है, बतलाने की जरूरत क्या?

तू आयी दुनिया में, मेरे वास्ते होगी।
समायी पलकों में, कोई बात होगी।
सभी सपने सच, हमारे अब होंगे।
नयी सुबह होगी, नयी शाम होगी।
नग़मों में हर बात लिखवाने की जरूरत क्या?
सच में इक़रार है, समझाने की जरूरत क्या?
हमको-तुमसे प्यार है, बतलाने की जरूरत क्या?

हम तो मुहब्बत के सौदागर

हम तो मुहब्बत के सौदागर, दिल का सौदा सच्चा करते हैं।
खुशियाँ बेचकर ग़म हैं लेते, जो भी करते अच्छा करते हैं।
हम तो मुहब्बत के सौदागर....।

जिधर लगे न कोई भी डर, तलाश करते हैं वो डगर।
वफ़ा की राह में उठे कदम, इधर-उधर जब उठे नज़र।
रखते नहीं कुछ दिल में छिपाकर, सबसे वादा पक्का करते हैं।
खुशियाँ बेचकर ग़म हैं लेते, जो भी करते अच्छा करते हैं।
हम तो मुहब्बत के सौदागर....।

तन्हा सपनों में वो मिले, लगा है ऐसा कि गुल खिले।
मची धड़कन में खलबली, चले हैं मीलों से क़ाफ़िले।
हम तो गैरों को भी अपनाकर, फिर नहीं कुछ सोचा करते हैं।
खुशियाँ बेचकर ग़म हैं लेते, जो भी करते अच्छा करते हैं।
हम तो मुहब्बत के सौदागर....।

बुलन्दियों की तलाश है, इरादे हरदम ही ख़ास हैं।
पहुँचकर ही लेना है दम, जनम-जनम की आस है।
हम तो हसीनों के सब तेवर, चिलमनों से पढ़ा करते हैं।
खुशियाँ बेचकर ग़म हैं लेते, जो भी करते अच्छा करते हैं।
हम तो मुहब्बत के सौदागर....।

दीवाना हर कोई मुझे लगे, फ़साना हर कोई क्यों न लिखे?
भले मिलें नाक़ामियाँ, याराना फिर भी क्यों न करें?
फ़र्ज ये अपना चुकता कर, गिला न कोई शिकवा करते हैं।
खुशियाँ बेचकर ग़म हैं लेते, जो भी करते अच्छा करते हैं।
हम तो मुहब्बत के सौदागर....।

हमने हद में रहकर

हमने हद में रहकर, तुमसे की है मुहब्बत।
हमसे पूछा ही नहीं तुमने, की क्यों है बग़ावत?
हमने हद में रहकर, तुमसे की है मुहब्बत।

लिखा था हमने फ़साना, न थी हक़ीक़त वो।
किया है तुमने तमाशा, न थी जरूरत जो।
हमने संग में चलकर, तुम पे की है इनायत।
हमसे पूछा ही नहीं, तुमने की क्यों है बग़ावत?
हमने हद में रहकर, तुमसे की है मुहब्बत।

अजीब ये सपने हैं, सपने पूरे नहीं होते।
अजीब रिश्ते हैं दिल के फना नहीं होते।
हमने सबसे हटकर तुमसे की है शिकायत।
हमसे पूछा ही नहीं, तुमने की क्यों है बग़ावत?
हमने हद में रहकर तुमसे की है मुहब्बत।

खड़े भी होंगे कभी हम, भरी अदालत में।
खिलेंगे गुल कभी ऐसे, तेरी शरारत में।
तुमने हमसे छिपकर, अच्छी लिखी लिखावट।
हमसे पूछा ही नहीं तुमने, की क्यों है बग़ावत?
हमने हद में रहकर, तुमसे की है मुहब्बत।

चले हैं हम तो बराबर, तुम्हारी राहों में।
ग़मों के पी गये सागर, तुम्हारी यादों में।
अब ये लिखना मुश्किल, तुमसे कितनी हमें चाहत?
हमसे पूछा ही नहीं, तुमने की क्यों है बग़ावत?
हमने हद में रहकर, तुमसे की है मुहब्बत।

हमने सहे हैं प्यार में

हमने सहे हैं प्यार में लाखों यहाँ सितम।
हमने सहे हैं प्यार में लाखों यहाँ सितम।
करते हैं इंतज़ार कब आओगे सनम।
हमने सहे हैं प्यार में, लाखों यहाँ सितम॥
करते हैं इंतज़ार कब....?

तुमसे निग़ाहें क्या मिलीं, ऐसा हुआ ग़ज़ब,
आँखों से नींद उड़ गई, सोये न जाने कब?
बुत एक बना के आपका सज़दा करेंगे हम।
हमने सहे हैं प्यार में लाखों यहाँ सितम।
करते हैं इंतज़ार कब...?

कैसा यह इम्तहान है? अरमाँ मचल पड़े।
मिलने की आरज़ू लिये, घर से निकल पड़े।
ज़ालिम इस ज़हाँ ने बदले हज़ार रंग।
हमने सहे हैं प्यार में, लाखों यहाँ सितम।
करते हैं इंतज़ार कब...?

देना अगर है साथ तो, चल दो कदम-कदम।
हम हैं दीवाने आपके, कर दो सनम, करम।
किस्मत में अपनी प्यार के, लम्हें यहाँ हैं कम।
हमने सहे हैं प्यार में, लाखों यहाँ सितम।
करते हैं इंतज़ार कब...?

कैसे उम्र बितायेंगे, मुश्किल से बीते पल?
अपने मिलन का जानेजाँ, कब आयेगा वो कल?
मिलकर हम जो ना मिले, करना न आँख नम।
हमने सहे हैं प्यार में, लाखों यहाँ सितम।
करते हैं इंतज़ार, कब...?

इधर-उधर इधर-उधर, देखती है क्या

इधर-उधर, इधर-उधर, देखती है क्या? जाने जिगर नज़दीक आ।
ऐसे-कैसे, ऐसे-कैसे, घूरती है क्या? जाने जिगर नज़दीक आ।
इधर-उधर, इधर-उधर, देखती है क्या? जाने जिगर नज़दीक आ।

प्रियतम से क्या शरमाना? तेरा-मेरा जग में फ़साना।
दिल ये मेरा वश में नहीं है, नैना तेरे हैं भी मयख़ाना।
बन-सँवर, बन-सँवर निकलती क्या? जाने जिगर नजदीक आ।
ऐसे-कैसे, ऐसे-कैसे, घूरती है क्या? जाने जिगर नज़दीक आ।
इधर-उधर, इधर-उधर, देखती है क्या? जाने-जिगर नज़दीक आ।

बाली अभी तेरी उमरिया, मिलने तुझे आये साँवरिया।
दीवानी तू होने लगी है, बन जाये न एक दिन बावरिया।
सनम-सनम, सनम-सनम, ढूँढती है क्या? जाने-जिगर नज़दीक आ।
ऐसे-कैसे, ऐसे-कैसे, घूरती है क्या? जाने जिगर नज़दीक आ।
इधर-उधर, इधर-उधर, देखती है क्या? जाने जिगर नज़दीक आ।

आजाद हैं पिंजड़े के पंछी, आ मिल बजायें हम आज बंसी।
बिन्दास हो नाचें 'ओ' गायें रंग उड़ायें हम बसन्ती।
नज़र-नज़र, नज़र-नज़र दुश्मन हो क्या, जाने जिगर ....।
ऐसे-कैसे, ऐसे-कैसे, घूरती है क्या? जाने जिगर नज़दीक आ।
इधर-उधर, इधर-उधर, देखती है क्या? जाने-जिगर नज़दीक आ।

आ मिल माँगें रब से दुआयें, वादा करें, करेंगे वफ़ायें।
प्रीत के धागे बाँधें ऐसे हैं, हाल-ए-दिल हम सुनें-सुनायें।
करम भी कर, करम भी कर, देरी है क्या? जाने जिगर ...।
ऐसे-कैसे, ऐसे-कैसे, घूरती है क्या? जाने जिगर नज़दीक आ।
इधर-उधर, इधर-उधर, देखती है क्या? जाने जिगर नज़दीक आ

हुस्न वालों ये पर्दा करना क्या

हुस्नवालों ये पर्दा करना क्या? ख़ुद-ब-ख़ुद जब इशारे करने लगे।
कल तक थे तुम हमारी परछाइयाँ, पीछे थे बराबर चलने लगे।
हुस्नवालों ये पर्दा करना क्या? ख़ुद-ब-ख़ुद जब इशारे करने लगे।

तुम सीधे नहीं हो चंचल बड़े।
तुम नादाँ नहीं जब तनकर खड़े।
जब चाहो गिराओ बिजलियाँ,
तुम तूफान हो जिद पर जब अड़े।
मस्तानी हवा का चलना है क्या? ख़ुद-ब-ख़ुद बहक कर चलने लगे।
कल थे तुम हमारी परछाइयाँ, पीछे थे बराबर चलने लगे।
हुस्नवालों ये पर्दा करना क्या? ख़ुद-ब-ख़ुद जब इशारे करने लगे।

तुम्हें माना ख़ुदा करते बंदगी।
तुम हो हर खुशी, तुम हो ज़िंदगी।
ग़म के मारों की तुम तक़दीर हो,
क्यों ये दिल्लगी, क्या है बेबसी?
बेवज़ह यूँ ही आहें भरना है क्या? ख़ुद-ब-ख़ुद हमीं पर मचलने लगे।
कल थे तुम हमारी परछाइयाँ, पीछे थे बराबर चलने लगे।
हुस्नवालों ये पर्दा करना क्या? ख़ुद-ब-ख़ुद जब इशारे करने लगे।

मैं दीवाना हुस्न वालों का,
मैं शायर, चाहने वालों का।
मैं रहता हूँ निग़ाहों में,
मैं आशिक़ गोरे गालों का।
मुझसे यारों ये शिक़वा करना क्या? ख़ुद-ब-ख़ुद जब सितारे बदलने लगे।
कल थे तुम हमारी परछाईयाँ, पीछे थे बराबर चलने लगे।
हुस्नवालों ये पर्दा करना क्या? ख़ुद-ब-ख़ुद जब इशारे करने लगे।

हाँ कर या न तू देख मुझे हर सू

हाँ कर या न, तू देख मुझे हर सू, किसके इंतज़ार में बैठी है तू?
जवाँ हूँ मैं और तू, कह दे आई लव यू।
इतना बेकरार क्यों रहती है तू?
हाँ कर या न, तू देख मुझे हर सू, किसके इंतज़ार में बैठी है तू?

नींद आती नहीं, क्यों तुझे रात भर?
चैन मिलता नहीं, क्यों मुझे रात भर?
तुझसे मिलने को बेताब है दिल मेरा,
मुस्कुराती रही क्यों मुझे देखकर?
सोचे भी क्या तू, दिल मुझे दे तू, कैसे इम्तिहान में बैठी है तू?
जवाँ हूँ मैं और तू, कह दे आई लव यू।
इतना बेकरार क्यों रहती है तू?
हाँ कर या न, तू देख मुझे हर सू, किसके इंतज़ार में बैठी है तू?

रास आने लगी, मुझको सूरत तेरी।
चाँद सी मोहनी है भी मूरत तेरी।
गाल तेरे गुलाबी, ख़ुदा की कसम,
ज़िंदगी से भी ज्यादा है, चाहत मेरी।
इल्तिजा में है तू, हर सदा में तू, किसका इंतख़ाब कर बैठी तू?
जवाँ हूँ मैं और तू, कह दे आई लव यू।
इतना बेकरार क्यों रहती है तू?
हाँ कर या न, तू देख मुझे हर सू, किसके इंतज़ार में बैठी है तू?

तेरी बिन्दासगी पर मैं मर गया।
तेरे शरमाने पर मैं लुट गया।
तूने आवाज दी, आ गया दम में दम,
तेरी दीवानगी पर मैं मिट गया।
चाहे ले जाँ तू, चल भी संग हाँ तू, किसके ऐतबार में बैठी है तू?
जवाँ हूँ मैं और तू, कह दे आई लव यू।
इतना बेकरार क्यों रहती है तू?
हाँ कर या न, तू देख मुझे हर सू, किसके इंतज़ार में बैठी है तू?

है आरजू हमारी कोई पूछे हमसे आकर

है आरजू हमारी, कोई पूछे हमसे आकर, तन्हा हो ऐसे कैसे?
ये रात, ये तन्हाई, ठंडी चली पुरवाई, गुजरी हैं शब कैसे-कैसे?
है आरजू हमारी, कोई पूछे हमसे आकर, तन्हा हो ऐसे कैसे?

रहते थे हम इससे पहले, अरमाँ कोई नहीं था।
जीते थे हम अपने लिये, शिकवा कोई नहीं था।
माना थे अनाड़ी, रहते थे मुस्कुराकर, लम्हा-लम्हा थे मजे से।
ये रात, ये तन्हाई, ठण्डी चली पुरवाई, गुजरी हैं शब कैसे-कैसे?
है आरजू हमारी, कोई पूछे हमसे आकर, तन्हा हो ऐसे कैसे?

हर दिन था रंगीला, हर रात थी छबीली।
हर सुबह ताज़गी सी, हर शाम थी रसीली।
न थी लाचारी, रखते भी क्या छिपाकर? राज दिल में न थे ऐसे।
ये रात, ये तन्हाई, ठंडी चली पुरवाई, गुजरी हैं शब कैसे-कैसे?
है आरजू हमारी, कोई पूछे हमसे आकर, तन्हा हो ऐसे कैसे?

ख़्वाबों का न समन्दर, यादों के क़ाफ़िले क्या?
तन्हा थे हम परिन्दे, साँसों के बुलबुले क्या?
न रात-दिन ख़ुमारी, रहते थे सर उठाकर, करतब थे खेल जैसे।
ये रात, ये तन्हाई, ठण्डी चली पुरवाई, गुजरी हैं शब कैसे-कैसे?
है आरजू हमारी, कोई पूछे हमसे आकर, तन्हा हो ऐसे कैसे?

गुजरे हुए वो लम्हें, क्यों आते नहीं दुबारा?
रस से भरे वो नग़में, गलियाँ, आँगन, चौबारा।
सबकी थी जो प्यारी, आयेगी न यहाँ पर, वो गई कहते-कहते।
ये रात, ये तन्हाई, ठण्डी चली पुरवाई, गुजरी हैं शब कैसे-कैसे?
है आरजू हमारी, कोई पूछे हमसे आकर, तन्हा हो ऐसे कैसे?

है ज़माना ये उसी का

है ज़माना ये उसी का, जो ज़माने से भिड़ गया।
याद रहता नाम उसका, प्यारी बातें जो कर गया।
है ज़माना ये उसी का, जो ज़माने से भिड़ गया।

खुशियाँ प्यारी हैं जितनी, ग़म भी उतने ही प्यारे।
डूबे गर किसी की नैया, क़श्ती को जो उबारे।
दोस्ताना है उसी का, वक़्त आने पर डट गया।
याद रहता नाम उसका, प्यारी बातें जो कर गया।
है ज़माना ये उसी का, जो ज़माने से भिड़ गया।

ज़िंदगी भर यहाँ पर साथ किसने निभाया?
एक दिन ऐसा आता, साथ देता नहीं साया?
अल्लाह उसका राम उसका, जो दुआओं में मिल गया।
याद रहता नाम उसका, प्यारी बातें जो कर गया।
है ज़माना ये उसी का, जो ज़माने से भिड़ गया।

जीतने की लालसा में, झूठ कितना छिपा ले?
इन आँखों की पालकी में, कोई पंछी बिठा ले?
है सफल खेल उसी का, जो इशारे से जग गया।
याद रहता नाम उसका, प्यारी बातें जो कर गया।
है ज़माना ये उसी का, जो ज़माने से भिड़ गया।

मेल होना दिलों का, चार दिन का है मेला।
कितनी ही भीड़ में है इन्साँ, हर कोई है अकेला।
तीर तो है वो ही अच्छा, जो निशाने पर लग गया।
याद रहता नाम उसका, प्यारी बातें जो कर गया।
है ज़माना ये उसी का, जो ज़माने से भिड़ गया।

हो जाता है जिससे प्यार

हो जाता है जिससे प्यार, फिर भुलाया नहीं जाता, फिर... ।
लग जाता है गर कोई दाग, फिर मिटाया नहीं जाता, फिर... ।
हो जाता है जिससे प्यार, फिर भुलाया नहीं जाता, फिर... ।

बन जाते नहीं यूँ ही फ़साने, गर न होते दोनों दीवाने।
जुड़ पाता न जन्मों का बंधन, होते जाते न दोनों सयाने।
हो जाता है जब ऐतबार, फिर लिखाया नहीं जाता, फिर... ।
लग जाता है गर कोई दाग, फिर मिटाया नहीं जाता, फिर... ।
हो जाता है जिससे प्यार, फिर भुलाया नहीं जाता, फिर... ।

रंग लायेगी यूँ अपनी किस्मत, ये तमाशा दिखायेगी उल्फ़त।
चहचहायेंगी अपनी गलियाँ, तड़पायेगी एक दिन ये दस्तक।
मिलता है मौक़ा एक बार, फिर गँवाया नहीं जाता, फिर... ।
लग जाता है गर कोई दाग, फिर मिटाया नहीं जाता, फिर... ।
हो जाता है जिससे प्यार, फिर भुलाया नहीं जाता, फिर... ।

चार दिन के हैं मेहमाँ निराले, उड़ जाते हैं पेड़ों से पंछी।
तन्हा रोती है राधा दीवानी, नहीं कान्हा बजाता है बंशी।
बन जाता है वो इतिहास, फिर दुहराया नहीं जाता, फिर... ।
लग जाता है गर कोई दाग, फिर मिटाया नहीं जाता, फिर... ।
हो जाता है जिससे प्यार, फिर भुलाया नहीं जाता, फिर... ।

पलकों में उन्हें बन्द रखना, जब तक रहे ज़िंदगानी।
ये इरादे बुलन्द ही रखना, जवाँ रहती है प्रेम कहानी।
गुम जाता है जो दिलदार, फिर बुलाये नहीं आता, फिर... ।
लग जाता है गर कोई दाग, फिर मिटाया नहीं जाता, फिर... ।
हो जाता है जिससे प्यार, फिर भुलाया नहीं जाता, फिर... ।

होंठ गुलाबी तेरे लिये हैं

होंठ गुलाबी तेरे लिये हैं, नैन शराबी तेरे लिये हैं।
हो गयी मैं तेरी सनम, ऐ-सनम!
हो गयी मैं तेरी सनम, ऐ-सनम!
होंठ गुलाबी तेरे लिये हैं, नैन शराबी तेरे लिये हैं।
हो गयी मैं तेरी सनम, ऐ-सनम!

याद कर तूने कहा था कभी।
मिल के अब बिछड़ेंगे न कभी।
चाहे हों आँधियाँ, चाहे हों जलजले।
टूटेंगे न कभी, सदियों के सिलसिले।
मस्ती के प्याले तेरे लिये हैं, महका ये तन-मन तेरे लिये है।
हो गयी मैं तेरी सनम, ऐ-सनम!, हो गयी मैं तेरी सनम, ऐ-सनम!

नाम पर तेरे लिखा है यौवन, बेरहम! तेरी लागी है लगन।
तू मेरी बन्दगी, तू मेरी हर खुशी।
मुझको पसन्द है तेरी सादगी।
दिल ये दीवाना तेरे लिये है, लिखा फ़साना तेरे लिये है।
हो गयी मैं तेरी सनम, ऐ-सनम!, हो गयी मैं तेरी सनम, ऐ-सनम!

साथिया तू मेरा, तू मेरा जान-ए-जिगर।
जानेजाँ तू मेरा, तू मेरा हमसफर।
तुझसे सनम मेरी दुनिया आबाद है।
दुनिया से जुदा-जुदा तेरा अन्दाज है।
मस्त अदायें तेरे लिये हैं, बिखरे गेसू तेरे लिये हैं।
हो गयी मैं तेरी सनम, ऐ-सनम!, हो गयी मैं तेरी सनम, ऐ-सनम!

ग़म का ये सागर पीना पड़ेगा

ग़म का ये सागर, पीना पड़ेगा, 'तुझे भी सनम-मुझे भी सनम'।
वो भीगा था मौसम, याद रहेगा, 'तुझे भी सनम-मुझे भी सनम'।
ग़म का ये सागर, पीना पड़ेगा, 'तुझे भी सनम-मुझे भी सनम'।

बाँधे थे तुझसे, जो उल्फ़त के धागे।
जो खायीं थी हमने, कसमें वो वादे।
मिली थी मुहब्बत, थी किस्मत हमारी,
दोनों ओर थी, अज़ब सी ख़ुमारी।
ज़ुदा हमको होकर, जीना पड़ेगा, 'तुझे भी सनम-मुझे भी....'।
ग़म का ये सागर, पीना पड़ेगा, 'तुझे भी सनम-मुझे भी सनम'।

वो सावन के झूले, वो पीपल की छैंया।
पहली बार तूने जब, पकड़ी थी बैंया।
वही चार दिन थे, असल ज़िंदगी के।
वही चन्द लम्हें थे, असल में खुशी के।
ज़ख़्म उम्र भर-ये सीना पड़ेगा, 'तुझे भी सनम-मुझे भी सनम'।
ग़म का ये सागर, पीना पड़ेगा, 'तुझे भी सनम-मुझे भी सनम'।

नज़र थक गयी है, जिगर रो रहा है।
वही हाल-ए-दिल, उधर हो रहा है।
हुई रात मद्धम, सितारे जवाँ हैं।
वही चाँद अब तक, नज़ारे जवाँ हैं।
अब इम्तहाँ हर, देना पड़ेगा, 'तुझे भी सनम-मुझे भी सनम'।
ग़म का ये सागर, पीना पड़ेगा, 'तुझे भी सनम-मुझे भी सनम'।

गर तू मुझसे प्यार करता है

गर तू मुझसे प्यार करता है, ऐसा क्यों हर बार करता है?
खो गयी हूँ मैं प्यार में तेरे, इतना क्यों तू यार डरता है?
गर तू मुझसे प्यार करता है, ऐसा क्यों हर बार करता है?

शरमाता है तू मुझसे इतना, जैसे लड़का नहीं तू हो लड़की।
घबराता है जियरा हमारा, जैसे बादल में बिजली हो कड़की।
गर तू मुझको याद करता है, ऐसा क्यों दिलदार करता है?
खो गयी हूँ मैं प्यार में तेरे, इतना क्यों तू यार डरता है?
गर तू मुझसे प्यार करता है, ऐसा क्यों हर बार करता है?

गुस्ताख़ी मैं क्या कर बैठी? तुझ जैसे अनाड़ी को चाहा।
भाषा प्यार की जो न समझे, तुझ जैसे दीवाने को चाहा।
सुबह कहकर शाम करता है, दिल बेकरार करता है।
खो गयी हूँ मैं प्यार में तेरे, इतना क्यों तू यार डरता है?
गर तू मुझसे प्यार करता है, ऐसा क्यों हर बार करता है?

गोरे हाथों में मेहन्दी रचाकर, पिया राह मैं तेरी देखूँ।
तू न आयेगा यूँ ऐसे हमदम, पिया अरमाँ दिल के समेटूँ।
न ही इंकार करता है, न ही इक़रार करता है।
खो गयी हूँ मैं प्यार में तेरे, इतना क्यों तू यार डरता है?
गर तू मुझसे प्यार करता है, ऐसा क्यों हर बार करता है?

दिखलाता है तू मुझको सपने, बंद आँखों में तुझको किया है।
मैं अभागन कहाँ डूब जाऊँ? बिन बातों के रुसवा किया है।
जब मेरा दीदार करता है, पलकों से इज़हार करता है।
खो गयी हूँ मैं प्यार में तेरे, इतना क्यों तू यार डरता है?
गर तू मुझसे प्यार करता है, ऐसा क्यों हर बार करता है?

गीत बन जाते हैं, ग़ज़ल बन जाती है

गीत बन जाते हैं, ग़ज़ल बन जाती है।
जब किसी को किसी की याद आती है।
पंछी घर जाते हैं, शाम ढल जाती है।
जब किसी को किसी की याद आती है।
गीत बन जाते हैं, ग़ज़ल बन जाती है, जब किसी को किसी... ।

तन्हाई का समाँ, कोई जागता नहीं।
लब पर उसी का नाम, वही दास्ताँ कहीं।
तक़दीर से शिकवा, अब क्या भी हम करें?
लब थे नशीले जाम, बिन्दास वो हँसी।
पतंगे जल जाते हैं, शमा पिघल जाती है, जब किसी को.... ।
पंछी घर जाते हैं, शाम ढल जाती है, जब किसी को किसी.... ।
गीत बन जाते हैं, ग़ज़ल बन जाती है, जब किसी को किसी.... ।

जी चाहता लगा दूँ, मैं आग पानी में।
मैं लुट गया यारों, उसकी नादानी में।
कोई राज़ दिल लगी में, मैंने नहीं छिपाया,
तन्हा फिर रहा हूँ, मैं मेहरबानी में।
जीत वो जाते हैं, कसम तड़पाती है, जब किसी को.... ।
पंछी घर जाते हैं, शाम ढल जाती है, जब किसी को किसी.... ।
गीत बन जाते हैं, ग़ज़ल बन जाती है, जब किसी को किसी... ।

लेकर हँसीन सपने, इस राह पर चला था।
अपना कोई होगा, मन मेरा मनचला था।
मुझको यकीन था ये, मंजिल मुझे मिलेगी।
अच्छा किया तमाशा, कोई ऐसा दिलजला था।
फूल मुरझाते हैं, नज़र लग जाती है,
जब किसी को किसी की याद आती है।
पंछी घर जाते हैं, शाम ढल जाती है, जब किसी को किसी.... ।
गीत बन जाते हैं, ग़ज़ल बन जाती है, जब किसी को किसी... ।

गोरे गालों वाली ने कारे नैनों वाली ने

गोरे गालों वाली ने, कारे नैनों वाली ने, दिल मेरा ले लिया।
मस्तानी अदाओं से, क़ातिल निग़ाहों से, दिल मेरा ले लिया।
गोरे गालों वाली ने, कारे नैनों वाली ने, दिल मेरा ले लिया।

चैन मिलता नहीं, दिल मेरा खो गया।
छाया ऐसा नशा, बेख़बर हो गया।
चैन मिलता नहीं, दिल मेरा खो गया।
छाया ऐसा नशा, बेख़बर हो गया।
करती हरदम लफड़ा, लड़की है या जादू है, दिल मेरा ले लिया।
मस्तानी अदाओं से, क़ातिल निग़ाहों से, दिल मेरा ले लिया।
गोरे-गालों वाली ने, कारे नैनों वाली ने, दिल मेरा ले लिया।

ज़िंदगी का सफर, एक अधूरी ग़ज़ल।
आशियाना मेरा, ख़्वाबों का महल।
ज़िंदगी का सफर, एक अधूरी ग़ज़ल।
आशियाना मेरा, ख़्वाबों का महल।
साक़ी ने पैमाने से, मुझसे इस बहाने से, दिल मेरा ले लिया।
मस्तानी अदाओं से, क़ातिल निग़ाहों से, दिल मेरा ले लिया।
गोरे गालों वाली ने, कारे नैनों वाली ने, दिल मेरा ले लिया।

साथी एक चाहिए, आशिक़ी के लिये।
मानूँ किसको ख़ुदा, बन्दगी के लिये।
साथी एक चाहिए, आशिक़ी के लिये।
मानूँ किसको ख़ुदा, बन्दगी के लिये?
बातों ही बातों में, कैसी आग लगाई है? दिल मेरा ले लिया।
मस्तानी अदाओं से, क़ातिल निग़ाहों से, दिल मेरा ले लिया।
गोरे गालों वाली ने, कारे नैनों वाली ने, दिल मेरा ले लिया।

कारवाँ अब मेरी, बन गयी एक नज़र।
लागी दिल की है ये, छूटे न उम्रभर।
कारवाँ अब मेरी, बन गयी एक नज़र,
लागी दिल की है ये, छूटे न उम्र भर।
छोटे एक फ़साने ने, जाने-अंजाने में, दिल मेरा ले लिया।
मस्तानी अदाओं से, क़ातिल निग़ाहों से, दिल मेरा ले लिया।
गोरे गालों वाली ने, कारे नैनों वाली ने, दिल मेरा ले लिया।

उठाऊँगा तेरा सनम

हर ग़म उठाऊँगा, तेरा सनम।
तुझे दिल में बसाऊँगा, मेरे सनम।
तेरे कदमों में जानम सज़दा करूँ,
तुझे दुनिया दिखाऊँगा, मेरे सनम।
हर ग़म उठाऊँगा तेरा सनम, तुझे दिल में बसाऊँगा मेरे सनम।

मुस्कुराई है जब-जब खिड़की से तू।
गुदगुदाती है जानम, ले जुस्तजू।
बोल सुनकर हवायें रुकने लगीं,
घोल जाती है कानों में मिस्री सी तू।
नज़दीक आऊँगा तेरे सनम, तुझे दिल में बसाऊँगा, मेरे सनम।
तेरे कदमों में जानम सज़दा करूँ, तुझे दुनिया दिखाऊँगा, मेरे सनम।
हर ग़म उठाऊँगा तेरा सनम, तुझे दिल में बसाऊँगा, मेरे सनम।

तू निग़ाहों में जब समाने लगी, नींद रातों की उड़-उड़ जाने लगी।
छत से मैं सीटी बजाने लगा, चूनर तेरी उड़-उड़ जाने लगी।
तन-मन लुटाऊँगा तुझपे सनम, तुझे दिल में बसाऊँगा, मेरे सनम।
तेरे कदमों में जानम सज़दा करूँ, तुझे दुनिया दिखाऊँगा, मेरे सनम।
हर ग़म उठाऊँगा तेरा सनम, तुझे दिल में बसाऊँगा, मेरे सनम।

तड़पाने लगी तेरी अँगड़ाइयाँ, मुझे हरदम सताती तन्हाइयाँ।
बैठे-बैठे दीवाना तेरा बना, देती दस्तक ज़माने की रुसवाइयाँ।
वादा कर, निभाऊँगा मेरे सनम, तुझे दिल में बसाऊँगा, मेरे सनम।
तेरे कदमों में जानम सज़दा करूँ, तुझे दुनिया दिखाऊँगा, मेरे सनम।
हर ग़म उठाऊँगा तेरा सनम, तुझे दिल में बसाऊँगा, मेरे सनम।

तुझे देख अंग-२ बेकाबू हुआ, ऐसा पहले कभी न जादू हुआ।
फूल सा तेरा चेहरा सबसे हँसीं, ऐसा पहले कभी न मौसम हुआ।
हाल दिल का सुनाऊँगा मेरे सनम, तुझे दिल में बसाऊँगा, मेरे सनम।
तेरे कदमों में जानम सज़दा करूँ, तुझे दुनिया दिखाऊँगा, मेरे सनम।
हर ग़म उठाऊँगा तेरा सनम, तुझे दिल में बसाऊँगा, मेरे सनम।

गुस्ताख़ दिल है सनम

गुस्ताख़ दिल है सनम, ऐ-सनम! मानता ही नहीं।
मंजूर तेरे सब सितम, ऐ-सनम! रास्ता कोई नहीं।
गुस्ताख़ दिल है सनम, ऐ-सनम! मानता ही नहीं।

कितनी मुहब्बत है तुझसे? दिखलाऊँ तुझको मैं कैसे?
तन्हा आहें भरूँ मैं, समझाऊँ दिल को मैं कैसे?
किस बात का भी है ग़म-ए-सनम, कर मुझ पर यकीं।
मंजूर तेरे सब सितम, ऐ-सनम, रास्ता कोई नहीं।
गुस्ताख़ दिल है सनम, ऐ-सनम! मानता ही नहीं।

भूली तेरी मैं न गलियाँ, भूली न आँगन-चौबारे।
चलती रही मैं सदा, जब-जब किये हैं इशारे।
आ मिल के खायें कसम, ऐ-सनम, बेवफ़ा मैं नहीं।
मंजूर तेरे सब सितम, ऐ-सनम, रास्ता कोई नहीं।
गुस्ताख़ दिल है सनम, ऐ-सनम! मानता ही नहीं।

होंठो पर तेरी ही सरगम, दिल की लगी को बुझा दे।
सज़दे में सिर ले झुकाया, इतनी न मुझको सजा दे।
मत रख दिल में भरम-ऐ-सनम, यह मुनासिब नहीं।
मंजूर तेरे सब सितम, ऐ-सनम, रास्ता कोई नहीं।
गुस्ताख़ दिल है सनम, ऐ-सनम! मानता ही नहीं।

पहले दीवानी नहीं थी, तूने ही दीवाना किया है।
आँखों ही आँखों में तूने, दर्द-ए-दिल दे दिया है।
कुछ ख़ास तुझमें सनम, ऐ-सनम! जँचता कोई नहीं।
मंजूर तेरे सब सितम, ऐ-सनम, रास्ता कोई नहीं।
गुस्ताख़ दिल है सनम, ऐ-सनम! मानता ही नहीं।

गोरा है मुखड़ा होठों पे सरगम

गोरा है मुखड़ा, होठों पे सरगम, बहकी है नज़र, बिंदास है तू।
गाऊँगा सनम, नगमें प्यार के, मेरे लिये, बड़ी ख़ास है तू।
गोरा है मुखड़ा, होठों पे सरगम, बहकी है नज़र, बिंदास है तू।

तिरछी नज़र, करे क्या असर? दिल को बचाये रखना है मुश्किल।
घटा जैसे बाल, करें क़माल, तू मेरे सपनों की है मंज़िल।
ऐ मेरे हमदम, है किसका ग़म? बहके न कदम, मेरे पास आ तू।
गाऊँगा सनम, नगमें प्यार के, मेरे लिये, बड़ी ख़ास है तू।
गोरा है मुखड़ा, होठों पे सरगम, बहकी है नज़र, बिंदास है तू।

रंग में तेरे, रंग गया मैं, तुझको आ रंग दूँ, अपने ही रंग में।
देखूँ हरदम, तेरे ही सपने, जगह है बना ली, तूने दिल में।
माथे पे बिंदिया, अधरों पे लाली, जो कह न सका, वही बात है तू।
गाऊँगा सनम, नगमें प्यार के, मेरे लिये, बड़ी ख़ास है तू।
गोरा है मुखड़ा, होठों पे सरगम, बहकी है नज़र, बिंदास है तू।

मुझसे ख़ता, हो न कहीं, चली तू जिधर, चला मैं वहीं।
तुझसे मेरी, दुनिया जवाँ, सोचा तूने जैसा, वैसा मैं नहीं।
आ तुझे जानम, बाहों में भर लूँ, बड़ी दिलकश है मेरी आस है तू।
गाऊँगा सनम, नगमें प्यार के, मेरे लिये, बड़ी ख़ास है तू।
गोरा है मुखड़ा, होठों पे सरगम, बहकी है नज़र, बिंदास है तू।

उम्र तेरी, सोलहवाँ साल, यारा तेरी कुरती है बेमिसाल।
लागे न तुझे, किसी की नज़र,
गोरी है कलाई, बिल्कुल ताज़ा माल।
कहते हैं साधो, सावन न भादों, महका समाँ, मधुमास है तू।
गाऊँगा सनम, नगमें प्यार के, मेरे लिये, बड़ी ख़ास है तू।
गोरा है मुखड़ा, होठों पे सरगम, बहकी है नज़र, बिंदास है तू।

गोरे-गोरे गाल रंग दे गोरी कलाई रंग दे

गोरे-गोरे गाल रंग दे, गोरी कलाई रंग दे।
गोरे-गोरे गाल रंग दे, गोरी कलाई रंग दे।
रंग दे, रंग दे, रंग दे साँवरिया, रंग दे, रंग दे, रंग दे साँवरिया।
ऐसा मुझको रंग दे, उम्र भर न छूटे।
गोरे-गोरे गाल रंग दे, गोरी कलाई रंग दे।

रंगों का त्यौहार है होली, भीगने दे मेरी चोली।
रंगों का त्यौहार है होली, भीगने दे मेरी चोली।
रंग से मेरा तन-मन रंग दे, साथिया मेरे हमजोली।
चुनरी रूमाल रंग दे, साँसों के तार रंग दे।
रंग दे, रंग दे, रंग दे साँवरिया, रंग दे, रंग दे, रंग दे साँवरिया।
ऐसा मुझको रंग दे, उम्र भर न छूटे।
गोरे-गोरे गाल रंग दे, गोरी कलाई रंग दे।

हर सू है रंगीन नज़ारा, चेहरा हर कोई अजब है न्यारा।
हर सू है रंगीन नज़ारा, चेहरा हर कोई अजब है न्यारा।
लगता हर कोई प्रेत के जैसा, सर से बाँध चला है सेहरा।
सोलहवाँ साल रंग दे, नूरानी चाँद रंग दे।
रंग दे, रंग दे, रंग दे साँवरिया, रंग दे, रंग दे, रंग दे साँवरिया।
ऐसा मुझको रंग दे, उम्र भर न छूटे।
गोरे-गोरे गाल रंग दे, गोरी कलाई रंग दे।

अंग से अंग मिला खेल होली, देखन दे गर देखे टोली।
अंग से अंग मिला खेल होली, देखन दे गर देखे टोली।
आ चला ऐसी पिचकारी, भीगे अँगिया कर ठिठोली।
सोलह श्रृंगार रंग दे, रंग दे हर हाल रंग दे।
रंग दे, रंग दे, रंग दे साँवरिया, रंग दे, रंग दे, रंग दे साँवरिया।
ऐसा मुझको रंग दे, उम्र भर न छूटे।
गोरे-गोरे गाल रंग दे, गोरी कलाई रंग दे।

जब भी मिलते हो दिल मेरा बेक़रार

जब भी मिलते हो दिल मेरा, बेक़रार क्यों करते हो?
आते-जाते यूँ बेवज़ह, इंतज़ार क्यों करते हो?
जब भी मिलते हो दिल मेरा, बेक़रार क्यों करते हो?

तुझे अफ़साना कैसे मैं लिख दूँ, दिल नज़राना कैसे मैं दे दूँ?
तू है दिलवाला बाँका सिपहिया, तुझे बेगाना कैसे मैं कह दूँ?
इतना जल्दी भी तुम मेरा, इन्तख़ाब क्यों करते हो?
आते-जाते यूँ बेवज़ह, इंतज़ार क्यों करते हो?
जब भी मिलते हो दिल मेरा, बेक़रार क्यों करते हो?

तुझसे मिलने यहाँ क्यों मैं आई, मुझसे पूछेंगी मेरी सखियाँ।
जल-जल के मरेगी ये दुनिया, जीने न देंगी मेरी गलियाँ।
गुल सा खिलते हो, बच्चों जैसी जिद, यार क्यों करते हो?
आते-जाते यूँ बेवज़ह, इंतज़ार क्यों करते हो?
जब भी मिलते हो दिल मेरा, बेक़रार क्यों करते हो?

फूलों सी महकती मेरी चितवन, तू है शोला तो मैं हूँ शबनम।
तू बादल तो मैं हूँ बिजली, दीवाने तू मेरी है धड़कन।
मैं भी तेरी हूँ, जाँ है तेरी, इन्कार क्यों करते हो?
आते-जाते यूँ बेवज़ह इंतज़ार क्यों करते हो?
जब भी मिलते हो दिल मेरा, बेक़रार क्यों करते हो?

तेरी बाहों में आकर मिलेगा, चैन मुझको दीवाने तू ले चल।
बहके न कदम यहाँ अब, मैं कब से खड़ी यूँ बेकल?
दिल को भाते हैं ऐसे नग़में, दिन-रात क्यों गढ़ते हो?
आते-जाते यूँ बेवज़ह, इंतज़ार क्यों करते हो?
जब भी मिलते हो दिल मेरा, बेक़रार क्यों करते हो?

जब भी मुझसे मिलना हो चली आना

जब भी मुझसे मिलना हो, चली आना, चली आना।
फूलों का मैं आशिक, शमा का परवाना, मैं दीवाना, मैं दीवाना।
जब भी मुझसे मिलना हो, चली आना, चली आना।

अफ़साने मुहब्बत के लिखता, लिखता हूँ मैं उल्फ़त के नग़में।
पढ़ बैठा हसीनों की धड़कन, रंग बैठा उन्हीं के मैं रंग में।
जब भी दिल न लगता हो, चली आना, चली आना।
फूलों का मैं आशिक, शमा का परवाना, मैं दीवाना, मैं दीवाना।
जब भी मुझसे मिलना हो, चली आना, चली आना।

न ही वादा मैं करता किसी से, न ही शिकवा है मुझे किसी से।
न ही मैं कोई सौगंध लेता, न ही संग-संग मैं चलता किसी के।
जब भी सावन लगता हो, चली आना, चली आना।
फूलों का मैं आशिक, शमा का परवाना, मैं दीवाना, मैं दीवाना।
जब भी मुझसे मिलना हो, चली आना, चली आना।

दिल रहता नहीं मेरे बस में, ज़िंदगी है फँसी कशमकश में।
अब हैं काँटें ही मेरा बिछौना, हर खुशी मेरी कशमकश में।
जब भी मुझको पढ़ना हो, चली आना, चली आना।
फूलों का मैं आशिक, शमा का परवाना, मैं दीवाना, मैं दीवाना।
जब भी मुझसे मिलना हो, चली आना, चली आना।

जब तक अधरों पे शबनम

जब तक अधरों पे शबनम, जब तक साँसों में है दम।
तुम्हारा इंतज़ार रहेगा।
तुम हो पलकों में मेरी बन्द, पल-पल आज छिड़ी है जंग,
कि दिल ये बेक़रार रहेगा।
जब तक है, अधरों पे शबनम....।

रूठकर क्या तुम गये, हम अधूरे रह गये?
मंजिलों की आरजू में, हम तो डूबे रह गये।
जब तक है यह प्रेम बन्धन, जब तक है जीने की उमंग,
तुम्हारा इंतज़ार रहेगा।
तुम हो पलकों में मेरी बन्द, पल-पल आज छिड़ी है जंग,
कि दिल ये बेक़रार रहेगा।
जब तक है अधरों पे शबनम....।

हम भटकते राह में, बेसबब है ज़िंदगी।
हाल है पतझड़ के जैसा, हमसे रूठी हर खुशी।
जब तक हैं चाँद-सितारे, ज़िंदा हैं अरमान हमारे।
तुम्हीं से यह क़रार रहेगा।
तुम हो पलकों में मेरी बन्द, पल-पल आज छिड़ी है जंग।
कि दिल ये बेक़रार रहेगा।
जब तक है अधरों पे शबनम....।

आये तुम जब याद तो, हम मचलकर रह गये।
फूल खिलने को ही थे, पेड़ सब ही ढह गये।
जिस्मों जाँ की हर हदों पर, गुल से महकते मस्त लबों पर।
तुम्हारा इख़्तियार रहेगा,
तुम हो पलकों में मेरी बन्द, पल-पल आज छिड़ी है जंग।
कि दिल ये बेक़रार रहेगा।
जब तक है अधरों पे शबनम....।

जब याद किसी की आती है तन्हाई सजा

जब याद किसी की आती है, तन्हाई सजा हो जाती है।
न ही चैन किसी को आता है, न ही नींद किसी को आती है।
जब याद किसी की आती है, तन्हाई सजा हो जाती है।

फ़ुरसत में गुन्चे भी रोये, गुलशन में कलियाँ भी रोयीं।
न भाये कान्हा की बंशी संग, खेली सखियाँ भी रोयीं।
कहीं दूर कोयलिया गाती है, सच्चाई बयाँ हो जाती है।
न ही चैन किसी को आता है, न ही नींद किसी को आती है।
जब याद किसी की आती है, तन्हाई सजा हो जाती है।

बे-रंग हुईं वो दीवारें, जहाँ सजते थे कल पैमाने।
बे-रंग हुई वो फुलवारी, जहाँ मिलते थे दो दीवाने।
घनघोर घटा घिर आती है, कोई पीर जवाँ हो जाती है।
न ही चैन किसी को आता है, न ही नींद किसी को आती है।
जब याद किसी की आती है, तन्हाई सजा हो जाती है।

पंछी की तरह उड़ पाते, अरमान ये पूरे हो जाते।
करते हम अपनी मनमानी, दीवाने दो दिल मिल जाते।
जब आँख नम हो जाती है, मदहोश शमा बुझ जाती है।
न ही चैन किसी को आता है, न ही नींद किसी को आती है।
जब याद किसी की आती है, तन्हाई सज़ा हो जाती है।

एक मैंने छिपाया हिस्सा है, एक उसने छिपाया हिस्सा है।
इस दिल पर नाम लिखा~ये प्रेमनगर का किस्सा है
पैग़ाम हवा ले आती है, चुपचाप जुबाँ हो जाती है।
न ही चैन किसी को आता है, न ही नींद किसी को आती है।
जब याद किसी की आती है, तन्हाई सज़ा हो जाती है।

दिल की लगी है भी बुरी खोया-जिया

दिल की लगी है भी बुरी, खोया-जिया, तेरी यादों में।
जब भी मुझे पुकारा तूने, आ गयी पिया, तेरी बाहों में।
दिल की लगी है भी बुरी, खोया जिया, तेरी यादों में।

जपूँ मैं माला तेरे नाम की, जाने न क़दर मेरे प्यार की।
ले चल दीवानों के गाँव में, बनी मैं राधा मेरे श्याम की।
ठण्डी हवा ऐसी चली, बेचैन जिया तेरे वादों में।
जब भी मुझे पुकारा तूने, आ गयी पिया तेरी बाहों में।
दिल की लगी है भी बुरी, खोया-जिया तेरी यादों में।

बैठी मैं कब से तन्हाई में, घायल किया मुझे हरजाई ने।
जाने जिगर, तू है जानेमन, न जीने दिया मुझे रुसवाई ने।
कैसी तेरी जादूगरी? आने लगा तू ख़्वाबों में।
जब भी मुझे पुकारा तूने, आ गयी पिया, तेरी बाहों में।
दिल की लगी है भी बुरी, खोया-जिया, तेरी यादों में।

दिन हैं जवानी के यार कम, आ सनम एक हो जायें हम।
यूँ ही गुजर जाये उम्र, भूलें सनम दुनिया के ग़म।
अब यह लगी कैसे बुझे? खो मैं गयी तेरी साँसों में।
जब भी मुझे पुकारा तूने, आ गयी पिया, तेरी बाहों में।
दिल की लगी है भी बुरी, खोया जिया, तेरी यादों में।

समझे न तू मेरे जज़्बात को, माने जा मेरी हर बात को।
मुझको जहाँ से ले दूर चलो, क़ायम रख अपने विश्वास को।
किस काम की ये ज़िंदगी, बाँध पिया रिश्ते-नातों में?
जब भी मुझे पुकारा तूने, आ गयी पिया तेरी बाहों में।
दिल की लगी है भी बुरी, खोया जिया तेरी यादों में।

जनम-जनम, सदियों-सदियों मुझको रहेगा

जनम-जनम सदियों-सदियों, मुझको रहेगा, इंतज़ार... इंतज़ार।
इधर-उधर गलियों-गलियों, दिल ये रहेगा, बेकरार... बेकरार।
जनम-जनम सदियों-सदियों, मुझको रहेगा, इंतज़ार... इंतज़ार।

मैं ये अफ़साने लिखूँगा, रात-'ओ'-दिन आठों पहर।
तुझको नज़राने मैं दूँगा, शाम ढले या हो भी सहर।
तूने किये जो कसमें वादे,
मुझको रहेगा... ऐतबार... ऐतबार...।
इधर-उधर गलियों-गलियों, दिल ये रहेगा, बेक़रार... बेक़रार।
जनम-जनम, सदियों-सदियों, मुझको रहेगा, इंतज़ार... इंतज़ार।

आया हूँ मैं इस दुनिया में, 'तेरे लिए-तेरे लिए'।
जिस्म-ओ-जाँ ये रूह मेरी, 'तेरे लिए-तेरे लिए'।
तुझको पुकारे मेरी हर धड़कन,
तुझ पे रहेगा... इख़्तियार... इख़्तियार...।
इधर-उधर गलियों-गलियों, दिल ये रहेगा, बेकरार... बेकरार।
जनम-जनम, सदियों-सदियों, मुझको रहेगा, इंतज़ार... इंतज़ार।

कितने ही तुझे नाम दिये हैं, जाने-जिगर दिलरुबा।
रातों को तुझे ख़्वाब में देखा, जानेजाँ तू महबूबा।
तेरे ही रंग रँगा है तन-मन,
हो के रहेगा, यह करार... यह करार।
इधर-उधर गलियों-गलियों, दिल ये रहेगा, बेकरार... बेकरार।
जनम-जनम, सदियों-सदियों, मुझको रहेगा, इंतज़ार... इंतज़ार।

कर लिया है प्यार में सौदा, चढ़ के न उतरे जुनून।
ले लहू लिखा हर अक्षर, पढ़ भी ले मेरा मजमून।
धरती पर मैं रहूँ या ना,
मुझको रहेगा, तुझसे प्यार... तुझसे प्यार।
इधर-उधर गलियों-गलियों, दिल ये रहेगा, बेकरार... बेकरार।
जनम-जनम, सदियों-सदियों, मुझको रहेगा, इंतज़ार... इंतज़ार।

जवानी की जैसे उड़ी हो पतंग

जवानी की जैसे, उड़ी हो पतंग।
हैं मनवा में उठती, हजारों उमंग।
पायल करे छम-छम-छम, पायल करे छम-छम-छम,
जवानी की जैसे उड़ी हो पतंग, है मनवा में उठती हजारों उमंग।

हर दिन, हर दिन, नया-नया लागे, हाँ नया-नया लागे।
तेरे-बिन, तेरे-बिन, मुझे न चैन आवे, मुझे न नींद आवे।
लगी कैसी दिल की जो करती तंग?
है दिलबर मेरा लोफर मलंग।
पायल करे छम-छम-छम, पायल करे छम-छम-छम,
जवानी की जैसे उड़ी हो पतंग, है मनवा में उठती हजारों उमंग।

कब-तक? कब-तक? भरूँ मैं ठण्डी आहें, भरूँ मैं ठण्डी आहें।
कब से कब से, हैं प्यासी निग़ाहें, हैं प्यासी निग़ाहें?
जीतूँ मैं कैसे अनोखी ये जंग? गिरा मेरा झुमका, हुई चोली तंग।
पायल करे छम-छम-छम, पायल करे छम-छम-छम,
जवानी की जैसे उड़ी हो पतंग, है मनवा में उठती हजारों उमंग।

'उलझन', उलझन समझ में न आये, समझ में न आये।
तन-मन, तन-मन, मचलता ही जाये, मचलता ही जाये।
कि शोलों में जलता मेरा अंग-अंग, ले चल मुझे तन्हा कहीं संग-संग।
पायल करे छम-छम-छम, पायल करे छम-छम-छम,
जवानी की जैसे उड़ी हो पतंग, है मनवा में उठती हजारों उमंग।

हम-तुम, तुम-हम, आ एक हो जायें, आ एक हो जायें।
न देर अब कर बाहों में खो जायें, बाहों में खो जायें।
तू मेरा दूल्हा, मैं तेरी दुल्हन,
अमर हो जाये, दिलों का संगम।
पायल करे छम-छम-छम, पायल करे छम-छम-छम,
जवानी की जैसे उड़ी हो पतंग, है मनवा में उठती हजारों उमंग।

जरूरत पड़े गर हमारी

जरूरत पड़े गर हमारी, दिल से याद कर लेना।
नहीं है किया कोई वादा, फिर भी ऐतबार कर लेना।
जरूरत पड़े गर हमारी, दिल से याद कर लेना।

ख़ैरियत से हैं अपने शहर में,
अपने ही घर में अपनी हिफ़ाज़त करना।
तुम हो परदेसी जाने न फिर,
अब कब मिलोगे, हमसे गिला मत करना?
जो खींची तस्वीर हमारी, अपने पास रख लेना।
नहीं है किया कोई वादा, फिर भी ऐतबार कर लेना।
जरूरत पड़े गर हमारी, दिल से याद कर लेना।

जाने कैसे-कैसे, इम्तहाँ हैं, हम जहाँ हैं, ख़ौफ़ है बाहर कैसा?
न ये दिल लगे सिलसिले हैं, हमें लगा है रोग दूभर कैसा?
अलग है ये हटकर बीमारी, राज़ को राज़ रख लेना।
नहीं है किया कोई वादा, फिर भी ऐतबार कर लेना।
जरूरत पड़े गर हमारी, दिल से याद कर लेना।

जाने कैसी है, किस्मत मेरी, उस ख़ुदा ने, आँसुओं से लिखी है।
मीलों सी है बेक़रारी ये ,ख़ुमारी ख़त्म होती नहीं है।
समझे हम ख़ुद को शिकारी, ख़ुद ही शिकार कर लेना।
नहीं है किया कोई वादा, फिर भी ऐतबार कर लेना।
जरूरत पड़े गर हमारी, दिल से याद कर लेना।

हमने तुमने, संग-संग में, रंग बदलते, लाखों देखे जो सपने।
सच कभी न, अब ये होंगे, चलते-चलते, डूबे ग़म में हैं कितने?
हुकूमत चले गर तुम्हारी, यह क़रार कर लेना।
नहीं है किया कोई वादा, फिर भी ऐतबार कर लेना।
जरूरत पड़े गर हमारी, दिल से याद कर लेना।

जानते पहचानते भी

जानते पहचानते भी, मुँह छिपाकर निकल गये।
कल मिले थे हमसे खुल के, दिल चुराकर निकल गये।
जानते पहचानते भी, मुँह छिपाकर निकल गये।

उनकी बातें, उनके तेवर, उनके जलवे, थे जुदा।
तन्हा गलियाँ, कसमें-वादे, उनके किस्से थे जुदा।
सोचते-सोचते ही, मुस्कुराकर निकल गये।
कल मिले थे हमसे खुल के, दिल चुराकर निकल गये।
जानते-पहचानते भी, मुँह छिपाकर निकल गये।

मस्त यौवन निखरा चेहरा, ज़ुल्फ़ की वो बदरियाँ।
नयन मय से मिस्री बातें, हुस्न की वो शोख़ियाँ।
गीत मेरे वो लबों से गुनगुनाकर, निकल गये।
कल मिले थे हमसे खुल के, दिल चुराकर निकल गये।
जानते पहचानते भी, मुँह छिपाकर निकल गये।

चोरी-चोरी बागों में मिलना, अनकहे वो सिलसिले।
हाथ पकड़कर फिर न छुड़ाना, हम हुये थे मनचले।
जागते मेरे वास्ते, वो सिर झुकाकर निकल गये।
कल मिले थे हमसे खुल के, दिल चुराकर निकल गये।
जानते पहचानते भी, मुँह छिपाकर निकल गये।

मैं दीवाना हो गया, क्यों ऐसे ज़ालिम चेहरे का?
एक फ़साना बन गया हूँ, ऐसे नागिन लहरे का।
मंजिल-ए-मक़्सूद पर पैर, आकर फिसल गये।
कल मिले थे हमसे खुल के, दिल चुराकर निकल गये।
जानते पहचानते भी, मुँह छिपाकर निकल गये।

जाने जिगर दिलबर, जब सामने हो तुम

जाने जिगर दिलबर, जब सामने हो तुम।
जाने जिगर दिलबर, जब सामने हो तुम।
दिल बेकरार क्यों न हो? दिल बेकरार क्यों न हो?
हम राह में चले, जब रोकते हो तुम।
दिल बेकरार क्यों न हो? दिल बेकरार क्यों न हो?

जो मजा तुझमें है, तेरी तस्वीर में वो कहाँ?
साथिया मान ले, मेरी तक़दीर तुझसे जवाँ।
मेरी राह में हमदम, अरे! कहाँ छिपे हो तुम?
दिल बेकरार क्यों न हो? दिल बेकरार क्यों न हो?
जाने जिगर दिलबर, जब सामने हो तुम।

चैन है खो गया, मिली तुमसे है जब से नज़र।
जादू सा हो रहा, रही मुझको न अपनी ख़बर।
बढ़ती जाये धड़कन, हर इल्तिजा हो तुम।
दिल बेकरार क्यों न हो? दिल बेकरार क्यों न हो?
जाने जिगर दिलबर, जब सामने हो तुम।

तेरा आशिक़ हूँ मैं, कर मुझपे करम या सितम।
वादा कर जो लिया, नहीं पल-पल बदलते सनम।
दिल है दिया जिसको, वही मेहरबाँ हो तुम।
दिल बेकरार क्यों न हो? दिल बेकरार क्यों न हो?
जाने जिगर दिलबर, जब सामने हो तुम।

जब जुड़ जाता है, चन्द लम्हों का बन्धन नहीं।
रोग है यह ऐसा, फिर लगती कोई दवा नहीं।
यकीं मुझे है तुम पर, मेरी हर दवा हो तुम।
दिल बेकरार क्यों न हो? दिल बेकरार क्यों न हो?
जाने जिगर दिलबर, जब सामने हो तुम...।

जाने क्या-क्या प्यार में

जाने क्या-क्या प्यार में मैंने किया?
उसको ही चाहा, दगा जिसने दिया।
जाने क्या-क्या प्यार में मैंने किया?

दिल ने माना था जिसे अपना ख़ुदा।
रफ़्ता-रफ़्ता हो गया मुझसे जुदा।
जाने कैसा दर्द ये उसने दिया?
उसको ही चाहा, दगा जिसने दिया।
जाने क्या-क्या, प्यार में मैंने किया?

बाँध डाला है मुझे जंजीर से।
है ग़िला मुझको मेरी तक़दीर से।
जाने कैसा फल मुझे उसने दिया?
उसको ही चाहा दगा जिसने दिया।
जाने क्या-क्या प्यार में मैंने किया?

मैं सवालों से तेरे डरने लगा।
कसमें-वादों पर तेरे हँसने लगा।
जाने कैसा हल मुझे उसने दिया?
उसको ही चाहा दगा जिसने दिया।
जाने क्या-क्या प्यार में मैंने किया?

इल्तिजा मैं अब किसी से क्या करूँ?
हाल-ए-दिल कैसे बयाँ मैं अब करूँ?
क्या सिला मेरे प्यार का उसने दिया?
उसको ही चाहा दगा जिसने दिया।
जाने क्या-क्या प्यार में मैंने किया?

जानेमन बिल्कुल तेरे जैसी हो

जानेमन! जानेमन!
बिल्कुल तेरे जैसी हो, सीधा-सादा रहती हो।
तो मजा आ जाए, तो मजा आ जाए।
जानेमन! जानेमन!
बिल्कुल तेरे जैसी हो, सीधा-सादा रहती हो।

नैन शराबी मुखड़ा गोरा, मुझको जाने थोड़ा-थोड़ा।
दूर तलक वो साथ निभाये, जैसे लम्बी रेस का घोड़ा।
दिलरुबा! दिलरुबा!
चलती हिरनी जैसी हो, बातें मिश्री जैसी हों।
तो मजा आ जाए, तो मजा आ जाए।
जानेमन! जानेमन!
बिल्कुल तेरे जैसी हो, सीधा-सादा रहती हो।

फूलों जैसी मस्त जवानी, अभी-अभी हो हुई सयानी।
रूपनगर की रहने वाली, बने वो मेरी प्रेम दीवानी।
महबूबा! महबूबा!
चिलमन में न रहती हो, दिल के अरमाँ कहती हो।
तो मजा आ जाए, तो मजा आ जाए।
जानेमन! जानेमन!
बिल्कुल तेरे जैसी हो, सीधा-सादा रहती हो।

काली घटा सी जुल्फ़ें बिखरी, सारे शहर में हो चर्चा उसकी।
आगे-पीछे देवे दस्तक, खुशबू से महके गलियाँ अपनी।
साथिया! साथिया!
साल सोलह उमरिया हो, अंग-अंग में शोला हो।
तो मजा आ जाए, तो मजा आ जाए।
जानेमन! जानेमन!
बिल्कुल तेरे जैसी हो, सीधा-सादा रहती हो।

जानेमन-जानेमन, जानेमन-जानेमन

जानेमन-जानेमन, जानेमन-जानेमन,
दिल तेरा है, जाँ तेरी है, दिल तेरा है, जाँ तेरी है।
चढ़ गया तेरा रंग,
जानेमन-जानेमन, जानेमन-जानेमन।

गोरे हाथों में मेहन्दी रचाने लगी,
बिखरे गेसू में ग़जरा सजाने लगी।
गदराया चंदन सा मेरा बदन,
कारे नयनों में कजरा लगाने लगी।
दिल बोले मैं हुई जवाँ, चलूँगी मैं अब तेरे संग।
दिल तेरा है जाँ तेरी है, दिल तेरा है, जाँ तेरी है।
चढ़ गया तेरा रंग,
जानेमन-जानेमन, जानेमन-जानेमन।

अंग अपने तू मुझको लगा ले पिया,
नहीं माने रे चंचल मेरा जिया।
तेरे कदमों में ले मैंने सज़दा किया,
तेरी यादों ने बेकल मुझे किया।
तू प्रियतम, तू हमदम, मेरे लब की तू है सरगम।
दिल तेरा है, जाँ तेरी है, दिल तेरा है, जाँ तेरी है।
चढ़ गया तेरा रंग।
जानेमन-जानेमन, जानेमन-जानेमन।

तू लोफर, निर्मोही, बेदर्दी, सजन।
तू संगदिल है, कैसा न समझे सनम?
कैसे बुद्धू के चंगुल में मैं आ गयी?
फिर भी मुझको क्यों प्यारा तू लगता सनम?
शोला तू मैं शबनम, खुशबू मैं तू चंदन।
दिल तेरा है जाँ तेरी है, दिल तेरा है जाँ तेरी है।
चढ़ गया तेरा रंग,
जानेमन-जानेमन, जानेमन-जानेमन।

जा रे दीवाने छेड़ेगा तू माने न तू

जा रे दीवाने, छेड़ेगा तू, माने न तू, तंग किये जायेगा।
तू तंग किये जायेगा।
जा रे दीवाने, छेड़ेगा तू, माने न तू, तंग किये जायेगा।
तंग किये जायेगा।
चलती सड़क, कभी खिड़की से अपनी,
देखेगा तू झाँकेगा, तू तंग किये जायेगा।
तंग किये जायेगा।

छः महीना, सत्रह बरस की, हुई है मेरी जवानी।
छः महीना, सत्रह बरस की, हुई है मेरी जवानी।
गाल हैं गोरे, नैन शराबी, हुस्न की मैं हूँ रानी।
आशिक है तू बस नाम का, दीवाना बस गुलफ़ाम सा।
लोफर है तू, लोफर है तू, अनाड़ी है तू, जंग किये जायेगा।
तंग किये जायेगा।

साँझ ढले मैं निकली बजरिया, कंगना बोले खन-खन।
साँझ ढले मैं निकली बजरिया, कंगना बोले खन-खन।
झुमका मेरा हाले-डोले, पायल बाजे छम-छम।
न हूँ मैं तेरी चाँदनीं, न हूँ मैं तेरी रागनी।
पागल है तू,पागल है तू, बुद्धू है तू, संग लिये जायेगा।
तंग किये जायेगा।

प्यार का ये बंधन पगले, खेल नहीं है आसाँ।
प्यार का ये बंधन पगले, खेल नहीं है आसाँ।
मैं हूँ शमा तू परवाना, मेल नहीं है आसाँ।
समझाऊँ क्या मैं तुझे, जल जायेगा बिन वज़ह।
देखेगा जब देखेगा जब, जलवा मेरा लौट घर जायेगा।
तंग किये जायेगा।

ज़िंदगी है चार दिन की

ज़िंदगी है चार दिन की, जन्म-जन्मों का फ़साना है।
नाम उसी का है ज़हाँ में, जो निभाता दोस्ताना है।
ज़िंदगी है चार दिन की, जन्म-जन्मों का फ़साना है।

झूठी संसार की है दौलत, नाम ही नाम की है शोहरत।
चंद दिन है जवानी का मेला, आगे ही आगे चलती किस्मत।
दास्ताँ है ये भरम की, फ़र्ज़ अपना निभा लौट जाना है।
नाम उसी का है ज़हाँ में, जो निभाता दोस्ताना है।
ज़िंदगी है चार दिन की, जन्म-जन्मों का फ़साना है।

भीगी-भीगी हुईं आज पलकें, हैं भी बेज़ार दुनिया की रस्में।
उल्फ़त के हजारों है दुश्मन हैं वफ़ा के पाबंद कितने?
बेबसी उम्र भर की, सहमा-सहमा हर घराना है।
नाम उसी का है ज़हाँ में, जो निभाता दोस्ताना है।
ज़िंदगी है चार दिन की, जन्म-जन्मों का फ़साना है।

माना कच्ची न टूटे फिर भी, बँध गयी जो प्रीत की डोरी।
उड़ चला गगन में पंछी गर, तूने निग़ाहें मोड़ी।
दूर कहीं बंशी बजी, तन्हा-तन्हा ही मुझे जाना है
नाम उसी का है ज़हाँ में, जो निभाता दोस्ताना है।
ज़िंदगी है चार दिन की, जन्म-जन्मों का फ़साना है।

करना है मुलाक़ात कर ले, फिर न मौक़ा मिले दुबारा।
हुई है मीरा प्रेम दीवानी, गली-गली बजा इकतारा।
बेख़ुदी में आँख बहकी, तुझसे मिलने का बहाना है।
नाम उसी का है ज़हाँ में, जो निभाता दोस्ताना है।
ज़िंदगी है चार दिन की, जन्म-जन्मों का फ़साना है।

ज़िंदगी ले रही हर घड़ी इम्तहाँ

ज़िंदगी ले रही हर घड़ी इम्तहाँ।
ज़िंदगी ले रही हर घड़ी इम्तहाँ।
आशिक़ी बन गयी है मेरी कहकशाँ।
ज़िंदगी ले रही हर घड़ी इम्तहाँ।

साथ देता नहीं कोई भी उम्र भर।
संग चलता नहीं, कोई भी राह पर।
बन्दगी क्या करूँ, हो गयी इंतहा।
आशिक़ी बन गयी है मेरी कहकशाँ।
ज़िंदगी ले रही हर घड़ी इम्तहाँ।

फूल खिलते रहे बागों में रात-ओ-दिन।
हम उलझते रहे रातों में तारे गिन।
ढूँढ़ते ही रहे हम यूँ ही आशियाँ।
आशिक़ी बन गयी है मेरी कहकशाँ।
ज़िंदगी ले रही हर घड़ी इम्तहाँ।

क्या करेगा कोई, ग़म मेरा बाँट कर।
घर बना है लिया, काँटों की सेज़ पर।
जख़्म देकर मुझे मुस्कुराता है जहाँ।
आशिक़ी बन गयी है मेरी कहकशाँ।
ज़िंदगी ले रही हर घड़ी इम्तहाँ।

ले तेरी बज़्म से लौटकर मैं चला।
संग ले जायेगा यह मुझे जलजला।
आज फिर हो गया हर कोई बेज़ुबाँ।
आशिक़ी बन गयी है मेरी कहकशाँ।
ज़िंदगी ले रही हर घड़ी इम्तहाँ।

ज़िंदगी में तुम मिले तो

ज़िंदगी में तुम मिले तो फिर भला क्या चाहिए?
बढ़ गये हैं कदम तो पीछे न हटना चाहिए।
ज़िंदगी में तुम मिले तो फिर भला क्या चाहिए?

चाहते हैं हम भी आखिर कोई हमारे साथ हो।
साथी बन साथ चले, दिन हो या कि रात हो।
गुल गुलशन में खिलें फिर जहाँ क्या चाहिए?
बढ़ गये हैं कदम तो पीछे न हटना चाहिए।
ज़िंदगी में तुम मिले तो फिर भला क्या चाहिए?

कोई ज़ुदा हो चल दिया, कोई मचलता रह गया।
ये जहाँ क्या साथ देगा, रंग बदलता रह गया?
ग़म-खुशी में तुम खड़े तो फिर ख़ुदा क्या चाहिए?
बढ़ गये हैं कदम तो पीछे न हटना चाहिए।
ज़िंदगी में तुम मिले तो फिर भला क्या चाहिए?

हँसते-हँसते बाँट लेंगे, हम तुम्हारे ग़म सनम।
हों भी काँटों सी राहें, संग तुम्हारे हम सनम।
तन्हा-तन्हा है सफर तो सिलसिला चाहिए।
बढ़ गये हैं कदम तो पीछे न हटना चाहिए।
ज़िंदगी में तुम मिले तो फिर भला क्या चाहिए?

हमने पलकों में कभी का आशियाँ बना लिया है।
दिलरुबा जाने जिगर मेहरबाँ बना लिया है।
सदियों का साथी मिले तो, फिर नया क्या चाहिए?
बढ़ गये हैं कदम तो पीछे न हटना चाहिए।
ज़िंदगी में तुम मिले तो फिर भला क्या चाहिए?

जिधर देखो ग़म ही ग़म है

जिधर देखो ग़म ही ग़म है, कहाँ है प्यार का मौसम?
चुभाता हर कोई नश्तर, कहाँ है प्यार की सरगम?
जिधर देखो ग़म ही ग़म है, कहाँ है प्यार का मौसम?

कदम रखता जहाँ यारों सँभलना है वहाँ मुश्किल।
लिये हाथों में खन्जर वो, कि बचना है यहाँ मुश्किल।
जला देखो नशेमन है, कहाँ है चैन का आलम?
चुभाता हर कोई नश्तर, कहाँ है प्यार की सरगम?
जिधर देखो ग़म ही ग़म है, कहाँ है प्यार का मौसम?

नसीब होती नहीं रोटी, सदा खुलते हैं मयख़ाने।
लुटेरे लूटते खुलकर कहीं सजते हैं पैमाने।
जिसे देखो वही तंग है, यहाँ बेकारी का आलम।
चुभाता हर कोई नश्तर, कहाँ है प्यार की सरगम?
जिधर देखो ग़म ही ग़म है, कहाँ है प्यार का मौसम?

कि जुर्रत भी नहीं करना, किसी से दिल लगाने की।
मुसीबत का है ये झरना, किसी को यूँ भी पाने की।
कि केवल रंग ही रंग है, कहाँ है सच्चा प्रियतम?
चुभाता हर कोई नश्तर, कहाँ है प्यार की सरगम?
जिधर देखो ग़म ही ग़म है, कहाँ है प्यार का मौसम?

किसी का साथ देने की, तमन्ना थी मेरे दिल में।
उसे अपना बनाने को, ग़ज़ल गायी थी महफ़िल में।
कि पुतले सा ये तन-मन है, हुआ हूँ दम से मैं बेदम।
चुभाता हर कोई नश्तर, कहाँ है प्यार की सरगम?
जिधर देखो ग़म ही ग़म है, कहाँ है प्यार का मौसम?

जिसका जब तक जीवन है

जिसका जब तक जीवन है, तब तक उसको चलना है।
न डरना है, न ही रुकना है, हरदम ही आगे बढ़ना है।

बन्धन हैं सच्चे-झूठे जो, उनको बिसरा न पायेगा।
रिश्ते-नातों की परिभाषा, प्यारे झुठला न पायेगा।
सुख-दुःख ऐसा दरपन है, हर पल उससे निपटना है।
जिसका जब तक जीवन है, तब तक उसको चलना है।
न डरना है, न ही रुकना है, हरदम ही आगे बढ़ना है।

लिखा है जो तक़दीर में, संतोष उसी में है करना।
मनचाहा नहीं हुआ करता, अफसोस क्या तुझको करना?
कोई पाठ अधूरा धड़कन है, तन्हा उसको पढ़ना है।
जिसका जब तक जीवन है, तब तक उसको चलना है।
न डरना है, न ही रुकना है, हरदम ही आगे बढ़ना है।

कहता कोई साथी नहीं अपना, फिर क्यों उसको बुलाता तू?
सब तोड़ दिये तूने धागे, फिर क्यों आवाज लगाता तू?
घर एक ऐसा उपवन है, जहाँ शूल भी तुझको चुनना है।
जिसका जब तक जीवन है, तब तक उसको चलना है।
न डरना है, न ही रुकना है, हरदम ही आगे बढ़ना है।

खेला तू चाँद-सितारों में, दौलत की मस्त बहारों में।
झूमा तू मय के प्याले ले, शोहरत के संग नज़ारों में।
हर लम्हा ऐसी चिलमन है, पल-पल उठना है-गिरना है।
जिसका जब तक जीवन है, तब तक उसको चलना है।
न डरना है, न ही रुकना है, हरदम ही आगे बढ़ना है।

जिस पल दिल से तुम

जिस पल दिल से तुम मुस्कुराओगे।
अपनी हँसी में मेरी झलक पाओगे।
जिस पल दिल से तुम मुस्कुराओगे।

पाषाण का दिल, हम भी कहाँ रखते हैं?
करते न दिल्लगी, तुमसे गिला करते हैं।
जिस दिन लब से तुम गुनगुनाओगे।
अपनी हँसी में मेरी झलक पाओगे।
जिस पल दिल से तुम मुस्कुराओगे।

भटके हैं रात 'ओ' दिन कब से तेरी गलियों में?
बैठा तुझे लिया है कब से मैंने पलकों में?
जिस दिन इश्क़ में तुम रंग जाओगे।
अपनी हँसी में मेरी झलक पाओगे।
जिस पल दिल से तुम मुस्कुराओगे।

दुनिया की नज़रों में दीवाने हो गये हैं।
इन प्यार की बातों के अफ़साने हो गये हैं।
जब बाग से तुम गुल चुराओगे।
अपनी हँसी में मेरी झलक पाओगे।
जिस पल दिल से तुम मुस्कुराओगे।

वर्षों का सिलसिला हमें तुमसे क़रार है।
करवा ले तू सही, हमे तुमसे ही प्यार है।
ज़ुदा गर हो गए तुम दिल दुःखाओगे।
अपनी हँसी में मेरी झलक पाओगे।
जिस पल दिल से तुम मुस्कुराओगे।

जुल्मी हुई सरकार अब क्या करेंगे

जुल्मी हुई सरकार, अब क्या करेंगे?
बिगड़ा कारोबार, घर चलेंगे।
अब क्या करेंगे, अब क्या करेंगे? कोरोना भरमार, अब क्या करेंगे?
जुल्मी हुई सरकार, अब क्या करेंगे? बिगड़ा कारोबार, घर...।

न ही भगवान है अब सुनता, न ही किसान की कोई चिंता।
बजें कैसे भी ढोल मजीरे, न ही मेहमान घर में घुसता।
खाली न शमशान, अब क्या करेंगे?
बिगड़ा कारोबार घर...।
अब क्या करेंगे, अब क्या करेंगे? कोरोना भरमार, अब क्या करेंगे?
जुल्मी हुई सरकार, अब क्या करेंगे? बिगड़ा कारोबार, घर...।

बैठ जा बंद करके खिड़की, खोल न कोई तू दरवाजा।
बेअसर आज हुई दवायें, डूबी किस्मत की नैया ए-राजा।
मुम्बई हुई बीमार, अब क्या करेंगे?
बिगड़ा कारोबार घर...।
अब क्या करेंगे, अब क्या करेंगे? कोरोना भरमार, अब क्या करेंगे?
जुल्मी हुई सरकार, अब क्या करेंगे? बिगड़ा कारोबार, घर...।

पढ़ना है मोबाइल लेकर घूरो, लिखना है मोबाइल के अंदर।
घर बैठे मोबाइल ही टीचर, चलना है मोबाइल के पथ पर।
कालेज हुए बेकार, अब क्या करेंगे?
बिगड़ा कारोबार घर...।
अब क्या करेंगे, अब क्या करेंगे? कोरोना भरमार, अब क्या करेंगे?
जुल्मी हुई सरकार, अब क्या करेंगे? बिगड़ा कारोबार, घर...।

हो गया इन्सान अब खाली, कहाँ गयी ताली वो थाली?
पति लगे आज निखट्टू, दे रही बीबियाँ गाली।
मतलब का संसार, अब क्या करेंगे?
बिगड़ा कारोबार घर...।
अब क्या करेंगे, अब क्या करेंगे? कोरोना भरमार, अब क्या करेंगे?
जुल्मी हुई सरकार, अब क्या करेंगे? बिगड़ा कारोबार, घर...।

ज़ुल्फ़ तेरी हो भी घटा जैसे काली

जुल्फ़ तेरी हो भी घटा जैसे काली, दिलरुबा जानेजाँ।
तेरे संग-संग मैं घूमूँ, तेरे होठों को चूमूँ।
जुल्फ़ तेरी हो भी घटा जैसे काली।

तू बता तेरे दिल में क्या है? प्यार का ये मामला है।
हो गये जब हम दीवाने, फिर क्यों यह फ़ासला है?
दुनिया मेरी तू ही है दिलवाली, दिलरुबा जानेजाँ।
तेरे संग-संग मैं घूमूँ, तेरे होठों को चूमूँ।
जुल्फ़ तेरी हो भी घटा जैसे काली।

चोरी-चोरी दिल में आना, पल दो पल में रूठ जाना।
झूठे वादे तू है करती, फ़ितरत तेरी भूल जाना।
आँखें तेरी हों मय की कोई प्याली, दिलरुबा जानेजाँ।
तेरे संग-संग मैं घूमूँ, तेरे होठों को चूमूँ।
जुल्फ़ तेरी हो भी घटा जैसे काली।

बन्दगी करके मैं हारा, शायरी करके ललकारा।
फिर भी तेरा दिल न पिघले, जानम तूने है फटकारा।
डायरी मेरी है हर सफ़ा जैसे खाली, दिलरुबा जानेजाँ।
तेरे संग-संग मैं घूमूँ, तेरे होठों को चूमूँ।
जुल्फ़ तेरी हो भी घटा जैसे काली।

प्यार का दस्तूर है कैसा? हर कोई मजबूर देखा।
दुनिया वाले पत्थर दिल, दूजा ही मनसूब देखा।
काट दी है पेड़ की एक-एक डाली, दिलरुबा जानेजाँ।
तेरे संग-संग मैं घूमूँ, तेरे होठों को चूमूँ।
जुल्फ़ तेरी हो भी घटा जैसे काली।

जो चाहे भी सजा दे दे तू सनम

जो चाहे भी सजा, दे-दे तू सनम, इक़रार चाहिए, तेरा प्यार चाहिए।
जो बात तुझमें, वो औरों में नहीं, दीदार तेरा, हर बार चाहिए।
जो चाहे भी सजा...।

इशारा कर इन आँखों से, ज़माने से क्या है डरना?
सहारा दे आ बाहों का, इजाजत दे मुझे वरना।
क़यामत तू भले कर दे, मुझे मंजूर है मरना।
जो चाहे भी सजा, दे-दे तू सनम, इक़रार चाहिए, तेरा प्यार चाहिए।
जो बात तुझमें, वो औरों में नहीं, दीदार तेरा, हर बार चाहिए।
जो चाहे भी सजा...।

तेरी धड़कन, मेरी धड़कन, मेरी धड़कन, तेरी धड़कन।
तू बिजली है, मैं बादल, मैं शोला हूँ तू शबनम।
तू नदिया है, मैं सागर, तू खुशबू है, मैं चन्दन।
जो चाहे भी सजा, दे-दे तू सनम, इक़रार चाहिए, तेरा प्यार चाहिए।
जो बात तुझमें, वो औरों में नहीं, दीदार तेरा, हर बार चाहिए।
जो चाहे भी सजा...।

तमन्ना तेरी कर बैठा, जवाँ मैं हूँ हँसीं तू भी।
अगर पूछे भी तू मुझसे, जहाँ मैं हूँ वहीं तू भी।
लिखा करता हूँ मैं नग़में, लिखा करती ग़ज़ल तू भी।
जो चाहे भी सजा, दे-दे तू सनम, इक़रार चाहिए, तेरा प्यार चाहिए।
जो बात तुझमें, वो औरों में नहीं, दीदार तेरा, हर बार चाहिए।
जो चाहे भी सजा...।

हवाले दिल किया तेरे, है कौन अपना सिवा तेरे?
मैं कैसे तुझको बतलाऊँ? तू जीने की वज़ह मेरे।
ये कैसे तुझको समझाऊँ? सदा लब पर दुआ मेरे।
जो चाहे भी सजा, दे-दे तू सनम, इक़रार चाहिए, तेरा प्यार चाहिए।
जो बात तुझमें, वो औरों में नहीं, दीदार तेरा, हर बार चाहिए।
जो चाहे भी सजा...।

जो होता है होने दे, प्यार में अँखियाँ

जो होता है होने दे~प्यार में अंखियाँ लड़ने दे
दुनिया जलती जलने दे... टेंशन न ले... टेंशन न ले...
जो होता है होने दे~प्यार में अंखियाँ लड़ने दे

चाहता हूं तुझे देखना~बस यूँ ही बार-बार
दो कदम साथ चल~दिल हुआ बेकरार
कोई रोता है रोने दे~दीवाने दिल मिलने दे
दुनिया जलती जलने दे... टेंशन न ले... टेंशन न ले...
जो होता है होने दे~प्यार में अंखियाँ लड़ने दे

बन गयी तू मेरी ज़िंदगी~कोई वादा नहीं है किया
फ़ासले ख़त्म हो गये~कोई नाता सनम जुड़ गया
रंग प्रीत का चढ़ने दे~ये प्रेम की गाथा चलने दे
दुनिया जलती जलने दे... टेंशन न ले... टेंशन न ले...
जो होता है होने दे~प्यार में अंखियाँ लड़ने दे

तू अगर है सनम हंसी~मैं भी हूँ सनम मनचला
मान रखा तुझे है ख़ुदा~मैं भी हूँ वही फ़लसफ़ा
मुझे प्रेम तपस्या करने दे~बजती है डपली बजने दे
दुनिया जलती जलने दे... टेंशन न ले... टेंशन न ले...
जो होता है होने दे~प्यार में अंखियाँ लड़ने दे

सारी दुनिया में है कोई नहीं~तुझसा कोई दूजा हंसी
करूं जां तुझपे कुर्बान मैं~मुझसा कोई होगा नहीं
इन जुल्फों को बिखरने दे~सांसों में सांसें घुलने दे
दुनिया जलती जलने दे... टेंशन न ले... टेंशन न ले...
जो होता है होने दे~प्यार में अंखियाँ लड़ने दे

जो किस्मत में नहीं

वो जो किस्मत में नहीं, उसे सोचना ही क्या?
चले जाते हैं सभी यूँ, उन्हें रोकना ही क्या?
वो जो किस्मत में नहीं, उसे सोचना ही क्या?

जिनकी फ़ितरत है बदलना, बदलते ही रहेंगे।
पिया करते हैं जो लब से, मचलते ही रहेंगे।
हमने देखे जो ज़माने, नहीं लौटकर आये।
हमने लिखे जो फ़साने, कभी फिर न लिख पाये।
जिसने उल्फ़त में निग़ाह फेरी, उसे कोसना ही क्या?
चले जाते हैं सभी यूँ, उन्हें रोकना ही क्या?
वो जो किस्मत में नहीं, उसे सोचना ही क्या?

भूले कसमें हैं सभी वादे, क्या उनसे ग़िला करना?
संगदिल इतना जो हुए हैं, क्या उनसे सदा करना?
उलझनें राह में जो आयीं, चले साथ छोड़कर वो।
ख़त्म हुआ खेल और मेला, खड़े राह रोक कर वो।
वो जो बाँध चले हैं गठरी, उन्हें टोकना है क्या?
चले जाते हैं सभी यूँ, उन्हें रोकना ही क्या?
वो जो किस्मत में नहीं, उसे सोचना ही क्या?

वे जो बरसात किया करते, गरजते नहीं वे बादल।
अन्जाम से हैं वाकिफ, बिगड़ते नहीं हैं पल-पल।
शोलों पर चल दिये हैं, लिख देंगे नयी कहानी।
चलते हैं प्रेम पथ पर, कितनी हो ज़िंदगानी?
सारा जग है हेरा-फेरी, मुँह मोड़ना है क्या?
चले जाते हैं सभी यूँ, उन्हें रोकना ही क्या?
वो जो किस्मत में नहीं, उसे सोचना ही क्या?

क्या खायें और क्या न खायें

क्या खायें और क्या न खायें? अज़ीब मुश्किल है।
जिधर देखो उधर ग़म है, ज़माना संगदिल है।
क्या खायें और क्या न खायें? अज़ीब मुश्किल है।

न जीना रास आता है, न मरने की तमन्ना है।
है पल-पल जीने पर पहरा, न बनना और सँवरना है।
क्या लायें क्या न लायें? क्या सब के क़ाबिल है?
जिधर देखो उधर ग़म है, ज़माना संगदिल है।
क्या खायें और क्या न खायें? अज़ीब मुश्किल है।

हुए हैं बन्द कमरों में, सजा उसने ये कैसी दी?
ढके चेहरे नक़ाबों से, हवा भी तो न लेने दी।
हुई जाती हवा कम है, ये कौन ज़ाहिल है?
जिधर देखो उधर ग़म है, ज़माना संगदिल है।
क्या खायें और क्या न खायें? अज़ीब मुश्किल है।

जिधर देखो घोटाला है, शवों की कैसी माला है?
करेगा क्या यहाँ बन्दे? धधकती दिल में ज्वाला है।
जहाँ रखे कदम गर हैं, चुकाना ही बिल है।
जिधर देखो उधर ग़म है, ज़माना संगदिल है।
क्या खायें और क्या न खायें? अज़ीब मुश्किल है।

सुबह होते हवा दुश्मन, जिसे देखो वही उलझन।
बयाँ कर दूँ मैं हाल-ए-दिल, मगर कुछ ऐसा है बंधन।
कैसे इस दिल को बहलाऊँ? अभी भी दूर मंजिल है।
जिधर देखो उधर ग़म है, ज़माना संगदिल है।
क्या खायें और क्या न खायें? अज़ीब मुश्किल है।

कभी अँगड़ाई में कभी तन्हाई में

कभी अँगड़ाई में, कभी तन्हाई में, कभी बरसात में, कभी पुरवाई में।
मुझे मेरे सनम याद आने लगे, मुझे मेरे सनम याद आने लगे।
कभी अँगड़ाई में, कभी तन्हाई में, कभी बरसात में, कभी...।

जी न पाऊँ उन्हें, देखे बिना,किस रोज उनसे उलझे नैना।
ब्याहे से मैं कुँवारी भली,कटती नहीं हैं तन्हा रैना।
गये परदेस में, कौन से देश में? कौन सी है गली, कौन से गाँव में?
मुझे मेरे सनम याद आने लगे, मुझे मेरे सनम याद आने लगे।
कभी अँगड़ाई में, कभी तन्हाई में, कभी बरसात में, कभी...।

जब मुझे वो कहते जलपरी,शर्मो-हया से मैं तो मरी।
बिन बात के शरारत हुई,छूटे न अब दिल की लगी।
बने दिलशाद वो, बनी शमशाद मैं, किये वादे लेकर के हाथ में।
मुझे मेरे सनम याद आने लगे, मुझे मेरे सनम याद आने लगे।
कभी अँगड़ाई में, कभी तन्हाई में, कभी बरसात में, कभी...।

बढ़ते गये मुहब्बत में कदम,भूल गये हम जमाने की हर रस्म।
करती बंदगी में सज़दे उन्हें, मिलते रहें हम यूँ हर जनम।
भीगी रात में, मंजिलें पास में, कोई शिक़वा नहीं, सोये हम साथ में।
मुझे मेरे सनम याद आने लगे, मुझे मेरे सनम याद आने लगे।
कभी अँगड़ाई में, कभी तन्हाई में, कभी बरसात में, कभी...।

देखा उनको जब, आया दम में दम,
पाया उनको जब, खोये मस्ती में हम।
तन्हा दो बदन खुलकर मिले,
दुनियावालों के दिल क्यों जल पड़े?
प्यार ही प्यार में, हुई क्या ख़ता? न वो बेवफ़ा, न मैं बेवफ़ा।
मुझे मेरे सनम याद आने लगे, मुझे मेरे सनम याद आने लगे।
कभी अँगड़ाई में, कभी तन्हाई में, कभी बरसात में, कभी...।

कभी कभार थोड़ी-थोड़ी

कभी-कभार थोड़ी-थोड़ी पिया करता हूँ।
न इंतज़ार किसी का किया करता हूँ।
कभी कभार थोड़ी-थोड़ी पिया करता हूँ।

संग साथ में पीना, मुझको नहीं भाता।
तन्हाई में पीना, दिल को मेरे भाता।
न मैं लुढ़कता हूँ, आँगन-चौबारे में।
नग़में मैं गढ़ता हूँ, मस्ती के आने पे।
बेक़रारों का, हाल लिखता हूँ।
ख़त में जब उसके, नाम लिखता हूँ।
कभी-कभार चोरी-चोरी लिखा करता हूँ।
न इन्तजार किसी का किया करता हूँ।
कभी-कभार थोड़ी-थोड़ी पिया करता हूँ।

बेदर्द दुनिया, ये ताने मुझे देती।
बिन्दास होकर के जीने नहीं देती।
आग़ाज़ करता हूँ, आगे मैं बढ़ने का।
सोचा मैं करता हूँ, मुश्किल से लड़ने का।
लौटकर उसने, चाल बदली है।
रोककर मेरी, बाँह पकड़ी है।
कभी कभार ठण्डी-ठण्डी आहें भरता हूँ।
न इन्तजार किसी का किया करता हूँ।
कभी कभार थोड़ी-थोड़ी पिया करता हूँ।

तक़दीर में लिखा, अफ़सोस क्या करना?
नज़रें चुरायें वो, फिर बात क्या करना?
आजाद पंछी मैं, ठहरूँ कहाँ कल मैं?
डूबा मैं रहता हूँ, ग़म के सागर में।
न ही साथी की अब तमन्ना है।
तन्हा-तन्हा ही आगे चलना है।
कभी कभार गुस्ताख़ी किया करता हूँ।
न इन्तजार किसी का किया करता हूँ।
कभी-कभार, थोड़ी-थोड़ी पिया करता हूँ।

कभी मिलन कराता है, कभी जुदा...

कभी मिलन कराता है, कभी जुदा तू करता है।
बात मेरी समझ में न आई,
वाह रे दुनिया वाले, दुहाई है दुहाई।
कभी मिलन कराता है।

काहे बनाये माटी के पुतले, चन्दा सी सूरत, नज़ाकत के टुकड़े।
लाया कहाँ से जवानी का रेला, इंसा बना है कुछ दिन का छैला।
न ही हुकुम चलाता है, फिर भी जहाँ ये चलता है।
इन्साँ करता है पल-पल लड़ाई।
वाह रे दुनिया वाले दुहाई है दुहाई।
कभी मिलन कराता है।

फूलों जैसी बनाई है छमिया, गोरा बदन है कमसिन उमरिया।
हुए जवाँ हैं जवानी के शोले, मन का पंछी कुछ-कुछ बोले।
कैसी प्रेम तपस्या है? क्या गुनाह वो करता है?
सुबह से शाम होने को आई,
वाह रे दुनिया वाले दुहाई है दुहाई।
कभी मिलन कराता है।

बना दिये हैं बंधन जो तूने, फिर भी दाम लगाते हैं दूने।
लिये हैं खंजर बने बेदर्दी, बन्दा खड़ा है लिये कब से अर्जी?
न कोई जतन बताता है, कैसा न्याय तू करता है?
आग कैसी जो बुझने न पाई?
वाह रे दुनिया वाले, दुहाई है दुहाई।
कभी मिलन कराता है।

कभी सँभले, कभी बिखरे

कभी सँभले कभी बिखरे, नज़र आये हम।
यूँ ही हर मोड़ पर उलझे, नज़र आये हम।
कभी सँभले कभी बिखरे, नज़र आये हम।

मुमकिन नहीं ज़माना, हमको खरीद पाये।
जुर्रत थी क्या किसी की? इतना करीब आये।
कभी सुधरे कभी बिगड़े नज़र आये।
यूँ ही हर मोड़ पर, उलझे नज़र आये हम।
कभी सँभले कभी बिखरे, नज़र आये हम।

मत खोलो जाने जाँ, किस्मत की ये किताबें।
दुनिया है ये बेदर्दी, कब कौन सितम ढावे?
कभी फिसले कभी उठते, नज़र आये।
यूँ ही हर मोड़ पर, उलझे नज़र आये हम।
कभी सँभले कभी बिखरे, नज़र आये हम।

गर्दिश में हों सितारे, भला कौन साथ देगा?
साया भी एक दिन ये, मेरा साथ छोड़ देगा।
कभी घायल, कभी जख्मी नज़र आये।
यूँ ही हर मोड़ पर, उलझे नज़र आये हम।
कभी सँभले कभी बिखरे, नज़र आये हम।

खुशियाँ हैं चार दिन की, ग़म हैं उम्र भर के।
हमराही है सफ़र में, सब हैं नाम भर के।
कभी रोते, कभी हँसते, नज़र आये।
यूँ ही हर मोड़ पर, उलझे नज़र आये हम।
कभी सँभले कभी बिखरे, नज़र आये हम।

कलम से लिख नहीं सकता

कलम से लिख नहीं सकता, मुहब्बत के फ़साने को।
भुलाना है नहीं आसाँ, उल्फ़त के ज़माने को।
कलम से लिख नहीं सकता, मुहब्बत के फ़साने को।

मुहब्बत रंग लायेगी, कभी सोचा न समझा था।
फ़साना नाम का यह था, कभी दिल ये न तड़पा था।
यह दिल अब क्यों नहीं लगता? हुआ क्या है दीवाने को?
भुलाना है नहीं आसाँ, उल्फ़त के ज़माने को।
कलम से लिख नहीं सकता, मुहब्बत के फ़साने को।

तमन्ना फिर मचलती है, मुझे कुछ और पीने दो।
तड़पता यूँ नहीं छोड़ो, मुझे कुछ और जीने दो।
कसम से डिग नहीं सकता, रखा है तीर चलाने को।
भुलाना है नहीं आसाँ, उल्फ़त के ज़माने को।
कलम से लिख नहीं सकता, मुहब्बत के फ़साने को।

अगर पढ़ लेता मैं यारों, लिखा क्या इन लक़ीरों में?
छिपा लेता मैं पलकों में, रखा क्या इन ज़ख़ीरों में?
मैं उससे मिल नहीं सकता, भूला दूँ क्या याराने को?
भुलाना है नहीं आसाँ, उल्फ़त के ज़माने को।
कलम से लिख नहीं सकता, मुहब्बत के फ़साने को।

मुझे नज़दीक आने की सजा दी ऐसी हमदम ने।
ये कैसी आग सी उसने लगा दी मेरे तन-मन में?
कि पल भर टिक नहीं सकता, विदा कर दो दीवाने को।
भुलाना है नहीं आसाँ, उल्फ़त के ज़माने को।
कलम से लिख नहीं सकता, मुहब्बत के फ़साने को।

करने लगे हम तुमसे मुहब्बत

करने लगे हम तुमसे मुहब्बत, जाने क्या सोच के, जाने क्या..?
मिलने लगी तुमसे ये निग़ाहें, जाने क्या सोच के, जाने क्या...?
करने लगे हम तुमसे मुहब्बत, जाने क्या सोच के, जाने क्या..?

भीगा-भीगा मौसम सुहाना, लब पे तेरा ही फ़साना।
धरती-अम्बर मिल के झूमें, गाया किसने ये तराना?
करने लगे हम तुमसे शरारत, जाने क्या सोच के, जाने क्या..?
मिलने लगी तुमसे ये निग़ाहें, जाने क्या सोच के, जाने क्या...?
करने लगे हम, तुमसे मुहब्बत, जाने क्या सोच के, जाने क्या..?

काबू नहीं है अपने ही दिल पर,
शरमा गई मैं तुझसे मिलकर।
छेड़ेगा मुझको कर देगा बेकल,
चेहरे को आई चिलमन से ढ़ककर।
रुसवा हुई मैं तेरी बदौलत, जाने क्या सोच के, जाने क्या..?
मिलने लगी तुमसे ये निग़ाहें, जाने क्या सोच के, जाने क्या...?
करने लगे हम तुमसे मुहब्बत, जाने क्या सोच के, जाने क्या..?

तू है चंदा, मैं चकोरी, बाँध ले मुझसे जीवन डोरी।
तुझको चाहूँ ओ दीवाने, भीगी-भीगी पलकें मोरी।
करने लगे हम जग से बगावत, जाने क्या सोच के, जाने क्या..?
मिलने लगी तुमसे ये निग़ाहें, जाने क्या सोच के, जाने क्या...?
करने लगे हम तुमसे मुहब्बत, जाने क्या सोच के, जाने क्या..?

पंछी बनकर आ उड़ जायें, नील गगन पर घर बनायें।
खुशियों के पल बाँट लें आ, लम्हा-लम्हा झूमें गायें।
करने लगे हम तुम पर इनायत, जाने क्या सोच के, जाने क्या..?
मिलने लगी तुमसे ये निग़ाहें, जाने क्या सोच के, जाने क्या...?
करने लगे हम तुमसे मुहब्बत, जाने क्या सोच के, जाने क्या..?

करता हूँ मैं तुझसे प्यार, कैसे करूँ...

करता हूँ मैं तुझसे प्यार, कैसे करूँ ये क़रार।
न इतने नख़रे दिखा जाने जिगर पास आ।
न इतने नख़रे दिखा, जाने जिगर पास आ।
इश्क़ हुआ है पहली बार, दिल हुआ है बेकरार।
न इतने नख़रे दिखा, जाने-जिगर पास आ।
न इतने नख़रे दिखा जाने-जिगर पास आ।

गोरे-गोरे गालों वाली, दिल तूने है छीना।
न देखा है मैंने कोई, पहले ऐसा नगीना।
कजरारे तेरे नयनों ने डाले मुझ पर डोरे,
हरदम तुझको याद किया न छूटा दिन महीना।
करता हूँ मैं इन्तजार, कैसे करूँ ये क़रार?
न इतने नख़रे दिखा, जाने-जिगर पास आ।
न इतने नख़रे दिखा, जाने-जिगर पास आ।

बदरा जब-जब घिर-घिर आये, मनवा मेरा डोले।
ठण्डी-ठण्डी देख पवन को, झुमका हाले डोले।
कोमल-कोमल होंठ गुलाबी, छूने को दिल चाहे,
सज़दा कर कदमों में तेरे, दिल की सरगम बोले।
कर बैठा हूँ मैं ऐतबार, कैसे करूँ ये क़रार?
न इतने नख़रे दिखा, जाने-जिगर पास आ।
न इतने नख़रे दिखा, जाने-जिगर पास आ।

या रब मेरे ऐसा कर दे, जल्दी बजे शहनाई।
दिन तो यूँ भी कट जाता है, कटती नहीं तन्हाई।
सपनों में तुझको ही देखूँ, सच हो मेरा सपना,
जीवन भर ये संग न छूटे, कितनी हो रुसवाई?
करती तू हरदम तकरार, कैसे करूँ ये क़रार?
न इतने नख़रे दिखा, जाने-जिगर पास आ।
न इतने नख़रे दिखा, जाने-जिगर पास आ।

करते हैं तुमसे मुहब्बत

करते हैं तुमसे मुहब्बत, जो चाहे सजा दो।
थोड़ा तो करीब आओ, ऐसे तो न दगा दो।
करते हैं तुमसे मुहब्बत, जो चाहे सजा दो।

समझो मेरे इशारे, समझो मेरी मजबूरी।
दुनिया से भी ज्यादा, कई काम हैं जरूरी।
बैठे हैं पलकें बिछाये, जो चाहे सजा दो।
थोड़ा तो करीब आओ, ऐसे तो न दगा दो।
करते हैं तुमसे मुहब्बत, जो चाहे सजा दो।

बागों में महके गुंचे, भँवरों ने ली अँगड़ाई।
कलियों ने आँखें खोली, मौसम पे रंगत आई।
करते हैं तुमपे इनायत, जो चाहे सजा दो।
थोड़ा तो करीब आओ, ऐसे तो न दगा दो।
करते हैं तुमसे मुहब्बत, जो भी चाहे सजा दो।

बढ़ती जाती है धड़कन,नग़में गाती है हरदम।
चंचल-चंचल ये चितवन, आ पास आ, मेरे हमदम।
करते हैं तुमसे शिकायत, जो चाहे सजा दो।
थोड़ा तो करीब आओ, ऐसे तो न दगा दो।
करते हैं तुमसे मुहब्बत, जो चाहे सजा दो।

तुम प्यार करो या न भी, हम तो वफ़ा करते हैं।
इक़रार करो या न भी, तुम पे मरा करते हैं।
करते हैं कब से इबादत? जो चाहे सजा दो।
थोड़ा तो करीब आओ, ऐसे तो न दगा दो।
करते हैं तुमसे मुहब्बत, जो चाहे सजा दो।

कहाँ अब प्यार है यारों

कहाँ अब प्यार है यारों? कहाँ इक़रार की बातें?
सभी बस कर रहे यारों, फ़क़त व्यापार की बातें
कहाँ अब प्यार है यारों? कहाँ इक़रार की बातें?

हमें बरबाद होने का नहीं भी शौक था ऐसा।
जफ़ा करके रुलायेंगे, न था अन्दाज कुछ ऐसा।
रँगीला ख़्वाब हैं यारों, यहाँ ऐतबार की बातें।
सभी बस कर रहे यारों, फ़क़त व्यापार की बातें।
कहाँ अब प्यार है यारों? कहाँ इक़रार की बातें?

किसी की याद ऐसी है, हमें जीने नहीं देती।
ये जी चाहा कि मर जायें, मगर मरने नहीं देती।
कि बस इंतज़ार है यारों, यहाँ दीदार की बातें।
सभी बस कर रहे यारों, फ़क़त व्यापार की बातें।
कहाँ अब प्यार है यारों? कहाँ इक़रार की बातें?

ख़ुदा उनको समझा था, बिछायी हमने थी पलकें।
ग़मों की आग में जलकर, निभायी हमने थी कसमें।
ये तो बस आग है यारों, मचलते यार की बातें।
सभी बस कर रहे यारों, फ़क़त व्यापार की बातें।
कहाँ अब प्यार है यारों? कहाँ इक़रार की बातें?

जला शमा में परवाना, शमा भी रात भर रोई।
हुआ है खेल जिस्मों का, नहीं रोया यहाँ कोई।
नशीला जाम है यारों, मिलन-बिछोह की बातें।
सभी बस कर रहे यारों, फ़क़त व्यापार की बातें।
कहाँ अब प्यार है यारों? कहाँ इक़रार की बातें?

काली आई घिर के घटा

काली आई घिर के घटा, ठण्डी चली पुरबा हवा।
काली आई घिर के घटा, ठण्डी चली पुरबा हवा।
ऐसे मौसम में आ-जा पिया, ऐसे मौसम में आ-जा पिया।
काली आई घिर के घटा, ठण्डी चली पुरबा हवा।

रात का है समाँ, दिल मेरे बस में नहीं, क्या करूँ?
शमा भी बुझ गयी साथिया, किससे मैं दिल की कहूँ?
जाने कहाँ तू परदेसिया, अन्जाने में दिल दे दिया।
ऐसे मौसम में आ-जा पिया, ऐसे मौसम में आ-जा पिया।
काली आई घिर के घटा, ठण्डी चली पुरबा हवा।

हर घड़ी तेरी याद मैं तो करने लगी बन्दगी।
फ़ासले बढ़ गये क्यों भी होने लगी बेबसी?
गाने लगी मस्त फ़िज़ा, हो न जाये मुझसे ख़ता।
ऐसे मौसम में आ-जा पिया, ऐसे मौसम में आ-जा पिया।
काली आई घिर के घटा, ठण्डी चली पुरबा हवा।

बेसबब ज़िंदगी बन गयी उलझनों की डगर।
रातें क़ाफ़िर हुईं, अब होती नहीं सहर।
काम आती नहीं कोई दवा, जाने क्या मुझको हुआ?
ऐसे मौसम में आ-जा पिया, ऐसे मौसम में आ-जा पिया।
काली आई घिर के घटा, ठण्डी चली पुरबा हवा।

सामने आ ज़रा कह भी दे, मुझसे है कोई ग़िला।
मैं नहीं बेवफ़ा, लौट आ दे भी दे कोई सिला।
ऐसी तू दे-दे सजा, बन जाये मेरी क़ज़ा।
ऐसे मौसम में आ-जा पिया, ऐसे मौसम में आ-जा पिया।
काली आई घिर के घटा, ठण्डी चली पुरबा हवा।

कारे-कारे नैनों में कजरा

कारे-कारे नैनों में कजरा, भीगे-भीगे होंठों पे लाली।
हर बात तेरी सबसे जुदा, क्यों न बनूँ मैं तेरा सवाली।
कारे-कारे नैनों में कजरा, भीगे-भीगे होंठों पे लाली।

चिलमन से काहे मुखड़ा छिपाये, दीदार करने तो दे।
सज़दे में तेरे बैठा ये शायर, कुछ आज लिखने तो दे।
महकी-महकी तेरी हैं साँसें, दिल में जगह तूने बना ली।
हर बात तेरी सबसे जुदा, क्यों न बनूँ मैं तेरा सवाली?
कारे-कारे नैनों में कजरा, भीगे-भीगे होंठों पे लाली।

गलियों में अपने किस्से जवाँ हैं, बिगड़े ज़माना तो क्या?
पलकों में तुझको मैंने छिपाया, दिलबर ए-जानेजाँ।
पल-पल बढ़ती जाती है धड़कन, संग गर तू अपनी दिवाली।
हर बात तेरी सबसे जुदा, क्यों न बनूँ मैं तेरा सवाली?
कारे-कारे नैनों में कजरा, भीगे-भीगे होंठों पे लाली।

मदिरा लबों की मुझको पिला दे, चैन मुझको आता नहीं।
सपना है तू या कोई हक़ीक़त, नींद मुझको आती नहीं।
होले-होले कानों में कह दे, कैसी मैंने ये शमा जला ली?
हर बात तेरी सबसे जुदा, क्यों न बनूँ मैं तेरा सवाली?
कारे-कारे नैनों में कजरा, भीगे-भीगे होंठों पे लाली।

कैसे ये वादे? कैसी ये रस्में? इंतज़ार होता नहीं।
कैसी बुरी ये दिल की लगी? दिल आज लगता नहीं।
लड़की तू शोला या शबनम, झूमे तेरे कानों की बाली।
हर बात तेरी सबसे जुदा, क्यों न बनूँ मैं तेरा सवाली?
कारे-कारे नैनों में कजरा, भीगे-भीगे होंठों पे लाली।

कि मैं हूँ चाँद का टुकड़ा

कि मैं हूँ चाँद का टुकड़ा, आहिस्ता से ग़ज़ल पढ़ना।
मैं तेरे प्यार का साहिल, आहिस्ता से ग़ज़ल पढ़ना।
कि मैं हूँ चाँद का टुकड़ा, आहिस्ता से ग़ज़ल पढ़ना।

मैं आहें भरती हूँ जुबाँ पर, नाम तेरा आ ही जाता है।
दीवानी मैं हुई जाती नशा कुछ, जाम जैसा छा ही जाता है।
हूँ तेरे ख़्वाब की मल्लिका, आहिस्ता से ग़ज़ल पढ़ना।
मैं तेरे प्यार का साहिल, आहिस्ता से ग़ज़ल पढ़ना।
कि मैं हूँ चाँद का टुकड़ा, आहिस्ता से ग़ज़ल पढ़ना।

फ़साना कुछ भी हो पटल पर, नाम तेरा रोज पढ़ती हूँ।
इशारा कुछ भी कर, सलामत तू रहे, दुआयें करती हूँ।
कि मैं हूँ झूमती नदिया, आहिस्ता से ग़ज़ल पढ़ना।
मैं तेरे प्यार का साहिल, आहिस्ता से ग़ज़ल पढ़ना।
कि मैं हूँ चाँद का टुकड़ा, आहिस्ता से ग़ज़ल पढ़ना।

लगन तेरी लागी, ख़ुदा ने हुस्न दे उतारा है धरती पर,
रँगीले रंग देकर रे रब ने, मुझको सँवारा है हँस-हँस कर,
मिलाना अदब से अँखियाँ, आहिस्ता से ग़ज़ल पढ़ना।
मैं तेरे प्यार का साहिल, आहिस्ता से ग़ज़ल पढ़ना।
कि मैं हूँ चाँद का टुकड़ा, आहिस्ता से ग़ज़ल पढ़ना।

अभी है चिंगारी, मगर यह एक दिन शोला बन जानी है।
आई ऋतु मस्तानी मगर, यह सुरमई शाम ढल जानी है।
कि मैं हूँ बाग की चिड़िया, आहिस्ता से ग़ज़ल पढ़ना।
मैं तेरे प्यार का साहिल, आहिस्ता से ग़ज़ल पढ़ना।
कि मैं हूँ चाँद का टुकड़ा, आहिस्ता से ग़ज़ल पढ़ना।

किस तरह दिल बहलाऊँ मैं

किस तरह दिल बहलाऊँ मैं?
हमराज मेरे हमदम, हमराज मेरे हमदम।
मुझे रोज-रोज तड़पाते हो।
मुझे प्यार करो हमदम, मुझे प्यार करो हमदम।
किस तरह दिल बहलाऊँ मैं? हमराज मेरे हमदम, हमराज...।

ये दिल तुम्हारा है, अरमाँ है मुहब्बत का।
ये जान तुम्हारी है, किस्सा है उल्फ़त का।
कहते हुए भी शरमाऊँ मैं, हमराज मेरे हमदम, हमराज...।
मुझे रोज-रोज तड़पाते हो, मुझे प्यार करो हमदम, मुझे...।
किस तरह दिल बहलाऊँ? मैं हमराज मेरे हमदम,हमराज...।

बेवज़ह दीवाने यूँ, तक़रार नहीं करते।
करते हैं शरारत पर, इन्कार नहीं करते।
हर लम्हा ही घबराऊँ मैं, हमराज मेरे हमदम, हमराज मेरे...।
मुझे रोज-रोज तड़पाते हो, मुझे प्यार करो हमदम, मुझे...।
किस तरह दिल बहलाऊँ मैं? हमराज मेरे हमदम, हमराज...।

अंजाम से क्या डरना? अंगारों पर चल देंगे।
हाल-ए-दिल हम अपना, अफ़साने में लिख देंगे।
चिलमन से ही मुस्काऊँ मैं, हमराज मेरे हमदम, हमराज मेरे...।
मुझे रोज-रोज तड़पाते हो, मुझे प्यार करो हमदम, मुझे...।
किस तरह दिल बहलाऊँ मैं, हमराज मेरे हमदम, हमराज...।

वादा जो किया तुमसे, मुझे याद अभी तक है।
जहाँ झुकता आसमाँ है, मेरा प्यार वहीं तक है।
किस तरह ये समझाऊँ मैं, हमराज मेरे हमदम, हमराज...।
मुझे रोज-रोज तड़पाते हो, मुझे प्यार करो हमदम, मुझे...।
किस तरह दिल बहलाऊँ मैं? हमराज मेरे हमदम, हमराज...।

किसके लिये बना रहा महल दुमहले

किसके लिये बना रहा, महल दुमहले ये तो बता-2
ये तो बता...ये तो बता...ये तो बता...ये तो बता...।
किसके लिये बचा रहा ये सब ज़ख़ीरे, ये तो बता?
ये तो बता...ये तो बता...ये तो बता...ये तो बता...।

कुछ दिन है ज़िंदगानी, साथ तेरे न कोई चलेगा-2
अपना ही खून तुझको, रह-रह के हमेशा ठगेगा।
मतलब का ये इंसा करेगा भी क्या?
मतलब का ये इंसा करेगा भी क्या?
वक़्त बदला है तुझको मिलेगा भी क्या?
भगवान है न अल्लाह कहीं, नानक है न ईसा कहीं।
किसके लिये बजा रहा ढोलक मंजीरे, ये तो बता?
किसके लिये बना रहा महल दुमहले, ये तो बता?

गुजरे हैं जो ज़माने, आयेंगे न कभी दुबारा-2
दुःख का पहाड़, बन के टूटा है कोई सितारा।
कर रहा है मानव नादानियाँ।
कर रहा है मानव नादानियाँ।
बढ़ रही हैं दनादन परेशानियाँ।
कैसी भी ये रस्सा-कसी, किस नाग ने जानें डसी?
किसको तू सुना रहा, नागिन-लहरे, ये तो बता?
किसके लिये बना रहा, महल-दुमहले ये तो बता?

लड़नी है जंग सबको, राजा हो या वो भिखारी-2
कश्ती फँसी भँवर में, अब जाने की कर तैयारी।
याद कर ले जिसे प्यार करता है तू।
याद कर ले जिसे प्यार करता है तू।
अरे! ख़ुद पर बड़ा नाज़ करता है तू।
दस्तूर है मौका भी है, मजबूर तू, क्या सोचा भी है?
किसके लिये सजा रहा मय के प्याले, ये तो बता?
किसके लिये बना रहा महल दुमहले, ये तो बता?

कितना दिलकश फ़साना तेरा और मेरा?

कितना दिलकश, फ़साना तेरा और मेरा?
पर ज़माना ये पल-पल बदलता गया।
जब-जब तूने ली हैं अँगड़ाईयाँ, संगेमरमर बदन निखरता गया।
कितना दिलकश, फ़साना तेरा और मेरा...?

हर फ़िज़ा देख हमको हँसने लगी, हर कली देख हमको खिलने लगी।
कैसा उड़ने लगे बादलों की तरह? परियाँ देख हमको जलने लगी।
उम्र भर का याराना तेरा और मेरा, हर लम्हा खुशी से उछलता गया।
जब-जब तूने ली हैं अँगड़ाईयाँ, संगेमरमर बदन निखरता...।
कितना दिलकश फ़साना तेरा और मेरा...?

बोल तेरे कि ताज़ा कोई हो ग़ज़ल, लब तेरे रसीले हों जैसे कमल।
तेरे कदमों की आहट से जागा हूँ मैं, तेरे कदमों पर कैसे करूँ न अमल?
हुई मुद्दत बेगाना दिल था मेरा, हर निशाना निशाने पर लगता गया।
जब-जब तूने ली हैं अँगड़ाईयाँ, संगेमरमर बदन निखरता...।
कितना दिलकश फ़साना तेरा और मेरा...?

दुनिया ने किये हम पे लाखों सितम, पर मुहब्बत हमारी नहीं हुई यार कम।
खुश्बूऐं प्यार की बिखरने लगी, जब मिला साथ तेरा फिर क्या ग़म?
रंगे उल्फ़त फ़ज़ाँ में ये किसने भरा? पलकों में ये अक्ष उलझता गया।
जब जब तूने ली हैं अँगड़ाईयाँ, संगेमरमर बदन निखरता...।
कितना दिलकश फ़साना तेरा और मेरा...?

खो गये एक दूजे की बाहों में हम, डूब गये एक दूजे की यादों में हम।
कुछ ऐसा अनोखा संगम हुआ, खो गये एक दूजे की साँसों में हम।
मुस्कुराता चिलमन सा चेहरा तेरा, रफ़्ता-रफ़्ता हर पर्दा हटता गया।
जब-जब तूने ली हैं अँगड़ाइयाँ, संगेमरमर बदन निखरता...।
कितना दिलकश फ़साना तेरा और मेरा...?

कितनी हसीन रात है

कितनी हँसीन रात है? फुरसत निकालिये।
होश हम गँवाये बैठे हैं, आकर सँभालिये।
कितनी हँसीन रात है? फुरसत निकालिये।

शबनम से गोरे गालों को, आकर के चूम लो।
शबनम से गोरे गालों को, आकर के चूम लो।
घटा से बिखरे बालों को, छू कर के देख लो।
आता नहीं है प्यार गर, कुछ हमसे सीख लो।
क्यों बेवज़ह आपने, शिकवे बना लिये?
होश हम गँवाये बैठे हैं, आकर सँभालिये।
कितनी हँसीन रात है? फुरसत निकालिये।

फूलों की खुश्बुओं सा है, महका मेरा बदन।
फूलों की खुश्बुओं सा है, महका मेरा बदन।
गुलशन की तितलियों सा है, आँचल मेरा मगन।
सदियों सा इन्तज़ार है, कैसा तेरा चलन?
कैसा भी ये रिवाज़ है? यूँ ही न टालिये।
होश हम गँवाये बैठे हैं, आकर सँभालिये।
कितनी हँसीन रात है? फुरसत निकालिये।

मौक़े हँसीन मिलते हैं, किस्मत से जानेमन।
मौक़े हँसीन मिलते हैं, किस्मत से जानेमन।
दिल दो दीवाने मिलते हैं, हिक़मत से जानेमन।
दिल की किताब पढ़ते हैं, तन्हा ही जानेमन।
हमने तो अरमाँ आपके, दिल में सजा लिये।
होश हम गँवाये बैठे हैं, आकर सँभालिये।
कितनी हँसीन रात है? फुरसत निकालिये।

कितनी सुन्दर है? कितनी दिलकश है?

कितनी सुन्दर है? कितनी दिलकश है? जानेमन-जानेमन।
कितनी कमसिन है? कितनी नादाँ है? जानेमन-जानेमन।
कितनी सुन्दर है? कितनी दिलकश है? जानेमन-जानेमन।

गोरे-गोरे गाल गुलाबी, उस पर काला तिल।
कारे-कारे नैन शराबी, दीवानी महफ़िल।
अंग कस्तूरी जैसे होंठों पर सरगम,
एक बार तुझको जो देखे, जीना हो मुश्किल।
खुशियों से भरा दामन हो, जानेमन-जानेमन।
कितनी कमसिन है? कितनी नादाँ है? जानेमन-जानेमन।
कितनी सुन्दर है? कितनी दिलकश है? जानेमन-जानेमन।

चमके भी उसका सितारा, जिस पर तू एहसान करे।
हीरे जैसी तेरी जवानी, हर कोई अरमान करे।
कहता मैं तुझको अंगूरी, उफ! क्या तेरे गाल ग़ज़ब?
कमरिया ले हिचकोले, उस पर तेरी चाल अज़ब।
दिल की धड़कन में तू बसती है, जानेमन-जानेमन।
कितनी कमसिन है? कितनी नादाँ है? जानेमन-जानेमन।
कितनी सुन्दर है? कितनी दिलकश है? जानेमन-जानेमन।

चलता-फिरता ताज़महल तू, जो देखे हैरान हो।
कुर्ती ने क़माल किया है, मलमल की कोई खान हो।
गलियों का मैं बन्जारा, महलों की शहजादी तू।
मैं हूँ सबकी आँख का तारा, अलबेली दीवानी तू।
धड़के मेरा दिल, कैसी मुश्किल? जानेमन-जानेमन।
कितनी कमसिन है? कितनी नादाँ है? जानेमन-जानेमन।
कितनी सुन्दर है? कितनी दिलकश है? जानेमन-जानेमन।

कितने जतन से मनाया तुझे

कितने जतन से मनाया तुझे~हरदम ही दिल से लगाया तुझे
फिर भी तूने तोड़ा दिलक्या सोच केक्या सोच के
कितने जतन से मनाया तुझे~हरदम ही दिल से लगाया तुझे

सारी बस्ती में,रुसबा मैं तो हुआ
तेरे जलवों से,आहत मैं तो हुआ
बातों-बातों में,मुझसे झगड़ने लगी,तेरे नखरे,परेशां मैं तो हुआ
जन्नत का सपना दिखाकर मुझे,वादा किया जो निभाया उसे
फिर भी तूने तोड़ा दिलक्या सोच केक्या सोच के
कितने जतन से मनाया तुझे~हरदम ही दिल से लगाया तुझे

लब तेरे दहकते अंगारे सनम,नैन तेरे चमकते सितारे सनम
गेसूओं की घटायें मचलने लगी,होंठ तेरे मय के पैमाने सनम
बालों में गजरा सजाया कभी,सांसों में अपनी समाया कभी
फिर भी तूने तोड़ा दिलक्या सोच केक्या सोच के
कितने जतन से मनाया तुझे~हरदम ही दिल से लगाया तुझे

तू करती रही सदा दिल्लगी,तड़पाती रही मुझे दिल लगी
बाहों में मेरी तूने पायी पनाह, यूँही करता रहा मैं बंदगी
तूने ही जब-तब बुलाया मुझे,पाठ ये उल्फ़त सिखाया मुझे
फिर भी तूने तोड़ा दिलक्या सोच केक्या सोच के
कितने जतन से मनाया तुझे~हरदम ही दिल से लगाया तुझे

अपना ले मुझे या ठुकरा दे तू-शूली पर कोई चढ़वा दे तू
दीवाना तेरा हूँ डर क्या मुझे-दीवारों में चिनवा दे तू
जन्मों के बंधन में, बांधा मुझे
पलकों की चिलमन, सहेजा मुझे
फिर भी तूने तोड़ा दिलक्या सोच केक्या सोच के
कितने जतन से मनाया तुझे~हरदम ही दिल से लगाया तुझे

कुछ मुझे तुमसे कहना है, बोलो कहूँ

कुछ मुझे तुमसे कहना है, बोलो कहूँ, या न।
दिल में अब तेरे रहना है, कैसे कहूँ? जानूँ न।
कुछ मुझे तुमसे कहना है, बोलो कहूँ, या न।

क्या होता है जब मिलते हैं तन्हा-तन्हा रातों में।
बहलाता है दिल क्या कोई मीठी-मीठी बातों में।
देखा मैंने एक सपना, सच होगा भी या न।
दिल में अब तेरे रहना है, कैसे कहूँ? जानूँ न।
कुछ मुझे तुमसे कहना है, बोलो कहूँ, या न।

असली क्या है? नकली क्या? इसकी मुझे पहचान नहीं।
जैसा भी है, तू अच्छा है, तुझ जैसा इन्सान नहीं।
तेरे कदमों संग चलना है, बोलो चलूँ या न।
दिल में अब तेरे रहना है, कैसे कहूँ? जानूँ न।
कुछ मुझे तुमसे कहना है, बोलो कहूँ, या न।

जी करता है आकर कोई, छू ले मेरे गालों को।
तन भी चूमें मन भी चूमें, चूमें मेरे शानों को।
सुन्दर मुझको दिखना है, बोलो दिखूँ या न।
दिल में अब तेरे रहना है, कैसे कहूँ? जानूँ न।
कुछ मुझे तुमसे कहना है, बोलो कहूँ, या न।

मुझको अपने रंग में रंग ले, सजनी मैं साजन तू।
चलती-फिरती मैं बदरिया, रंगीला है साजन तू।
तेरे लिये ही है सजना, बोलो सजूँ या ना।
दिल में अब तेरे रहना है, कैसे कहूँ? जानूँ न।
कुछ मुझे तुमसे कहना है, बोलो कहूँ, या न।
दिल में अब तेरे रहना है, कैसे कहूँ जानूँ न।
कुछ मुझे तुमसे कहना है, बोलो कहूँ या न।

कैसी चली हवा मेरे यार, न है चैन, न क़रार

कैसी चली हवा मेरे यार? न है चैन, न क़रार, दिल है बेक़रार।
लिखूँ तुझे, मैं क्या पैग़ाम? है ये कैसा ख़ुमार? बस तेरा इन्तजार।
कैसी चली, हवा मेरे यार? न है चैन, न क़रार, दिल है बेक़रार।

रातों को नींद न आये, तू ही तू याद आये।
सदियों से लम्बी तन्हाई, दीवाना दिल क्या गाये?
कैसे कटे, जवानी यार? न है चैन न क़रार, दुश्मन हुई बहार।
लिखूँ तुझे मैं क्या पैग़ाम? है ये कैसा ख़ुमार? बस तेरा इन्तजार।
कैसी चली, हवा मेरे यार? न है चैन, न क़रार, दिल है बेक़रार।

गलियाँ हैं मेरी सूनी, कलियाँ भी मुझसे रूठी।
कोई डगर न कोई मंजिल, लड़ियाँ रिश्तों की टूटी।
गयी दुआ मेरी बेकार, न है चैन न करार, मुश्किल है बार-बार।
लिखूँ तुझे मैं क्या पैग़ाम? है ये कैसा ख़ुमार? बस तेरा इन्तजार।
कैसी चली, हवा मेरे यार? न है चैन, न क़रार, दिल है बेक़रार।

उल्फ़त में ऐसा नज़ारा, देखा न सुना दुबारा।
डूबी है इश्क़ की क़श्ती, जब सामने आया किनारा।
किया किसी से है इक़रार, न है चैन न करार, मैं रोया ज़ार-2
लिखूँ तुझे मैं क्या पैग़ाम? है ये कैसा ख़ुमार? बस तेरा इन्तजार।
कैसी चली, हवा मेरे यार? न है चैन, न क़रार, दिल है बेक़रार।

लिखा दिल पर नाम उसी के, नहीं थे मेरे पाँव ज़मीं पे।
कैसे ये गिनती करूँ भी? दिन कितने याद में बीते?
कैसी रँगी फ़िज़ाँ मेरे यार, न है चैन, न क़रार, बस तुझसे प्यार।
लिखूँ तुझे मैं क्या पैग़ाम? है ये कैसा ख़ुमार? बस तेरा इन्तजार।
कैसी चली, हवा मेरे यार? न है चैन, न क़रार, दिल है बेक़रार।

कैसे चूमूँ मैं तेरे गालों को

कैसे चूमूँ मैं तेरे गालों को? इज़ाज़त ही नहीं देती।
कैसे छुऊँ मैं तेरे यौवन को? नज़ाक़त ही तेरी ऐसी।
कैसे चूमूँ मैं तेरे गालों को? इज़ाज़त ही नहीं देती।

कंगना तेरा खन-खन बोले, पायलिया मुस्काये।
आये जब-जब पवन झकोरा, चुनर उड़-उड़ जाये।
कैसे चूमूँ मैं तेरे अधरों को? इज़ाज़त ही नहीं देती।
कैसे छुऊँ मैं तेरे यौवन को? नज़ाक़त ही तेरी ऐसी।
कैसे चूमूँ मैं तेरे गालों को? इज़ाज़त ही नहीं देती।

करता है दिल धक-धक, ऋतु आयी मस्तानी।
नींद चुराये चैन न आये, कैसी है यह जवानी?
कैसे समझूँ तेरी बातों को? इज़ाज़त ही नहीं देती।
कैसे छुऊँ मैं तेरे यौवन को? नज़ाक़त ही तेरी ऐसी।
कैसे चूमूँ मैं तेरे गालों को? इज़ाज़त ही नहीं देती।

कैसे कह दूँ चंद लफ़्जों में प्यार का अफ़साना?
यूँ ही कहीं जल न जाये, शमा में परवाना।
कैसे रोकूँ मैं अपनी धड़कन को, इज़ाज़त ही नहीं देती।
कैसे छुऊँ मैं तेरे यौवन को? नज़ाक़त ही तेरी ऐसी।
कैसे चूमूँ मैं तेरे गालों को? इज़ाज़त ही नहीं देती।

सदियाँ बीती तू न माने, हम-तुम हैं अन्जाने।
पास-पास आ गये हैं इतने, फिर भी हैं बेगाने।
कैसे चूमूँ मैं तेरे इस दिल को? इज़ाज़त ही नहीं देती।
कैसे छुऊँ मैं तेरे यौवन को? नज़ाक़त ही तेरी ऐसी।
कैसे चूमूँ मैं तेरे गालों को? इज़ाज़त ही नहीं देती।

कैसे तुझसे बात करूँ? मैं लम्हा-लम्हा

कैसे तुझसे बात करूँ मैं~लम्हा-लम्हा तन्हाई
ठण्डी-ठण्डी आहें भरूँ मैं~ज़ालिम हुई अंगड़ाई
कैसे तुझसे बात करूँ मैं~लम्हा-लम्हा तन्हाई

ज़िंदगी किस मोड़ पर आयी~चैन न दिल को करार
झूठा है हर प्यार का सपना~एक तेरा ही इन्तजार
कैसे नज़रें चार करूं मैं~पतझड़ सी हर ऋतु आई
ठण्डी-ठण्डी आहें भरूं मैं~ज़ालिम हुई अंगड़ाई
कैसे तुझसे बात करूँ मैं~लम्हा-लम्हा तन्हाई

क्यों भी की तुझसे मुहब्बत~बेवज़ह दिल दे दिया
बढ़ती जाती दिल की धड़कन~ग़म ये कैसा ले लिया
किसको ये पैग़ाम लिखूँ मैं~जीने न दे रुसबाई
ठण्डी-ठण्डी आहें भरूँ मैं~ज़ालिम हुई अंगड़ाई
कैसे तुझसे बात करूँ मैं~लम्हा-लम्हा तन्हाई

जो किये तुमने वो वादे~इम्तहां मेरा बन गये
गुम हुई सागर में क़श्ती~रास्ते सब गुम गये
कैसे फिर आग़ाज़ करूं मैं~साया है न परछाई
ठण्डी-ठण्डी आहें भरूं मैं~ज़ालिम हुई अंगड़ाई
कैसे तुझसे बात करूँ मैं~लम्हा-लम्हा तन्हाई

प्रीत का ये कच्चा धागा~बन गया जंजीर से ज्यादा
कैसे भी इसे तोड़ के भागे~फंस गया इसमें हर राजा
कैसे अब ऐतवार करूं मैं~आगे कहते घबराई
ठण्डी-ठण्डी आहें भरूँ मैं~ज़ालिम हुई अंगड़ाई
कैसे तुझसे बात करूँ मैं~लम्हा-लम्हा तन्हाई

कोई ग़ज़ल सुनाकर क्या करना

कोई ग़ज़ल सुनाकर क्या करना? यूँ बात बढ़ाकर क्या करना?
तुम मेरे थे और मेरे हो, यह और जताकर क्या करना?
कोई ग़ज़ल सुनाकर क्या करना? यूँ बात बढ़ाकर क्या करना?

चिंगारी है चिंगारी एक दिन शोला बनना ही है।
मचल रहा गहरा सागर, नदिया को मिलना ही है।
कोई क़सम उठाकर क्या करना? यूँ सामने आकर क्या करना?
तुम मेरे थे और मेरे हो, यह और जताकर क्या करना?
कोई ग़ज़ल सुनाकर क्या करना? यूँ बात बढ़ाकर क्या करना?

अफ़साने हैं अफ़साने अपने कभी-कभी बेगाने।
जाने भी ये अन्जाने, इनकी हक़ीक़त रब जाने।
कोई सबक सिखाकर क्या करना? यूँ बीच में आकर क्या करना?
तुम मेरे थे और मेरे हो, यह और जताकर क्या करना?
कोई ग़ज़ल सुनाकर क्या करना? यूँ बात बढ़ाकर क्या करना?

ऋतु गाती है मतवाली, तन्हा जवाँ दिल कैसे रहेंगे?
एक डाल के हम दो पंछी, मिल के सदा ग़म सहते रहेंगे।
उड़ पतंग चली तो क्या करना? यूँ जहाँ जले अब क्या करना?
तुम मेरे थे और मेरे हो, यह और जताकर क्या करना?
कोई ग़ज़ल सुनाकर क्या करना? यूँ बात बढ़ाकर क्या करना?

मुस्काई बागों में कलियाँ, गुन-गुन भँवरे छेड़ें तराने।
मदमाती चिड़ियों की जवानी, यूँ ही आयें और ज़माने।
कोई रस्म निभाकर क्या करना? यूँ जाल बिछाकर क्या करना?
तुम मेरे थे और मेरे हो, यह और जताकर क्या करना?
कोई ग़ज़ल सुनाकर क्या करना? यूँ बात बढ़ाकर क्या करना?

कोरी दिल की किताब है

कोरी दिल की किताब है, कोई पन्ना तो लिखूँ।
चिलमन तो ज़रा उठा, तुझे सज़दा तो करूँ।
कोरी दिल की किताब है, कोई पन्ना तो लिखूँ।

चलते-चलते थक गया, लम्हा-लम्हा लुट गया।
चली आँधी रेत की, बहता दरिया रुक गया।
दिलक़श तू गुलाब है, कोई लम्हा तो लिखूँ।
चिलमन तो ज़रा उठा, तुझे सज़दा तो करूँ।
कोरी दिल की किताब है, कोई पन्ना तो लिखूँ।

संगी साथी गुम गये, तारे जैसे छिप गये।
करते करतब पंछी एकदम कैसे चुप गये?
चुप अम्बर विशाल है, कोई फ़लसफ़ा लिखूँ।
चिलमन तो ज़रा उठा, तुझे सज़दा तो करूँ।
कोरी दिल की किताब है, कोई पन्ना तो लिखूँ।

टूटी जाती दोस्ती, धुँधली हुई है रस्म।
मची कैसी खलबली, पगली हुई पवन?
माना तू जो भी पास है, फिर तन्हा क्यों लिखूँ?
चिलमन तो ज़रा उठा, तुझे सज़दा तो करूँ।
कोरी दिल की किताब है, कोई पन्ना तो लिखूँ।

कैसी होगी कल सहर पीना पड़ता है ज़हर?
चुभते हैं शूल से कैसा बरसा है क़हर?
मुश्किल हर जवाब है, कोई किस्सा तो लिखूँ।
चिलमन तो ज़रा उठा, तुझे सज़दा तो करूँ।
कोरी दिल की किताब है, कोई पन्ना तो लिखूँ।

कौन रोता है किसी की ख़ातिर

कौन रोता है किसी की ख़ातिर जानम?
हर कोई अपने हुनर में माहिर जानम।
कौन रोता है किसी के ख़ातिर जानम?

दवा के नाम ज़हर देते हैं अपने ही लोग।
छोड़ दामन को चले हैं कितने ही लोग।
कौन बनता है किसी का साहिल जानम?
हर कोई अपने हुनर में माहिर जानम।
कौन रोता है किसी के ख़ातिर जानम?

हर हँसीं ख़्वाब तमन्ना से जुड़ा होता है।
लम्हा-लम्हा वही गर्दिश में घिरा होता है।
कौन होता है किसी का आखिर जानम?
हर कोई अपने हुनर में माहिर जानम।
कौन रोता है किसी के ख़ातिर जानम?

कैसे बेवक़्त ज़माने से जुदा हो जाऊँ?
इतना मग़रूर नहीं मैं ख़ुदा हो जाऊँ।
मेरी हर बात ज़माने को ज़ाहिर जानम।
हर कोई अपने हुनर में माहिर जानम।
कौन रोता है किसी के ख़ातिर जानम?

एक जंजीर सी पैरों में पड़ी दिखती है।
मेरी तक़दीर औरों से अलग लगती है।
कौन बनता है खुशी से शातिर जानम?
हर कोई अपने हुनर में माहिर जानम।
कौन रोता है किसी के ख़ातिर जानम?

ख़ामोख़्वाह दिल को बेक़रार

ख़ामोख़्वाह दिल को बेक़रार किया है मैंने।
बेवजह क्यों तेरा ऐतबार किया है मैंने?
ख़ामोख़्वाह दिल को बेक़रार...।

न ही ग़म थे न ही शिक़वे न ही था इम्तहाँ कोई।
चलता फिरता अपनी धुन में न ही इन्तहा कोई।
छोड़ जग किसका इन्तख़ाब किया है मैंने?
बेवजह क्यों तेरा ऐतबार किया है मैंने?
ख़ामोख़्वाह दिल को बेक़रार...।

साथ रहते संगी साथी जुदा थी अपनी डगर।
गले मिलते हँसते-गाते नहीं था ऐसा क़हर।
जाने क्यों ग़म से ही क़रार किया है मैंने?
बेवजह क्यों तेरा ऐतबार किया है मैंने?
ख़ामोख़्वाह दिल को बेक़रार...।

क़समें वादे किये मुझसे, जनम-जनम के लिये।
लिये अरमाँ फिर रहा हूँ इस जिगर में प्रिये।
फिर भी तुझसे ही क्यों ये प्यार किया है मैंने?
बेवजह क्यों तेरा ऐतबार किया है मैंने?
ख़ामोख़्वाह दिल को बेक़रार...।

ले न डूबे कहीं मुझको सनम तेरे ये सितम।
घड़ी भर चैन नहीं मिलता कि तोड़ दूँ ये भरम।
क्यों भला भी ख़ुद को बेज़ार किया है मैंने?
बेवजह क्यों तेरा ऐतबार किया है मैंने?
ख़ामोख़्वाह दिल को बेक़रार...।

खुशियाँ देकर ग़म लिये हैं

खुशियाँ देकर ग़म लिये हैं, देखिए तो सही।
दिल में कैसी जंग लिये हैं? देखिए तो सही।
खुशियाँ देकर ग़म लिये हैं, देखिए तो सही।

ज़िंदगी में बैठे-बैठे काम ऐसे कर गये हैं।
बेख़ुदी में हम यारों चाल ऐसी चल गये हैं।
हम भी कैसी मय पिये हैं? देखिए तो सही।
दिल में कैसी जंग लिये हैं? देखिए तो सही।
खुशियाँ देकर ग़म लिये हैं, देखिए तो सही।

हम मिले थे जिस जगह, हैं अभी भी वो निशाँ।
रूठते थे बेवजह तुम, है जवाँ वो दास्ताँ।
अँखियाँ अब भी नम किये हैं, देखिए तो सही।
दिल में कैसी जंग लिये हैं? देखिए तो सही।
खुशियाँ देकर ग़म लिये हैं, देखिए तो सही।

आज तन्हा हम हुए गर वो भी चैन न पा सके।
दूर उनसे न हुए हम वो भी पास न आ सके।
ज़ख़्म लेकर हम जिए हैं, देखिए तो सही।
दिल में कैसी जंग लिये हैं? देखिए तो सही।
खुशियाँ देकर ग़म लिये हैं, देखिए तो सही।

मुद्दतों की प्यास हमदम आस बनकर रह गयी।
चिलमनों की चाह हरदम चाह बनकर रह गयी।
तितलियों के संग जिये हैं, देखिए तो सही।
दिल में कैसी जंग लिये हैं? देखिए तो सही।
खुशियाँ देकर ग़म लिये हैं, देखिए तो सही।

लब तेरे ज़रा जो मैंने छुए

लब तेरे ज़रा जो मैंने छुए, समझो कि क़यामत हो गयी।
नज़रों से नज़रें मिल गयी, बेवज़ह शरारत हो गयी।
लब तेरे ज़रा जो मैंने छुए, समझो कि क़यामत हो गयी।

लुट गया मैं लुट गया, तेरा चाँद सा मुखड़ा देखकर।
शायरी करने लगा, तेरी जुल्फ घनेरी मैं देखकर।
जल उठे बुझते दीये, समझो कि क़यामत हो गयी।
नज़रों से नज़रें मिल गयी, बेवज़ह शरारत हो गयी।
लब तेरे ज़रा जो मैंने छुए, समझो कि क़यामत हो गयी।

सिलसिले ऐसे चले, अब चैन है न सुकून है।
होश अपने मैं खो चुका, बस तेरा ही जुनून है।
अंग तेरे ज़रा जो मैंने छुए, समझो कि क़यामत हो गयी।
नज़रों से नज़रें मिल गयी, बेवज़ह शरारत हो गयी।
लब तेरे ज़रा जो मैंने छुए, समझो कि क़यामत हो गयी।

बन गयी तू बन गयी, मेरी बन्दगी का ख़ुदा।
हमसफर मेरे हमसफर, करूँ कैसे तुझको जुदा?
गलियों में रुसवा दोनों हुए, समझो कि क़यामत हो गयी।
नज़रों से नज़रें मिल गयी, बेवज़ह शरारत हो गयी।
लब तेरे ज़रा जो मैंने छुए, समझो कि क़यामत हो गयी।

नग़मे मैं लिखता रहा, यूँ ही चाहतों की रेत पर।
आस में रखता रहा, यूँ ही ख़त तेरे सहेज़ कर।
ख़त तेरे ज़रा जो मैंने पढ़े, समझो कि क़यामत हो गयी।
नज़रों से नज़रें मिल गयी, बेवज़ह शरारत हो गयी।
लब तेरे ज़रा जो मैंने छुए, समझो कि क़यामत हो गयी।

खाली है समय, क्या तू करेगा

खाली है समय~क्या तू करेगा
खिड़कियां है बंद~क्या आशिक़ी करेगा
सोच-सोच के~आहें भरेगा
तितलियां बे-रंग~क्या बंदगी करेगा
खाली है समय,क्या तू करेगा,खिड़कियां है बंद,क्या~~

क़ातिल है कोई ऐसा~जो वार कर रहा है
मुज़रिम है ये कैसा~सब राख़ कर रहा है
दिखता न कोई~क्या तू करेगा
दरमियां फ़ासले~क्या ख़ुदक़शी करेगा
सोच-सोच के,आहें भरेगा,तितलियां बेरंग,क्या बंदगी करेगा
खाली है समय,क्या तू करेगा,खिड़कियां है बंद,क्या~~

सूनी-सूनी हैं सड़कें~कोई खेल न तमाशा
अल्हड़ कैसी बीमारी~कोई है नहीं अब आशा
दवा बेअसर~क्या तू करेगा
मुफ़लिसों के संग~क्या दोस्ती करेगा
सोच-सोच के,आहें भरेगा,तितलियां बेरंग,क्या बंदगी करेगा
खाली है समय,क्या तू करेगा,खिड़कियां है बंद,क्या~~

रहेगा न संसार में कोई~याद करने वाला
दाना-पानी भले नपैद~पर खुलेंगी मधुशाला
आया वो समय~तन्हा जलेगा
लकड़ियों के संग~क्या ख़ुद भी जलेगा
सोच-सोच के,आहें भरेगा,तितलियां बेरंग,क्या बंदगी करेगा
खाली है समय,क्या तू करेगा,खिड़कियां है बंद,क्या~~

फिक रहा इन्सान है~जैसे घर का कूड़ा
न ही कोई वास्ता~युवक हो या बूढ़ा
अपनों के संग~न कोई चलेगा
प्रेयसी के संग~क्या दिल्लगी करेगा
सोच-सोच के,आहें भरेगा,तितलियां बेरंग,क्या बंदगी करेगा
खाली है समय,क्या तू करेगा,खिड़कियां है बंद,क्या

लफ़्जों से कहाँ ज़ाहिर होती हैं

अन्जाने में ही ए-यारों, होती हैं नादानियाँ।
लफ़्जों से कहाँ ज़ाहिर? होती हैं बेचैनियाँ।
अन्जाने में ही ए-यारों, होती हैं नादानियाँ।
लफ़्जों से कहाँ ज़ाहिर? होती हैं बेचैनियाँ।

दीवाने सिर अपना, कदमों में झुका देते।
उल्फ़त के लिये सब, पल भर में लुटा देते।
लम्हों में कहाँ ज़ाहिर? होती हैं फ़रेबियाँ।
अन्जाने में ही ए-यारों, होती हैं नादानियाँ।
लफ़्जों से कहाँ ज़ाहिर? होती हैं बेचैनियाँ।

चाहत में जल गये, हैं शमा में परवाने।
लिखते हैं परदेसी, कुछ ऐसे अफ़साने।
कुछ सब में यहाँ आखिर, होती हैं खराबियाँ।
अन्जाने में ही ए-यारों, होती हैं नादानियाँ।
लफ़्जों से कहाँ ज़ाहिर? होती हैं बेचैनियाँ।

तन्हा ही गुजरती, मतवाली स्याह रातें।
होंठों पर मचलती, मस्ती की कई बातें।
मिलते हैं कभी जब वो, होती हैं सहेलियाँ।
अन्जाने में ही ए-यारों, होती हैं नादानियाँ।
लफ़्जों से कहाँ ज़ाहिर? होती हैं बेचैनियाँ।

मिलते हैं राहों में, नहीं उनसे बात होती।
पल भर कुछ ऐसी, नहीं मुलाक़ात होती।
आँखों ही आँखों में, होती हैं पहेलियाँ।
अन्जाने में ही ए-यारों, होती हैं नादानियाँ।
लफ़्जों से कहाँ ज़ाहिर, होती हैं बेचैनियाँ?
अन्जाने में ही ए-यारों, होती हैं नादानियाँ।

लाज़मी है तेरा ख़ुद पर गुरूर करना

लाज़मी है तेरा ख़ुद पर गुरूर करना।
मुझपे भी इनायत कुछ तो हुजूर करना।
लाज़मी है तेरा, ख़ुद पर गुरूर करना।

मुमताज सी हँसीन तू, रेखा सी नमकीन तू।
ज़ालिम तेरी अँगड़ाइयाँ ए-सनम मेरी तक़दीर तू।
आते-जाते मुझसे, दो बातें जरूर करना।
मुझपे भी इनायत कुछ तो हुजूर करना।
लाज़मी है तेरा, ख़ुद पर गुरूर करना।

उल्फ़त की रंगीनियाँ, तेरे नाम से ज़िंदा रहें।
तेरी मेरी नज़दीकियाँ, ये सिलसिला चलता रहे।
न हों ज़ुदा कभी, न यह क़सूर करना।
मुझपे भी इनायत, कुछ तो हुजूर करना।
लाज़मी है तेरा, ख़ुद पर गुरूर करना।

तुझे राह में कोई रोक ले, मुझसे तेरा है वास्ता।
आयें आँधियाँ या जलजले, तुझसे जुड़ी है दास्ताँ।
जायें भी कहीं हम, दिल से न दूर करना।
मुझपे भी इनायत, कुछ तो हुजूर करना।
लाज़मी है तेरा, ख़ुद पर गुरूर करना।

जाँ है निसार तुझपे, जब तू कहे ऐ-हमदम।
खुशियाँ तुझे मैं दूँगा, ले लूँगा तेरा हर ग़म।
शौक़ से मेरी जाँ, अर्जी मंज़ूर करना।
मुझपे भी इनायत, कुछ तो हुजूर करना।
लाज़मी है तेरा, ख़ुद पर गुरूर करना।

लिखाया आपने जो कुछ

लिखाया आपने जो कुछ, वही हम लिखा करते हैं।
शरारत आपने की है, नहीं हम शिकवा करते हैं।
लिखाया आपने जो कुछ, वही हम लिखा करते हैं।

न सोना और न चाँदी, न हीरे की ही चाहत भी।
तुम्हें हर हाल में चाहा, तुम्हें जी भर के उल्फ़त की।
सिखाया आपने जो कुछ, वही हम किया करते हैं।
शरारत आपने की है, नहीं हम शिकवा करते हैं।
लिखाया आपने जो कुछ, वही हम लिखा करते हैं।

जहाँ पर छोड़कर गये तुम, वहीं पर ही खड़े हम हैं।
हजारों सह चुके हैं ग़म, वही गलियाँ वही ढंग हैं।
जलाकर ये नशेमन, ख़ुद ही हमको रुसवा करते हैं।
शरारत आपने की है, नहीं हम शिकवा करते हैं।
लिखाया आपने जो कुछ, वही हम लिखा करते हैं।

अगर हमसे ख़ता हुई है, जो चाहे भी सजा देना।
अगर ये ज़िंदगी दी है, नहीं हमको दगा देना।
फँसाया जाल में गर है, नहीं अब निकला करते हैं।
शरारत आपने की है, नहीं हम शिकवा करते हैं।
लिखाया आपने जो कुछ, वही हम लिखा करते हैं।

सलामत तुम रहो हमदम, हमें अब नींद आती है।
रहेगी लब पे ये सरगम, जुबाँ यह गीत गाती है।
उठाया आपको हमदम, वहीं हम फिसला करते हैं।
शरारत आपने की है, नहीं हम शिकवा करते हैं।
लिखाया आपने जो कुछ, वही हम लिखा करते हैं।

लिखे जाऊँगा नग़में मैं तेरी याद में

लिखे जाऊँगा नग़में मैं, तेरी याद में हरदम।
मिटा दूँगा ख़ुद ही को मैं, तेरे प्यार में हमदम।
लिखे जाऊँगा नग़में मैं, तेरी याद में हरदम।

सिला दे तू मुहब्बत का, या न दे भी तो क्या है?
पिला दे मय का तू प्याला, जहर दे भी तो क्या है?
गाये जाऊँगा महफ़िल में, सारी रात मैं हमदम।
मिटा दूँगा ख़ुद ही को मैं, तेरे प्यार में हमदम।
लिखे जाऊँगा नग़में मैं, तेरी याद में हरदम।

बड़े मशहूर लगते हैं, फ़साने ज़िंदगी के।
भुला दूँ मैं भला कैसे? जमाने आशिक़ी के।
निभा जाऊँगा मैं कसमें, जो खायी साथ में हमदम।
मिटा दूँगा ख़ुद ही को मैं, तेरे प्यार में हमदम।
लिखे जाऊँगा नग़में, मैं तेरी याद में हरदम।

कि एक दिन टूटना ही था, खिलौना माटी का।
कुसूर कुछ न मेरा है, न मेरे साथी का।
पिये जाऊँगा मैं ये हाला, ले तेरा नाम मैं हमदम।
मिटा दूँगा ख़ुद ही को मैं, तेरे प्यार में हमदम।
लिखे जाऊँगा नग़में मैं, तेरी याद में हरदम।

ये ख़त के वो टुकड़े हैं, लिखा था सारी शब जो।
शराबी हो गया था मैं, छुआ था तेरे बदन को।
भुला दूँ मैं कैसे वो लम्हें, रहे हम संग में हमदम?
मिटा दूँगा ख़ुद ही को मैं, तेरे प्यार में हमदम।
लिखे जाऊँगा नग़में मैं, तेरी याद में हरदम।

लो जी लो मैं आपकी बाहों में

लो जी लो मैं आपकी, बाहों में आ गयी।
लो जी लो मैं आपकी, बाहों में आ गयी।
चोरी-चोरी आपसे, मिलने मैं आ गयी।
दिल तुम्हारा जाँ तुम्हारी, बेखुदी छा गयी।
लो जी लो मैं आपकी, बाहों में आ गयी।
चोरी-चोरी आपसे, मिलने मैं आ गयी।

हर खुशी आपके नाम, लिख दी है खुशी से।
ज़िंदगी आपके पास, रख दी है खुशी से।
मीठी-मीठी आपकी बातों में आ गयी।
दिन की क्या बात है? रातों में आ गयी।
दिल तुम्हारा जाँ तुम्हारी, बेखुदी छा गयी।
लो जी लो मैं आपकी, बाहों में आ गयी
चोरी-चोरी आपसे, मिलने मैं आ गयी

ये मेरे गाल गोरे, सनम हैं तुम्हारे।
ये मेरे लब नशीले, सनम हैं तुम्हारे।
छेड़ा इतने प्यार से, साँसों में आ गयी।
छेड़ी ऐसी दास्ताँ, वापस मैं आ गयी।
दिल तुम्हारा जाँ तुम्हारी, बेखुदी छा गयी।
लो जी लो मैं आपकी, बाहों में आ गयी।
चोरी-चोरी आपसे, मिलने मैं आ गयी।

प्यार का ये नशा चढ़ गया, हुई दीवानी।
मिलने का सिलसिला बढ़ गया, नई कहानी।
लो जी लो...... बदरी सा छा गई
चले किधर बाबूजी, पीछे से आ गयी।
दिल तुम्हारा जाँ तुम्हारी, बेखुदी छा गयी।
लो जी लो मैं आपकी बाहों में आ गयी।
चोरी-चोरी आपसे मिलने मैं आ गयी।

लौट आयीं मेरी सदाएँ

लौट आयीं मेरी सदाएँ, दीवारें सुन न सकीं।
बाहों में मेरी रही मगर मुझको वो चुन न सकी।
लौट आयीं मेरी सदाएँ, दीवारें सुन न सकी।

मैं मनाता ही रहा उसे, रात 'ओ' दिन आठों पहर।
मंजिलें मुश्किल हुई, न मिलीं मुझको डगर।
वो चली ठण्डी हवाएँ, जंजीरें खुल न सकीं।
बाहों में मेरी रही मगर, मुझको वो चुन न सकी।
लौट आयीं मेरी सदाएँ, दीवारें सुन न सकी।

मेरी वफ़ाओं का मुझे हर सिला अच्छा मिला।
बेवफ़ा तुम हो गये गमज़दा मैं हो चला।
अलसाई मेरी निग़ाह बेवज़ह टिक न सकी।
बाहों में मेरी रही, मगर मुझको वो चुन न सकी।
लौट आयीं मेरी सदाएँ, दीवारें सुन न सकी।

दिल दीवाना गुम गया, आँधियाँ ऐसी चलीं।
वो भी तन्हा रह गयी, हुई इधर भी खलबली।
मस्त रहती जो फ़िजाएँ, यह क़हर सह न सकी।
बाहों में मेरी रही मगर मुझको वो चुन न सकी।
लौट आयीं मेरी सदाएँ, दीवारें सुन न सकी।

फिर मिलेंगे हम नहीं, शिकवा ये किससे करें?
तन्हा-तन्हा ज़िंदगी, कब तलक आहें भरें?
बेअसर हुई हैं दुआएँ, कुछ असर कर न सकीं।
बाहों में मेरी रही मगर मुझको वो चुन न सकी।
लौट आयीं मेरी सदाएँ, दीवारें सुन न सकीं।

महँगा पड़ गया-सोचना पड़ गया

महँगा पड़ गया, सोचना पड़ गया।
परदेसी से अँखियाँ मिलाना मुझे।
कैसे मैं फँस गयी? गलती कर गयी,
अन्जाने से दिल का लगाना मुझे।
महँगा पड़ गया, सोचना पड़ गया।

बादल गरजे न बरसात हुई,
जिसका डर था वही बात हुई।
राम ही जाने हुई क्या कहानी,
चलती-फिरती मुलाक़ात हुई।
जादू सा कर गया, नशा सा चढ़ गया।
चन्द लम्हों का खिड़की पर आना मुझे।
कैसे मैं फँस गयी, गलती कर गयी, अन्जाने से दिल का...।
महँगा पड़ गया, सोचना पड़ गया।

पायल खनकी, चुनरिया सरकी।
हो गयी कैसे? बावरिया मैं लड़की।
खन-खन करके, कंगना गाये।
क्यों आज जाने? मेरी आँख फड़की।
कजरा घुल गया, गजरा खुल गया।
मोरा धड़के जिया, मुश्किल पड़ गया,
परदेसी को दिल से भुलाना मुझे।
कैसे मैं फँस गयी? गलती कर गयी, अन्जाने से दिल का...।
महँगा पड़ गया, सोचना पड़ गया।

गुलों सी मेरी खिलती जवानी।
होती जाती मैं, पल-पल सयानी।
माथे पे चम-चम, बिन्दिया चमके।
शर्म के मारे, हुई आज पानी।
जब से आया है घर, बेकल है जिया।
अलबेले को घर पर बुलाना मुझे।
कैसे मैं फँस गयी? गलती कर गयी? अन्जाने से दिल का...।
महँगा पड़ गया, सोचना पड़ गया।

महफ़िल रोयेगी, हर दिल रोयेगा

महफ़िल रोयेगी, हर दिल रोयेगा।
डूबी जो कश्ती, साहिल रोयेगा।
प्यार लुटाऊँगा इतना मैं,
मौत पर मेरी, क़ातिल रोयेगा।
महफ़िल रोयेगी, हर दिल रोयेगा, डूबी जो कश्ती, साहिल...।

चन्दा भी देखे, तारे भी देखें, ऐसा नज़ारा, हर कोई देखे।
पलकें उठाकर, सूरज देखे, जाते-जाते हर शाम देखे।
कलियाँ रोयेंगी, गुलशन रोयेगा, डूबी जो कश्ती, साहिल...।
प्यार लुटाऊँगा, इतना मैं, मौत पर मेरी, क़ातिल रोयेगा।
महफ़िल रोयेगी, हर दिल रोयेगा, डूबी जो कश्ती, साहिल...।

शमा वो मेरी, मैं पतंगा, यारों मैं ठहरा, मस्त मलंगा।
जोड़ूँगा सबसे प्रेम बन्धन, डालो न बीच में तुम अड़ंगा।
तूलिका रोयेगी, अब्बास रोयेगा, डूबी जो कश्ती, साहिल...।
प्यार लुटाऊँगा, इतना मैं, मौत पर मेरी, क़ातिल रोयेगा।
महफ़िल रोयेगी, हर दिल रोयेगा, डूबी जो कश्ती, साहिल...।

सदमें में सावन, सदमें में भादो, सदमें में बैठी, चंपा-पारो।
कजरा लगाये, गजरा सजाये, सदमें में बैठे हैं हजारों।
काजल रोयेगी, अमन रोयेगा, डूबी जो कश्ती, साहिल रोयेगा।
प्यार लुटाऊँगा, इतना मैं, मौत पर मेरी क़ातिल रोयेगा।
महफ़िल रोयेगी, हर दिल रोयेगा, डूबी जो कश्ती, साहिल...।

जब तलक ये सिलसिला है, बाँध क़फ़न, चल दिया मैं।
गरजें बादल, आये तूफाँ, यादें संग ले, चल दिया मैं।
धरती रोयेगी, अंबर रोयेगा, डूबी जो कश्ती, साहिल रोयेगा।
प्यार लुटाऊँगा, इतना मैं, मौत पर मेरी, क़ातिल रोयेगा।
महफ़िल रोयेगी, हर दिल रोयेगा, डूबी जो कश्ती, साहिल...।

मन का पंछी, कुछ-कुछ बोले

मन का पंछी कुछ-कुछ बोले, क्या बोले? क्या बोले?
दिल ये मेरा धक-धक करता, क्या बोले? क्या बोले?
मन का पंछी कुछ-कुछ बोले, क्या बोले? क्या बोले?

आ मेरे नज़दीक आ, सज़दा तुझको मैं करूँ।
ज़िंदगी क्या चीज है? समझा तुझको मैं ये दूँ।
राज-ए-दिल कुछ-कुछ खोले, क्या बोले? क्या बोले?
दिल ये मेरा धक-धक करता, क्या बोले? क्या बोले?
मन का पंछी कुछ-कुछ बोले, क्या बोले? क्या बोले?

मन हुआ है मनचला, देखा तुझको जब से है।
जुड़ गया है सिलसिला, चाहा तुझको जब से है।
गिनते हैं हम रातों को तारे, क्या बोलें? क्या बोलें?
दिल ये मेरा धक-धक करता, क्या बोले? क्या बोले?
मन का पंछी कुछ-कुछ बोले, क्या बोले? क्या बोले?

हो गये रुसवा अगर इस मुहब्बत में सनम।
न भी अब पीछे हटेंगे, बढ़ गये हैं जो कदम।
पायलिया ये छम-छम बोले, क्या बोले? क्या बोले?
दिल ये मेरा धक-धक करता, क्या बोले? क्या बोले?
मन का पंछी कुछ-कुछ बोले, क्या बोले? क्या बोले?

जी चाहे लिख डालूँ मैं, तेरे अंग-अंग पर ग़ज़ल।
फ़लसफ़ा ऐसा लिखूँ, ख़त्म न हो उम्र भर।
मुख से तू तो ना कुछ बोले, क्या बोले? क्या बोले?
दिल ये मेरा धक-धक करता, क्या बोले? क्या बोले?
मन का पंछी कुछ-कुछ बोले, क्या बोले? क्या बोले?

मिट जाता है ग़म सारा

मिट जाता है ग़म सारा, जब सामने तुम होते हो।
खिल उठता गुलशन सारा, दास्ताँ कोई कहते हो।
मिट जाता है ग़म सारा, जब सामने तुम होते हो।

उल्फ़त के इस अफ़साने को, आ गाकर तुझे सुनाऊँ मैं।
मुद्दत से मैं दीवाना हूँ, हाल-ए-दिल तुझे सुनाऊँ मैं।
हो जाता है दिल आवारा, जब सामने तुम होते हो।
खिल उठता गुलशन सारा, दास्ताँ कोई कहते हो।
मिट जाता है ग़म सारा, जब सामने तुम होते हो।

दे सजा मुझे या अपना ले, बैठा हूँ तेरी अदालत में।
हर धड़कन तेरी धड़कन है, ज़िंदा हूँ तेरी बदौलत मैं।
मैंने अपना यह दिल हारा, जब सामने तुम आते हो।
खिल उठता गुलशन सारा, दास्ताँ कोई कहते हो।
मिट जाता है ग़म सारा, जब सामने तुम होते हो।

दे-दे दिल मेरा लौटाकर, रखा कभी अमानत जो।
तन्हा न घुट-घुट मर जाऊँ, अन्जाम दे हसरत को।
जग होता दुश्मन सारा, जब सामने तुम होते हो।
खिल उठता गुलशन सारा, दास्ताँ कोई कहते हो।
मिट जाता है ग़म सारा, जब सामने तुम होते हो।

एहसान है मुझ पर तेरा, बेपनाह मुहब्बत का जानम।
मैं आज हूँ कितना पछताया? बेवज़ह शरारत कर जानम।
लुट जाता है मतवाला, जब सामने तुम होते हो।
खिल उठता गुलशन सारा, दास्ताँ कोई कहते हो।
मिट जाता है ग़म सारा, जब सामने तुम होते हो।

मीठे मीठे ख़्वाब देखती मैं रही

मीठे-मीठे ख़्वाब देखती मैं रही, रात-भर, रात-भर।
हुई सुबह सोचने मैं लगी, हमसफर! हमसफर!
मीठे-मीठे ख़्वाब देखती मैं रही, रात-भर, रात-भर।

कुछ दिन की अभी बात है,
क्या हो गया ऐसा मुझे? जानी नहीं, जानी नहीं।
तुझ ही से अब वास्ता,
आवाज पर रुक न सकी, मानी नहीं, मानी नहीं।
तेरी ही राह देखती मैं रही, बेख़बर, बेख़बर।
हुई सुबह, सोचने मैं लगी, हमसफर! हमसफर!
मीठे-मीठे ख़्वाब देखती मैं रही, रात-भर, रात-भर।

कुछ मुझपे एहसान कर,
तेरी हूँ मैं, मेरा है तू, ले-ले कसम! ले-ले कसम!
बेदर्दी तू है बालमा,
लोफर है तू, अनाड़ी है तू, मेरे सनम! मेरे सनम!
खुशी हो या ग़म, झेलती मैं रही, सोचकर-सोचकर।
हुई सुबह सोचने मैं लगी, हमसफर-हमसफर।
मीठे-मीठे ख़्वाब देखती मैं रही, रात-भर, रात-भर।

करता है तू वादे कई।
खायी कसम मुझको यकीं कैसे भी हो? कैसे भी हो?
ज़िंदा हूँ मैं, तेरे लिये।
मर जाऊँगी तेरे लिये, 'ऐसा न हो-ऐसा न हो'।
मेरे हमराज़ बेवफ़ा मैं नहीं, 'याद कर-याद कर'।
हुई सुबह सोचने मैं लगी, हमसफर! हमसफर!
मीठे-मीठे ख़्वाब देखती मैं रही, रात-भर! रात-भर!

मुझको उम्मीद न थी उसका

मुझको उम्मीद न थी, उसका पैग़ाम आयेगा।
जल्द ही कोई ख़ुदा का, फरमान आयेगा।
मुझको उम्मीद न थी, उसका पैग़ाम आयेगा।

ऐसे बदलेंगे सितारे, मेरी किस्मत के यारों।
नये अन्दाज ये माना, उनकी फ़ितरत के यारों।
भूले भटके ही सही, उनका पयाम आयेगा।
जल्द ही कोई ख़ुदा का, फरमान आयेगा।
मुझको उम्मीद न थी, उसका पैग़ाम आयेगा।

न मिला हमको किनारा, ख़ुद ही मझधार में फँसे।
छूटे इस राह में राही, वो भी इंतज़ार में रुके।
कभी इस तरह ज़िंदगी में क़याम आयेगा।
जल्द ही कोई ख़ुदा का फरमान आयेगा।
मुझको उम्मीद न थी, उसका पैग़ाम आयेगा।

कैसे-कैसे भी हजारों में? मैंने ढूँढ़ा तुझको।
दर-ओ-दीवार फ़िज़ाओं से, मैंने पूछा तुझको।
मुझको ऐतबार था कि फिर से ख़य्याम आएगा।
जल्द ही कोई ख़ुदा का फरमान आयेगा।
मुझको उम्मीद न थी, उसका पैग़ाम आयेगा।

चल चुका दूर बहुत, अपनी हिम्मत के दम पे।
तू भी चुपचाप देखती, अपनी चिलमन से छिप के।
मुझको उम्मीद न थी, दिल को आराम आयेगा।
जल्द ही कोई ख़ुदा का, फरमान आयेगा।
मुझको उम्मीद न थी, उसका पैग़ाम आयेगा।

मुझे जंचने लगा है अब तू

मुझे जँचने लगा है अब तू, मुझे दिखने लगा है हर सू।
तुझसे कहती तेरी चाँदनी, ऐ-सनम !...ऐ-सनम !...आई लव यू।
मुझे जँचने लगा है अब तू, मुझे दिखने लगा है हर सू।

देखा पहली नज़र जब तुझे, लगा तेरी मैं हो गयी।
दिल में ऐसी हलचल हुई, तेरे सपनों में मैं खो गयी।
बदले न निग़ाहें कल तू, समझे न बेगाना मुझे तू।
तुझसे कहती तेरी चाँदनी, ऐ-सनम !...ऐ-सनम !...आई लव यू।
मुझे जँचने लगा है अब तू, मुझे दिखने लगा है हर सू।

कली दिल की मेरे खिल गई, लगी दिल की मेरे बढ़ गयी।
छायी मस्ती मेरे जिस्म में, लगा मंजिल मुझे मिल गयी।
बना मेरी ज़रूरत है तू, मुझे देगा हिफ़ाज़त रे तू।
तुझसे कहती तेरी चाँदनी, ऐ-सनम !...ऐ-सनम !...आई लव यू।
मुझे जँचने लगा है अब तू, मुझे दिखने लगा है हर सू।

कर मुझको क़बूल पिया, सजा अब कोई मुझको तू दे।
बन्दगी मैं तेरी ही करूँ, पनाह कदमों में मुझको तू दे।
मेरा दामन पकड़ ले आ तू, मुझे अपना समझ ले आ तू।
तुझसे कहती तेरी चाँदनी, ऐ-सनम !...ऐ-सनम !...आई लव यू।
मुझे जँचने लगा है अब तू, मुझे दिखने लगा है हर सू।

तेरे वायदों से मैं जुड़ गई, तेरी कसमों में मैं बँध गयी।
न टूटे कभी सिलसिला, तेरी साँसों में मैं बस गयी।
मुझे ले चल दीवाने अब तू, कर पूरी तू मेरी आरजू।
तुझसे कहती तेरी चाँदनी, ऐ-सनम !...ऐ-सनम !...आई लव यू।
मुझे जँचने लगा है अब तू, मुझे दिखने लगा है हर सू।

मुझे रोज़-रोज़ तड़पाते हो

मुझे रोज़-रोज़ तड़पाते हो, कोई रोज़, बादल सा बरस जाओ।
तुम्हें पास आ के निहारेंगे, कोई शाम, मेहमाँ सा ठहर जाओ।
मुझे रोज़-रोज़ तड़पाते हो, कोई रोज, बादल सा बरस जाओ।

वर्षों की तमन्ना नहीं हमें, कुछ पल ही इरादे बुलन्द करो।
इस दिल में छिपाये बैठे हैं, फुरसत में बातें चंद करो।
शबनम की तरह शरमाते हो, कोई रोज़ गेसू सा बिखर जाओ।
तुम्हें पास आ के निहारेंगे, कोई शाम, मेहमाँ सा ठहर जाओ।
मुझे रोज़-रोज़ तड़पाते हो, कोई रोज़, बादल सा बरस जाओ।

अम्बर पर सितारे चमके हैं, चन्दा ने निकलना शुरू किया।
मौसम है जवाँ मस्ती भरा, इस दिल ने मचलना शुरू किया।
यूँरोज़-रोज टहलाते हो, कोईरोज़ ले अरमाँ पलट आओ।
तुम्हें पास आ के निहारेंगे, कोई शाम, मेहमाँ सा ठहर जाओ।
मुझे रोज़-रोज तड़पाते हो, कोई रोज़, बादल सा बरस जाओ।

गालों को आकर चूम लो, होंठो को आकर चूम लो।
यौवन का जलवा इधर-उधर, शानों को आकर चूम लो।
क्यों सोच-सोच घबराते हो, कोई रोज़ बदन से लिपट जाओ।
तुम्हें पास आ के निहारेंगे, कोई शाम, मेहमाँ सा ठहर जाओ।
मुझे रोज़-रोज़ तड़पाते हो, कोई रोज़, बादल सा बरस जाओ।

मुझे तुझसे मुहब्बत है

मुझे तुझसे मुहब्बत है, इसलिये दिल धड़कता है।
करूँ जब मैं दीदार तेरा, तब ही ये दिन निकलता है।
मुझे तुझसे मुहब्बत है, इसलिये दिल धड़कता है।

हर शाम तू शरमाये, हर सुबह खिल-खिल जाये।
करती है आँख-मिचौली गर, तन्हा कहीं मिल जाये।
यही तो बस हक़ीक़त है, इसलिए मन मचलता है।
करूँ जब मैं दीदार तेरा, तब ही ये दिन निकलता है।
मुझे तुझसे मुहब्बत है, इसलिये दिल धड़कता है।

आती है तू सपनों में, जब होले-होले ।
कर जाती है दीवाना मेरा, तन-मन डोले-डोले।
ग़ज़ब तेरी नज़ाकत है, इधर मौसम बदलता है।
करूँ जब मैं दीदार तेरा, तब ही ये दिन निकलता है।
मुझे तुझसे मुहब्बत है, इसलिये दिल धड़कता है।

आ जी भरकर के चूमूँ, तेरे गोरे गाल गुलाबी।
मैं हूँ तेरा आशिक़, है मुझमें क्या खराबी?
सदा तुझ पर इनायत है, तेरा कोई मुझसे रिश्ता है।
करूँ जब मैं दीदार तेरा, तब ही ये दिन निकलता है।
मुझे तुझसे मुहब्बत है, इसलिये दिल धड़कता है।

तन्हा ये लम्बी रातें, कटती नहीं ऐसे हमदम।
हरदम तेरी ही बातें, लब पर है तेरी सरगम।
मिले न तू मुसीबत है, दीवाना रोज ही लिखता है।
करूँ जब मैं दीदार तेरा, तब ही ये दिन निकलता है।
मुझे तुझसे मुहब्बत है, इसलिये दिल धड़कता है।

मुहब्बत का हर लम्हा

मुहब्बत का हर लम्हा, सदा ही याद आता है।
कभी वो दूर नज़र आता, कभी वो पास आता है।
मुहब्बत का हर लम्हा, सदा ही याद आता है।

कि उल्फ़त में सभी को ही, यहाँ मंजिल नहीं मिलती।
कुछ ही को फूल बनना है, सभी कलियाँ नहीं खिलती।
शरारत का हर एक किस्सा, लबों पर मुस्कुराता है।
कभी वो दूर नज़र आता, कभी वो पास आता है।
मुहब्बत का हर लम्हा, सदा ही याद आता है।

कोई मुझको बता दे, ये ख़ता किससे नहीं होती?
झगड़ने को ज़माने में, वज़ह कोई नहीं होती।
हवाओं से पयाम उनका, सुबह 'ओ' शाम आता है।
कभी वो दूर नज़र आता, कभी वो पास आता है।
मुहब्बत का हर लम्हा, सदा ही याद आता है।

चढ़ा जिस पर है प्रीत का रंग, ये सारे रंग फीके हैं।
मिट जाये ये जहाँ लेकिन, निशानी संग ले जीते हैं।
निग़ाहें फेर गया मेहमाँ, नहीं फिर लौट आता है।
कभी वो दूर नज़र आता, कभी वो पास आता है।
मुहब्बत का हर लम्हा, सदा ही याद आता है।

कि डूबी है वहाँ क़श्ती, जहाँ आया किनारा है।
जुबाँ पर लग गये ताले, नहीं उसने पुकारा है।
कि शायर का लिखा नग़मा, नहीं भी कोई गाता है।
कभी वो दूर नज़र आता, कभी वो पास आता है।
मुहब्बत का हर लम्हा, सदा ही याद आता है।

मुहब्बत का नशा यारों नहीं ऐसा

मुहब्बत का नशा यारों! नहीं ऐसा उतर जाये।
पड़े जंजीर पैरों में, भले सदियाँ गुजर जायें।
मुहब्बत का नशा यारों! नहीं ऐसा उतर जाये।

दो प्रेमी जब भी मिलते हैं, ज़माना आहें भरता है।
ख़ुशी से बाँटे कोई ग़म, भला ये क्यों बिगड़ता है?
वो लगता है ख़ुदा यारों, जिधर देखें, जिधर जायें।
पड़े जंजीर पैरों में, भले सदियाँ गुजर जायें।
मुहब्बत का नशा यारों! नहीं ऐसा उतर जाये।

फ़साना आँखों का यह है, लिखा तहरीर में ऐसा।
हवायें तेज चलती हैं, छिपा कोई आड़ में बैठा।
फ़िज़ाँ में धुंध है इतनी, जहाँ तक भी नज़र जाये।
पड़े जंजीर पैरों में, भले सदियाँ गुजर जायें।
मुहब्बत का नशा यारों! नहीं ऐसा उतर जाये।

किये जो कसमें वादे हैं, निभाना ही उन्हें होगा।
ये उल्फ़त कर्ज़ है ऐसा, चुक़ाना ही जिसे होगा।
यह ऐसी जंग है यारों! ये जाँ भी तो अगर जाये।
पड़े जंजीर पैरों में, भले सदियाँ गुजर जायें।
मुहब्बत का नशा यारों! नहीं ऐसा उतर जाये।

आया हूँ तेरी महफ़िल में, चली आ ले बहाना तू।
कि आशिक़ याद करता है, तुझे मैं ढूँढ़ता हरसू।
शमा में जला परवाना, कहीं न ये ख़बर आये।
पड़े जंजीर पैरों में, भले सदियाँ गुजर जायें।
मुहब्बत का नशा यारों! नहीं ऐसा उतर जाये।

मुहब्बत में गुस्सा किया नहीं करते

मुहब्बत में गुस्सा, किया नहीं करते।-2
ज़फ़ा नहीं करते, दगा नहीं करते, ठगा नहीं करते।
ज़फ़ा नहीं करते, दगा नहीं करते, ठगा नहीं करते।
ये औरों से किस्सा बयाँ नहीं करते।
ज़फ़ा नहीं करते, दगा नहीं करते, ठगा नहीं करते।-2

मुहब्बत-मुहब्बत-मुहब्बत भी क्या है?
मुहब्बत-मुहब्बत-मुहब्बत भी क्या है?
कभी ग़म दिया है, कभी ग़म लिया है।
प्यार जिसने किया है, याद उसने किया है।
प्यार जिसने किया है, याद उसने किया है।
लबों को दीवाने सिया नहीं करते।
ज़फ़ा नहीं करते, दगा नहीं करते, ठगा नहीं करते।-2

कि उल्फ़त के चर्चे जहाँ भी हुए हैं।
कि उल्फ़त के चर्चे जहाँ भी हुए हैं।
ये लबों के सागर, जिसने पिये हैं।
कैसे वो भूल जायें? कैसे यूँ रूठ जायें?
कैसे वो भूल जायें? कैसे यूँ रूठ जायें?
शरारत भी इतना किया नहीं करते।
ज़फ़ा नहीं करते, दगा नहीं करते, ठगा नहीं करते।-2

सितारों से पूछा, नज़ारों से पूछा।
सितारों से पूछा, नज़ारों से पूछा।
खिंची क्यों उनमें? यह लक्ष्मन-रेखा।
बात ऐसी हुई क्या? सुई ऐसी चुभी क्या?
बात ऐसी हुई क्या? सुई ऐसी चुभी क्या?
कि दामन में छुरियाँ रखा नहीं करते।
ज़फ़ा नहीं करते, दगा नहीं करते, ठगा नहीं करते।-2

मुहब्बत में गुस्सा, किया नहीं करते, ज़फ़ा नहीं करते...।

मुहब्बत मुझे तुमसे हुई है सनम

मुहब्बत मुझे तुमसे, हुई है सनम, अभी-अभी.. अभी-अभी।
हटा ले, ये चिलमन, ऐ-मेरे सनम, अभी-अभी.. अभी-अभी।
मुहब्बत मुझे तुमसे, हुई है सनम, अभी-अभी.. अभी-अभी।

अभी-अभी बागों की कलियाँ, खुलकर के मुस्काई हैं।
अभी-अभी दोनों की अँखियाँ, मिलकर के शरमाई हैं।
अभी-अभी फूलों पर भँवरे, गुन-गुन गुनगुनाये हैं।
अभी-अभी पेड़ों पर पंछी, खुलकर चहचहाये हैं।
शरारत अजी मुझसे, हुई है सनम, अभी-अभी.. अभी-अभी।
मुहब्बत मुझे तुमसे, हुई है सनम, अभी-अभी.. अभी-अभी।
हटा ले, ये चिलमन, ऐ-मेरे सनम, अभी-अभी.. अभी-अभी।

अभी-अभी में कितने मिलकर के, ज़ुदा हो जाते हैं।
अभी-अभी में कितने हमदम, बेवफ़ा हो जाते हैं।
अभी-अभी पाया जिनको था, वो ख़फ़ा हो जाते हैं।
पत्थर दिल हैं कुछ ऐसे, जो ख़ुदा हो जाते हैं।
मना न कर, तू मुझसे, कर दे करम, अभी-अभी.. अभी अभी।
मुहब्बत मुझे तुमसे, हुई है सनम, अभी-अभी.. अभी-अभी।
हटा ले, ये चिलमन, ऐ-मेरे सनम, अभी-अभी.. अभी-अभी।

अभी-अभी में अज़ब ये बंधन, जुड़ जाते कैसे भला?
अभी-अभी में सागर-नदिया, मिल जाते कैसे भला?
अभी-अभी में बदल दिये, ज़िंदगी के मोड़ क्यों?
अभी-अभी में चल पड़े हैं, बेबसी के दौर क्यों?
शिकायत मुझे तुमसे, हुई है सनम, अभी-अभी.. अभी अभी।
मुहब्बत मुझे तुमसे, हुई है सनम, अभी-अभी.. अभी-अभी।
हटा ले ये चिलमन, ऐ-मेरे सनम! अभी-अभी.. अभी-अभी।

मुस्कुराकर चलती है जब-जब तू

मुस्कुराकर चलती है जब-जब तू।
दिल मेरा कह उठता है, आई लव यू।
जाने जाँ, जाने जाँ, कैसे मानेगी तू?
जाने जाँ, जाने जाँ, कैसे मानेगी तू?

दिल लगता नहीं, कैसा है रोग ये?
प्यास बुझती नहीं, कैसा है जाम ये?
लोग कहने लगे, मैं दीवाना हुआ।
चन्द लम्हों ही में, ये फ़साना हुआ।
पुरबा के जैसा, चलती है जब-जब तू।
दिल मेरा कह उठता है, आई लव यू।
जाने जाँ, जाने जाँ, कैसे मानेगी तू?
जाने जाँ, जाने जाँ, कैसे मानेगी तू?

एक एहसान कर, अपने दीवाने पर।
मुख़्तसर ध्यान दे, मेरे अफ़साने पर।
है हवाले तेरे, ज़िंदगानी मेरी।
दे दवा या ज़हर, मेहरबानी तेरी।
जनम-जनम के साथी हैं मैं और तू।
दिल मेरा कह उठता है, आई लव यू।
जाने जाँ, जाने जाँ, कैसे मानेगी तू?
जाने जाँ, जाने जाँ, कैसे मानेगी तू?

तू है मेरा ख़ुदा, तुझसे ही वास्ता।
साथ तू गर जो दे, हो अमर दास्ताँ।
देखूँ तुझको नहीं, बिजलियाँ गिर पड़ें।
इक इशारा तेरा, क़ाफ़िले चल पड़ें।
मुझे दीवानी लगती हरदम तू।
दिल मेरा कह उठता है, आई लव यू।
जाने जाँ, जाने जाँ, कैसे मानेगी तू?
जाने जाँ, जाने जाँ, कैसे मानेगी तू?

मेरा दिल मेरी जाँ जाने जाँ

मेरा दिल मेरी जाँ जानेजाँ, है सनम आपका।
खूबसूरत ये समाँ जानेजाँ, है सनम प्यार का।
मेरा दिल मेरी जाँ जानेजाँ, है सनम आपका।

बिन तुम्हारे दिल लगे न, लेती मैं अँगड़ाइयाँ।
बन शमा मैं जल रही हूँ, डस रही तन्हाइयाँ।
शाम हो या सहर जानेजाँ, है जिक्र आपका।
खूबसूरत ये समाँ जानेजाँ, है सनम प्यार का।
मेरा दिल मेरी जाँ जानेजाँ, है सनम आपका।

आ भी ले-ले जो जी चाहे, तुझसे की है दोस्ती।
आ बुझा दे प्यास मेरी, ऐसी क्या है बेख़ुदी?
हर घड़ी इम्तहाँ जानेजाँ, है क़हर आपका।
खूबसूरत ये समाँ जानेजाँ, है सनम प्यार का।
मेरा दिलमेरी जाँ जानेजाँ, है सनम आपका।

कह रहा है सर्द मौसम, अधरों से ले गर्मियाँ।
नहीं रहा है फ़ासला तेरे मेरे दरमियाँ।
कोई शिला तो नहीं जानेजाँ, ये जिगर आपका।
खूबसूरत ये समाँ जानेजाँ, है सनम प्यार का।
मेरा दिल मेरी जाँ जानेजाँ, है सनम आपका।

ऐसे कैसे भी खिलेंगे? अपने अँगने में दो गुल।
देते नहीं तुम इज़ाज़त, कैसे करें हम ये चुल?
अन्जाने ही सही जानेजाँ, हो शुरू ये दास्ताँ।
खूबसूरत ये समाँ जानेजाँ, है सनम प्यार का।
मेरा दिल मेरी जाँ जानेजाँ, है सनम आपका।

मेरे अन्दाजों को लिखे अल्फ़ाजों को

मेरे अंदाजों को, लिखे अल्फ़ाज़ों को, दिल में महफ़ूज़ रखना
नहीं अब आऊँगा न ही मैं गाऊँगा, इरादे मजबूत रखना
मेरे अंदाजों को, लिखे अल्फ़ाज़ों को, दिल में महफ़ूज़ रखना

ज़िंदगी हार भी है, ज़िंदगी जीत भी।
ज़िंदगी गर है जीना, ज़िंदगी मौत भी।
गले सबको लगा, वक़्त की है ज़रूरत।
ज़िंदगी है किसी की, ज़िंदगी सौत भी।
मेरे अरमानों को, ऐसे मेहमानों को, दिल में महफ़ूज़ रखना।
नहीं अब आऊँगा, न ही मैं गाऊँगा, इरादे मजबूत रखना।
मेरे अंदाजों को, लिखे अल्फ़ाज़ों को, दिल में महफ़ूज़ रखना।

झुका ले सज़दे में कभी तू सिर अपना।
है चंद दिन ये मेला, रंगीला है एक सपना।
बजा ले अपनी ढपली, सुने जग ये सारा।
किये जा जी भर मेहनत, मुकद्दर अपना-अपना।
किये इक़रारों को, हुई तकरारों को, दिल में महफ़ूज़ रखना।
नहीं अब आऊँगा, न ही मैं गाऊँगा, इरादे मजबूत रखना।
मेरे अंदाजों को, लिखे अल्फ़ाज़ों को, दिल में महफ़ूज़ रखना।

अरे जल जायेगी चिता अरमानों की।
न होगी क़दर, तेरे फरमानों की।
जाल कितने बिछा, फँस जायेगा ख़ुद ही।
न होगी सहर, कभी बेईमानों की।
मेरे एहसासों को, गुजरे लम्हातों को, दिल में महफ़ूज़ रखना।
नहीं अब आऊँगा, न ही मैं गाऊँगा, इरादे मजबूत रखना।
मेरे अंदाजों को, लिखे अल्फ़ाज़ों को, दिल में महफ़ूज़ रखना।

किस अनाड़ी से नैना लड़ाए बैठी

किस अनाड़ी से नैना लड़ाए बैठी?
जो समझे न आँखों की भाषा कभी।
कब से मैं कजरा सजाए बैठी?
वो तो बुद्धू है लोफर, दीवाना सभी।
किस अनाड़ी से नैना लड़ाए बैठी? जो समझे न आँखों की... ।

कैसे कर दूँ दिल उसके हवाले?
बैठा कानों में वो तेल डाले।
बन बैठी क्यों उसकी दीवानी?
भागे ऐसा जैसे रेल भागे।
किस बादल से आस लगाये बैठी?
जो बरसे न सावन की तरह कभी।
कब से मैं कजरा सजाए बैठी, वो तो बुद्धू है लोफर... ?
किस अनाड़ी से नैना लड़ाए बैठी? जो समझे न आँखों की... ।

किये बैठी थी मैं बंद पलकें, आया आँखों में वो हल्के-हल्के।
लब पे नाम उसका ही आये, आया साँसों में वो हल्के-हल्के।
किस छलिया से दिल लगाये बैठी?
जो चाहे न बाहों में आना कभी।
कब से मैं कजरा सजाए बैठी? वो तो बुद्धू है लोफर... ।
किस अनाड़ी से नैना लड़ाए बैठी? जो समझे न आँखों की... ।

ऐसे कैसे मिलन उससे होगा? करता है वो मुझसे लोचा।
दिल के अरमाँ हैं भी अधूरे, कहीं दे-दे न वो मुझको धोखा।
क्या सोच मैं घण्टी बजाये बैठी।
जिसने देखा न खेल-तमाशा कभी।
कब से मैं कजरा सजाए बैठी? वो तो बुद्धू है लोफर... ।
किस अनाड़ी से नैना लड़ाए बैठी? जो समझे न आँखों की... ।

बेक़रारी मैं दिल की कहूँ क्या? इंतज़ार ही उसका करूँ मैं।
कैसे गुजरें तन्हाई के लम्हें? इन्तख़ाब क्यों उसका करूँ मैं?
कब से यह राज़ दिल में छिपाये बैठी?
नहीं देता है झूठी दिलासा कभी।
कब से मैं कजरा सजाए बैठी? वो तो बुद्धू है लोफर... ।
किस अनाड़ी से नैना लड़ाए बैठी? जो समझे न आँखों की... ।

मैं इंतज़ार तेरा करूँगा जनम-जनम

मैं इंतज़ार तेरा करूँगा जनम-जनम,
कोरे कागज़ पर करवा सही।
तुझे लग जाये न ज़हां की नज़र सनम,
थोड़ा मुझ पर कर ले यकीं।
मैं इंतज़ार तेरा करूँगा जनम-जनम, कोरे कागज पर...।

पलकों में मैं बंद करूँगा, तुझसे बातें हज़ार करूँगा।
जब तक हैं चाँद-सितारे, तुझको तब तक पैग़ाम मैं दूँगा।
तू कर ले भी मुझ पर सितम या करम,
कोई दूजा दिल में नहीं।
तुझे लग जाये नज़हां की नज़र, सनम! थोड़ा मुझ पर...।
मैं इंतज़ार तेरा करूँगा जनम-जनम, कोरे कागज पर...।

करता हूँ मैं तुझसे मुहब्बत, कर डालूँगा एक दिन बगावत।
गर पाया न तुझको मैंने, मर जाऊँगा तेरी बदौलत।
तूने सोचा क्या? पीछे हटूँगा न उतरे ये रंग।
दीवाना में चिनवा सही।
तुझे लग जाये नज़हां की नज़र, सनम! थोड़ा मुझ पर...।
मैं इंतज़ार तेरा करूँगा जनम-जनम, कोरे कागज पर...।

ढूँढ़ता है अभी भी तुझको, तेरी गलियों में तेरा दीवाना।
फिर रहा हूँ लिये तेरे सपने, ढूँढता है कहीं आशियाना।
हर इम्तिहान तेरा मैं दूँगा, है तेरी लगन,
मुझे तुझसे है शिकवा नहीं।
तुझे लग जाये नज़हां की नज़र, सनम! थोड़ा मुझ पर...।
मैं इंतज़ार तेरा करूँगा जनम-जनम, कोरे कागज पर...।

जुड़ गये हैं जो उल्फ़त के बंधन, दुनिया में ख़त्म अब न होंगे।
मिट जायेंगे नामोनिशाँ सब, किस्से दिल के जवाँ तब भी होंगे।
मैं इन्तख़ाब तेरा करूँगा कदम-कदम,
मेरी चाहत रहेगी वही।
तुझे लग जाये नज़हां की नज़र, सनम! थोड़ा मुझ पर...।
मैं इंतज़ार तेरा करूँगा जनम-जनम, कोरे कागज पर...।

मेरे गीतों को आवाज दो !

मेरे गीतों को आवाज दो, कुछ अपने से अन्दाज दो।
ज़िंदगी का क्या भरोसा? आज पंछी को परवाज़ दो।
मेरे गीतों को आवाज दो, कुछ अपने से अन्दाज दो।

गीत मेरे हैं अधूरे, बिन स्वर संगीत के।
हर एक सपना है अधूरा, मनचाहे मनमीत के।
आज कहने भी अरमान दो, मत रोको इस मेहमान को।
ज़िंदगी का क्या भरोसा? आज पंछी को परवाज़ दो।
मेरे गीतों को आवाज दो, कुछ अपने से अन्दाज दो।

उठ गये हैं जब कदम, पीछे हट सकते नहीं।
अनबुझी ये आग है, शोले बुझ सकते नहीं।
मेरे लफ़्जों को एहसास दो, कुछ अपने से जज़्बात दो।
ज़िंदगी का क्या भरोसा? आज पंछी को परवाज़ दो।
मेरे गीतों को आवाज दो, कुछ अपने से अन्दाज दो।

झूठे वादे, झूठी कस्में, झूठे रिश्ते-नाते हैं।
पल दो पल साथी बनकर, उम्र भर तड़पाते हैं।
तन्हा ही मुझे राह दो, न फिर से वही बात हो।
ज़िंदगी का क्या भरोसा? आज पंछी को परवाज़ दो।
मेरे गीतों को आवाज़ दो, कुछ अपने से अन्दाज़ दो।

रोये तुम क्यों देख मुझे? मैं परेशाँ हो गया।
लूटते हैं बनकर अपने, मैं तो हैराँ हो गया।
अब बजने ये साज दो, मेरी साँसों को विश्राम दो।
ज़िंदगी का क्या भरोसा? आज पंछी को परवाज़ दो।
मेरे गीतों को आवाज़ दो, कुछ अपने से अन्दाज़ दो।

मैं गाऊँ मुहब्बत के नग़में

मैं गाऊँ मुहब्बत के नग़में, तू नाचे जा, 'छम-छम, छम-छम'।
मैं तोड़ूँ जहाँ की ये रस्में, ज़िंदगानी मेरी है सरगम।
मैं गाऊँ मुहब्बत के नग़में, तू नाचे जा, 'छम-छम, छम-छम'।

तेरी चाहत में होकर दीवाना, पगला-पगला-पगला हो गया।
हुआ जो कुछ बेहतर हुआ, बढ़िया-बढ़िया-बढ़िया हो गया।
मैं देखूँ हँसीनों के सपने, चाहे शोला हो या शबनम।
मैं तोड़ूँ जहाँ की ये रस्में, ज़िंदगानी मेरी है सरगम।
मैं गाऊँ मुहब्बत के नग़में, तू नाचे जा, 'छम-छम, छम-छम'।

बजने दे प्यार की बंशी, सपना-महिमा-गरिमा मेरी जाँ!
मस्तानी मस्त अदायें, बिजली-तितली-हरिणी मेरी जाँ!
मुस्काऊँ मैं ये देख जलवे, मुझे चाहे जा हरदम हमदम।
मैं तोड़ूँ जहाँ की ये रस्में, ज़िंदगानी मेरी है सरगम।
मैं गाऊँ मुहब्बत के नग़में, तू नाचे जा, 'छम-छम, छम-छम'।

ठुकराया ज़माने ने मुझको, तन्हा-तन्हा-तन्हा क्या करूँ?
रूठ बैठा मेरा मुक़द्दर, लम्हा-लम्हा तेरी जुस्तजू।
बस गया कोई यूँ ही दिल में, तड़पाता है दे ग़म, दे ग़म।
मैं तोड़ूँ जहाँ की ये रस्में, ज़िंदगानी मेरी है सरगम।
मैं गाऊँ मुहब्बत के नग़में, तू नाचे जा, 'छम-छम, छम-छम'।

कैसे दीदार तेरा मैं पाऊँ? कब से तेरी खिड़की बंद है?
कैसे नज़दीक़ तेरे मैं आऊँ? कितनी तेरी गलियाँ तंग हैं?
घर से तू निकलती न शब में, नहीं होना है कभी अब संगम।
मैं तोड़ूँ जहाँ की ये रस्में, ज़िंदगानी मेरी है सरगम।
मैं गाऊँ मुहब्बत के नग़में, तू नाचे जा, 'छम-छम, छम-छम'।

मैं उधर को चल दिया जिधर ज़माना

मैं उधर को चल दिया, जिधर ज़माना ले चला।
शाम रंगीन हो गयी, जिधर दीवाना मैं चला।
मैं उधर को चल दिया, जिधर ज़माना ले चला।

रास्ते उल्फ़त के माना, हो गये थे जुदा-जुदा।
दोस्तों! चाहत की ख़ातिर, हो गया मैं फ़ना-फ़ना।
मैं उधर को मुड़ लिया, जिधर फ़साना ले चला।
शाम रंगीन हो गयी, जिधर दीवाना मैं चला।
मैं उधर को चल दिया, जिधर ज़माना ले चला।

हमसफर बनकर वो मेरे, संग चले कदम-कदम।
साथ जीना, साथ मरना, संग रहेंगे जनम-जनम।
कह गये वो तख़लिया, इधर बेगाना मैं चला।
शाम रंगीन हो गयी, जिधर दीवाना मैं चला।
मैं उधर को चल दिया, जिधर ज़माना ले चला।

हँस रही बागों की कलिया और गुंचे खिल उठे।
मिल गयीं गुस्ताख़ नज़रें, शोख़ भँवरे गा उठे।
चंद लम्हें मैं हँस लिया, जिधर याराना ले चला।
शाम रंगीन हो गयी, जिधर दीवाना मैं चला।
मैं उधर को चल दिया, जिधर ज़माना ले चला।

एक से ही थे इरादे, एक सी ही थी डगर।
एक दोनों की तमन्ना, एक दोनों का सफर।
साथी कोई और चुन लिया, अलविदा कह मैं चला।
शाम रंगीन हो गयी, जिधर दीवाना मैं चला।
मैं उधर को चल दिया, जिधर ज़माना ले चला।

मैं तलबगार तेरा हूँ बन गया

मैं तलबगार तेरा हूँ बन गया,
रफ़्ता-रफ़्ता सनम। रफ़्ता-रफ़्ता सनम।
बंद पलकों में मैंने तुझको किया,
रफ़्ता-रफ़्ता सनम। रफ़्ता-रफ़्ता सनम।

सह गया मैं सभी ग़म, जो तूने दिये।
पी गया मैं वो सागर, जो तूने दिये।
तेरे कदमों में लाकर रखी हर खुशी,
सी रहा हूँ वो ज़ख्म, जो तूने दिये।
मैं तो बीमार तेरा हूँ बन गया,
रफ़्ता-रफ़्ता सनम। रफ़्ता-रफ़्ता सनम।
बंद पलकों में मैंने तुझको किया, रफ़्ता-रफ़्ता सनम...।
मैं तलबगार तेरा हूँ बन गया, रफ़्ता-रफ़्ता सनम, रफ़्ता...।

कसमें वादों से जानम, तू हुई बेख़बर।
कैसी उल्फ़त में तूने? आज फेरी नज़र।
शाम ढलते ही तेरा ख़्याल आ गया।
शब भी तंग आ गई, ना हुई सहर।
वक्त दीवार कैसी ये चिन गया?
रफ़्ता-रफ़्ता सनम। रफ़्ता-रफ़्ता सनम।
बंद पलकों में मैंने तुझको किया, रफ़्ता-रफ़्ता सनम...।
मैं तलबगार तेरा हूँ बन गया, रफ़्ता-रफ़्ता सनम, रफ़्ता...।

तंग हालात मेरे तू हुई बेवफ़ा।
चन्द अल्फ़ाज़ मेरे दे रही तू सज़ा।
तूने छोड़ा जो दामन गिरी बिजलियाँ।
बदले अंदाज तू हुई ज़ुदा बेवज़ह,
सुख-संसार मेरा है लुट गया।
रफ़्ता-रफ़्ता सनम। रफ़्ता-रफ़्ता सनम।
बंद पलकों में मैंने तुझको किया, रफ़्ता-रफ़्ता सनम, ...।
मैं तलबगार तेरा हूँ बन गया, रफ़्ता-रफ़्ता सनम, रफ़्ता...।

जिससे कुछ बोलो रूठ जाता है

जिससे कुछ बोलो रूठ जाता है।
देखते ही देखते दिल टूट जाता है।
मतलब की दुनिया झूठा नाता है।
आयेगा पास क्या? भूल जाता है?
जिससे कुछ बोलो, रूठ जाता है।
देखते ही देखते दिल टूट..।

भीगे-भीगे मौसम में चली पुरवाईयाँ।
मुझको तड़पायेंगी और तन्हाईयाँ।
ठण्डे-ठण्डे पानी में भी एक आग है,
मार मुझे डालेंगी, अब रुसवाईयाँ।
मीठी-मीठी बातों से मजबूर हो जाता है।
देखते ही देखते दिल टूट जाता है।
मतलब की दुनिया, झूठा नाता है, आयेगा पास क्या भूल...?
जिससे कुछ बोलो, रूठ जाता है, देखते ही देखते दिल टूट..।

घड़ी दो घड़ी के लिये एक हुए रास्ते।
नहीं कोई दूसरा जब, चले मेरे वास्ते।
किया मुझसे प्यार था, भले अंदाज में,
लुटाते थे जाँ मुझ पर, बड़े हम ख़ास थे।
गर ये लब खोलो लूट जाता है।
देखते ही देखते दिल टूट जाता है।
मतलब की दुनिया, झूठा नाता है, आयेगा पास क्या भूल...?
जिससे कुछ बोलो, रूठ जाता है, देखते ही देखते, दिल टूट..।

कैसे मैं जवाब दूँ? उसकी हर बात का।
मोल है जहाँ नहीं, मेरे जज़्बात का।
कहा उनसे हाल जब, तन्हा एक रात में,
जाल था बिछा-बिछा, होने वाली मात का।
माटी का खिलौना, फूट जाता है।
देखते ही देखते, दिल टूट जाता है।
मतलब की दुनिया, झूठा नाता है, आयेगा पास क्या भूल...?
जिससे कुछ बोलो, रूठ जाता है।
देखते ही देखते दिल टूट जाता है।

लम्हा-लम्हा तेरा इंतज़ार सनम

लम्हा-लम्हा तेरा इंतजार सनम
हो रहा है ये दिल बेकरार सनम
तुझ जैसा जहां में मिलता नहीं,जीना हुआ दुश्वार सनम
लम्हा-लम्हा तेरा इन्तजार सनम~~~~~

फ़लसफ़ा प्यार का तू समझता नहीं
इल्तजा यार की क्यों तू सुनता नहीं
फ़लसफ़ा प्यार का तू समझता नहीं
इल्तज़ा यार की क्यों तू सुनता नहीं
गुल मुझसा चमन से तू सुनता नहीं
(रफ़्ता-रफ़्ता हुआ इकरार सनम)-2
हो रहा क्यों नहीं ऐतबार सनम
लम्हा-लम्हा तेरा इन्तजार सनम~~~~~

इस दिल में तू ही मेहमान है,मुस्कुराता हुआ अरमान है
इस दिल में तू ही मेहमान है,मुस्कुराता हुआ अरमान है
कसमें वादों से तू क्यों अन्जान है
(अच्छी होती नहीं तकरार सनम)-2
तू ही तू है मेरा संसार सनम
लम्हा-लम्हा तेरा इन्तजार सनम~~~~~

ख़्वाब-2 बनकर रह जाये न,राज-2 बनकर रह जाये न
ख़्वाब-2 बनकर रह जाये न,राज-2 बनकर रह जाये न
शाम यूँ ही रोज ढल जाये न
(लौटकर आये कब ये बहार सनम)-2
झूठा वादा किया हर बार सनम
लम्हा लम्हा तेरा इन्तजार सनम

मैं तेरा हूँ दिल तेरा है

मैं तेरा हूँ, दिल तेरा है, साथ तेरा चाहिए सनम।
मैं भँवरा हूँ, तू एक गुल है और क्या चाहिए सनम?
मैं तेरा हूँ, दिल तेरा है, साथ तेरा चाहिए सनम।

ठंडी-ठंडी आग सी, सीने में है जल रही।
शमा है ये प्यार की, हवाओं से डर रही।
दिल बेकरार है, दिल को सँभाल ले।
दबा-दबा प्यार का आ अरमाँ निकाल ले।
मैं बादल हूँ, तू बिजली है, ना तड़पाइये सनम।
मैं भँवरा हूँ, तू एक गुल है और क्या चाहिए सनम।
मैं तेरा हूँ, दिल तेरा है, साथ तेरा चाहिए सनम।

कभी इक़रार तो कभी इंकार है।
जाने कैसा सहमा-सहमा तेरा मेरा-प्यार है?
पी लिया जाम है, जानम तेरे होंठों का।
मुझे अरमान है, हमदम तेरी साँसों का।
खुशियाँ तेरी ग़म मेरा है, मान भी जाइये सनम।
मैं भँवरा हूँ, तू एक गुल है और क्या चाहिए सनम?
मैं तेरा हूँ, दिल तेरा है, साथ तेरा चाहिए सनम।

चोरी-चोरी कब तलक, हम मिलें जाने जाँ?
कोई भी तो चमन में, गुल खिले जाने जाँ।
होंगी रुसवाइयाँ, ये दुनिया डरायेगी।
तेरे बिन जानेमन, अब नींद भी न आयेगी।
मैं चन्दन हूँ तू खुशबू है, न शरमाइये सनम।
मैं भँवरा हूँ, तू एक गुल है और क्या चाहिए सनम?
मैं तेरा हूँ दिल तेरा है, साथ तेरा चाहिए सनम।

मैं तेरे प्यार में दीवाना हो गया

मैं तेरे प्यार में दीवाना हो गया।
कैसी चली हवा? दिलरुबा!... दिलरुबा!
छोटी सी बात का अफ़साना हो गया।
हुई क़बूल दुआ, दिलरुबा!... दिलरुबा!
मैं तेरे प्यार में दीवाना हो गया, कैसी चली हवा? दिलरुबा!... दिलरुबा!

तेरे-मेरे दिल की बातें, सुनने लगा है ज़माना अब।
तेरा-मेरा और बेहतर, होने लगा है याराना अब।
मैं तेरे वास्ते मजनूँ सा हो गया, कैसी चली हवा दिलरुबा...?
मैं तेरे प्यार में दीवाना हो गया, कैसी चली हवा दिलरुबा...?
छोटी सी बात का अफ़साना हो गया, हुई क़बूल दुआ दिल...।

तुम मिले तो मिल गये हैं, ज़िंदगी के सुहाने पल।
रफ़्ता-रफ़्ता रंग लाये, आशिक़ी के सलोने पल।
मैं तेरी आँखों का एक तारा हो गया, कैसी चली हवा दिल...?
मैं तेरे प्यार में दीवाना हो गया, कैसी चली हवा दिलरुबा...?
छोटी सी बात का अफ़साना हो गया, हुई क़बूल दुआ दिल...।

दिल भी तेरा, जाँ भी तेरी, सब ही जानम तेरा है।
गाल गोरे नैन शराबी, सब पर हक़ तेरा है।
मैं तेरी ज़ुल्फों की मस्ती में खो गया, कैसी चली हवा दिल...?
मैं तेरे प्यार में दीवाना हो गया, कैसी चली हवा, दिलरुबा...?
छोटी सी बात का अफ़साना हो गया, हुई क़बूल दुआ, दिल...?

रब से तुझको माँगता हूँ, मिलकर अब न हों जुदा।
जानेमन तू जान मेरी, रूठें हम क्यों बेवज़ह?
मैं तेरी याद ले ख़्वाबों में खो गया, कैसी चली, हवा दिल...?
मैं तेरे प्यार में दीवाना हो गया, कैसी चली हवा, दिलरुबा...?
छोटी सी बात का अफ़साना हो गया, हुई क़बूल दुआ दिल...।

मैं तो लुटा तेरी चाहत में

मैं तो लुटा तेरी चाहत में, यूँ ही तुझे दिल दे बैठा।
मैं तो लुटा तेरी चाहत में, यूँ ही तुझे दिल दे बैठा।
तुझे सौंप दी खुशियाँ सारी, ग़म सारे तेरे ले बैठा।

पलकें बिछायी तेरे लिये, ली जग से बुराई तेरे लिये।
जब-जब नज़रें तुझसे मिली, मुश्किल रुसवाई मेरे लिये।
इल्ज़ाम दिया तूने मुझको, तन्हा-तन्हा मैं जा बैठा।
मैं तो लुटा तेरी चाहत में, यूँ ही तुझे दिल दे बैठा।
तुझे सौंप दी खुशियाँ सारी, ग़म सारे तेरे ले बैठा।

मालूम न था बस जायेगी, यूँ भी तू मेरी धड़कन में।
एक आग सी लग जायेगी, यूँ भी तो मेरे तन-मन में।
देखा जो तूने चिलमन से, मैं आज ये नग़मा गा बैठा।
मैं तो लुटा तेरी चाहत में, यूँ ही तुझे दिल दे बैठा।
तुझे सौंप दी खुशियाँ सारी, ग़म सारे तेरे ले बैठा।

नैना हैं तेरे कजरारे, लाखों सजते हों पैमाने।
लेती तू जब-जब अँगड़ाई, बन गये हैं कितने दीवाने।
कभी दूर से तूने टरकाया, कभी पास तेरे मैं आ बैठा।
मैं तो लुटा तेरी चाहत में, यूँ ही तुझे दिल दे बैठा।
तुझे सौंप दी खुशियाँ सारी, ग़म सारे तेरे ले बैठा।

मर-मर जाऊँ तेरे गालों पे, मर-मर जाऊँ तेरे शानों पे।
झुक-झुक जाऊँ तेरे कदमों में, मर-मर जाऊँ तेरे गजरे पे।
माफ़ी न देगी तू मुझको, ऐसी ख़ता मैं कर बैठा।
मैं तो लुटा तेरी चाहत में, यूँ ही तुझे दिल दे बैठा।
तुझे सौंप दी खुशियाँ सारी, ग़म सारे तेरे ले बैठा।

मौसम बदल जाते हैं मंज़िल बदल जाती

मौसम बदल जाते हैं, मंज़िल बदल जाती है।
साहिल के करीब आने पर, कश्ती पलट जाती है।
मौसम बदल जाते हैं, मंज़िल बदल जाती है।

ये नसीबों का खेला है यारों! ये ज़माने का मेला है यारों।
यहाँ चलती है दौलत की लाठी, वरना ये झमेला है यारों।
मतलब निकल जाने पर, फिर कौन यहाँ साथी है?
साहिल के करीब आने पर, कश्ती पलट जाती है।
मौसम बदल जाते हैं, मंज़िल बदल जाती है।

कल देखे बहारों के सपने, आज हो गए जुदा अपने-अपने।
संगी साथी न कोई अपना, दूर हो गये सभी कितने-कितने?
आँसू ठहर जाते हैं, नज़र बदल जाती है।
साहिल के करीब आने पर, कश्ती पलट जाती है।
मौसम बदल जाते हैं, मंज़िल बदल जाती है।

डूबी है सामने अपनी नैया, डूबा ख़ुद ही आज खिवैया।
थक गये हैं पाँव चलते-चलते, बदला अपनों ने आज रवैया।
पंछी भी घर जाते हैं, तस्वीर वो तड़पाती है
साहिल के करीब आने पर, कश्ती पलट जाती है।
मौसम बदल जाते हैं, मंज़िल बदल जाती है।

दुनिया वाले ये तेरा तमाशा, टूटती जाती है हर आशा।
अब कहाँ तक तन्हा चलूँ मैं, टूटता जाता हर समझौता।
चलते कदम रुकते हैं, जंजीर सी पड़ जाती है।
साहिल के करीब आने पर, कश्ती पलट जाती है।
मौसम बदल जाते हैं, मंज़िल बदल जाती है।

मौसम है प्यार का ओ मेरे साथिया

मौसम है प्यार का, आ मेरे साथिया, भीगें मिल बरसात में।
नाचेंगे झूमकर, मधुर-मधुर तान पर, गायेंगे मिलकर साथ में।

ठंडी-2 आहें रातों को भरूँ, ऐसे-कैसे दिल की हक़ीक़त कहूँ?
समझे न दिल की ज़रा भी मेरे, लोफर है बुद्धू दीवाना है तू।
आ कर लें दोस्ती, टूटे न फिर कभी।
आ कर लें दोस्ती, टूटे न फिर कभी, यारा इस मुलाक़ात में।
मौसम है प्यार का, आ मेरे साथिया, भीगें मिल बरसात में।
नाचेंगे झूमकर, मधुर-मधुर तान पर, गायेंगे मिलकर साथ में।

जाम मेरे होंठों का पी ले पिया, रंग में तू अपने रंग ले पिया।
तेरे लिये घड़ी-घड़ी सजूँगी मैं, यौवन हँसीं, रंगीला जिया।
है कल का क्या पता? नज़दीक और आ।
है कल का क्या पता? नज़दीक और आ, रूठें क्यों हर बात में?
मौसम है प्यार का, आ मेरे साथिया, भीगें मिल बरसात में।
नाचेंगे झूमकर, मधुर-मधुर तान पर, गायेंगे मिलकर साथ में।

मुझसे उधार में जवानी ले-ले, प्यार भरी कोई निशानी दे-दे।
बाबुल कहे मैं सयानी हुई, यारा अपने दिल की कहानी कह दे।
ओ मेरे साजना! नादान बालमा।
ओ मेरे साजना! नादान बालमा, ले चल मुझे कहीं साथ में।
मौसम है प्यार का, आ मेरे साथिया, भीगें मिल बरसात में।
नाचेंगे झूमकर, मधुर-मधुर तान पर, गायेंगे मिलकर साथ में।

काहे मेरे पीछे तू ऐसे पड़ी, आयी मुसीबत, कैसी घड़ी?
ऐसे-कैसे जाने जिगर मानेगी? क्यों आज ऐसी जिद पर अड़ी?
न तुझसे प्यार का है कोई वास्ता।
न तुझसे प्यार का, है कोई वास्ता, डूबी है क्यों मेरी याद में?
मौसम है प्यार का, आ मेरे साथिया, भीगें मिल बरसात में।
नाचेंगे झूमकर, मधुर-मधुर तान पर, गायेंगे मिलकर साथ में।

न ज्वार न भाटा न कील न काँटा

न ज्वार न भाटा, न कील न काँटा, फिर भी सड़क पे सन्नाटा।
न पास कोई आता, न दूर कोई जाता,
अपनी ही धुन में मदमाता,
न ज्वार न भाटा, न कील न काँटा, फिर भी सड़क पे सन्नाटा।

ज़िंदगी बन गयी है यारों, मौत का एक फ़लसफ़ा।
कुछ भरोसा नहीं है कल का, बन गयी ज़ालिम हवा।
जिया घबराता, समझ नहीं आता, बंद है माँ का जगराता।
न पास कोई आता, न दूर कोई जाता, अपनी ही धुन में मदमाता।
न ज्वार न भाटा, न कील न काँटा, फिर भी सड़क पे सन्नाटा।

टूटे जाते हैं सपने, दूर हुई सभी मंजिलें।
उड़ जा अब डाल के पंछी, ख़त्म सारे सिलसिले।
हैं ग़म के सागर, नहीं है आशा, महल दुमहले चिनवाता।
न पास कोई आता, न दूर कोई जाता, अपनी ही धुन में मदमाता
न ज्वार न भाटा, न कील न काँटा, फिर भी सड़क पे सन्नाटा।

मामला संगीन हुआ है, दे सहारा हे प्रभु!
डूब न जाये यह क़श्ती, दे किनारा हे प्रभु!
भयावह ऐसे, देख के मंज़र, नींदों में अब जिन्न आता।
न पास कोई आता, न दूर कोई जाता, अपनी ही धुन में मदमाता।
न ज्वार न भाटा, न कील न काँटा, फिर भी सड़क पे सन्नाटा।

बन्द मैं कमरे में बैठा, लिख रहा ये दास्ताँ।
आँखों के ही सामने, लुट रह सारा जहाँ।
तनी-तनी बाहें, तिरछी निग़ाहें, अपना ही कोई गुर्राता।
न पास कोई आता, न दूर कोई जाता, अपनी ही धुन में मदमाता।
न ज्वार न भाटा, न कील न काँटा, फिर भी सड़क पे सन्नाटा।

न नज़रें मिलायी न चिलमन उठायी

न नज़रें मिलायी, न चिलमन उठायी, न किया कोई ऐसा काम।
तू कैसा आशिक़ है? तू कैसा आशिक़ है?
न नज़रें मिलायीं, न चिलमन उठायी, न किया कोई ऐसा काम।
तू कैसा आशिक़ है? तू कैसा आशिक़ है?

शराबी नैन मेरे, गुलाबी गाल मेरे।
चाँद सा मुखड़ा मेरा, रसीले होंठ मेरे।
तेरी आँखों का जादू चढ़ा मुझ पर ऐसा,
अरे ले मैंने लिखी ज़िंदगी नाम तेरे।
मैंने कजरा लगाया, मैंने गजरा सजाया, तू बना फिरे गुलफ़ाम।
तू कैसा आशिक़ है? तू कैसा आशिक़ है?

हुई तुझसे मुहब्बत, करूँ तुझपे इनायत।
दीवाने देखेगा तू करूँगी मैं बगावत।
नहीं करने हैं फेरे, चलूँगी संग मैं तेरे,
नहीं मैं डरने वाली, चलूँगी मैं अदालत।
मैं मेहँदी रचाऊँ, मैं बिंदिया लगाऊँ, हुई उल्फ़त में बदनाम।
तू कैसा आशिक़ है? तू कैसा आशिक़ है?

समझ मैं यह न पाऊँ, करे दिल 'धक-धक,धक-धक'।
जवानी ऐसी आयी, कुँवारी रहूँ मैं कब तक?
तमन्ना पूरी कर दे, तुझे सज़दा करूँगी,
है जब तक धरती अम्बर रहूँगी तेरी तब तक।
तेरी सेज़ सजाऊँ, तेरा दिल बहलाऊँ, न करूँगी मैं आराम।
तू कैसा आशिक़ है? तू कैसा आशिक़ है?

न शाम की तमन्ना

न शाम की तमन्ना, न रात की है चाहत।
जिस घड़ी मिले तू, उस पल से है मुहब्बत।
न शाम की तमन्ना, न रात की है चाहत।

दुनिया में तेरे जैसा, न हुआ न कोई होगा।
न हो तेरा नाम लब पर, लम्हा न कोई होगा।
तुझे मानकर ख़ुदा सा, मैंने की है इबादत।
जिस घड़ी मिले तू, उस पल से है मुहब्बत।
न शाम की तमन्ना, न रात की है चाहत।

बन साया जीवन भर, तेरे साथ मैं चलूँगी।
दुनिया की सारी खुशियाँ, तेरे नाम मैं करूँगी।
हरदम बिछाये अँखियाँ, समझूँ मैं तेरी आहट।
जिस घड़ी मिले तू, उस पल से है मुहब्बत।
न शाम की तमन्ना, न रात की है चाहत।

ज़िंदा हूँ तेरे दम से, न समझना है कहानी।
किया तूने मुझे घायल, तू करना मेहरबानी।
दे ग़म की तू दवा, मिल जाये मुझको राहत।
जिस घड़ी मिले तू, उस पल से है मुहब्बत।
न शाम की तमन्ना, न रात की है चाहत।

मेरे अजीज़ हमदम! मेरी धड़कनों में आ जा।
मैं जनम-जनम से तेरी, मेरा आशियाँ बसा जा।
न दूर से गुजरना, न करना भी बग़ावत।
जिस घड़ी मिले तू, उस पल से है मुहब्बत।
न शाम की तमन्ना, न रात की है चाहत।

नयनन से तीर चलाये कमर बलखाये

नयनन से तीर चलाये, कमर बलखाये, कि सागर मचला जाये।
तेरी पिक और मेरे शब्द, तेरी पिक और मेरे शब्द।
नयनन से तीर चलाये, कमर बलखाये, कि सागर मचला जाये।
तेरी पिक और मेरे शब्द, तेरी पिक और मेरे शब्द।

देख रहा फ़लक़ तुझे आज, ढूँढ रहे सितारे तुझे आज।
मैं भी ख़ुशी में उठाऊँ क्यों न साज?
मैं भी ख़ुशी में उठाऊँ क्यों न साज?
खिड़की से शर्माए, बाहर क्यों न आये? कि सागर मचला जाये।
तेरी पिक और मेरे शब्द, तेरी पिक और मेरे शब्द।

लिख दूँ मैं जवानी तेरे नाम, सुन पगली दीवाना मेरा नाम।
आशिक़ी में गुजरे, मेरी सुबह-शाम।
आशिक़ी में गुजरें, मेरी सुबह-शाम।
दिलक़श हैं अदायें, महकी हैं फ़िजाएँ, कि सागर मचला जाये।
तेरी पिक और मेरे शब्द, तेरी पिक और मेरे शब्द।

तुझे माना मैंने है तक़दीर, दिल में बसी तेरी तस्वीर।
मिट न सकेगी मेरी तहरीर, मिट न सकेगी मेरी तहरीर।
चुपके से दिल में समाये, समझ न आये,
कि सागर मचला जाये।
तेरी पिक और मेरे शब्द, तेरी पिक और मेरे शब्द।

नींद नहीं आती है मुझे, चैन कहाँ आता है मुझे?
तेरा ही अक्ष भाता है मुझे, तेरा ही अक्ष भाता है मुझे।
तेरे लिए सब है गवारा, मैं हूँ बंजारा, कि सागर मचला जाये।
तेरी पिक और मेरे शब्द, तेरी पिक और मेरे शब्द।

नाम तेरा लूँगा मैं हंगामा हो जायेगा

नाम तेरा लूँगा मैं, हंगामा हो जायेगा।
नाम तेरा लूँगा मैं, हंगामा हो जायेगा।
बैठे-बैठे ही, अफ़साना हो जायेगा।
नाम तेरा लूँगा मैं, हंगामा हो जायेगा।

दिलरुबा! जानेजाँ! मेरी जान है तू।
प्यार की राहों से अंजान है तू।
तू मुझे ठीक से जानती ही नहीं,
तू कली है, अभी नादान है तू।
चूम तुझे लूँगा तो, हंगामा हो जायेगा।
बैठे-बैठे ही, अफ़साना हो जायेगा।
नाम तेरा लूँगा मैं, हंगामा हो जायेगा।
बैठे-बैठे ही, अफ़साना हो जायेगा।

बाग में गुल खिले और सहर हो गयी।
आँखों ही आँखों में, ये ख़बर हो गयी।
ये पता न चला, कब नज़र लड़ गयी?
तू मेरी आशिक़ी, हमसफर बन गयी।
बाहों में लूँगा तो हंगामा हो जायेगा।
बैठे-बैठे ही अफ़साना हो जायेगा।
नाम तेरा लूँगा मैं, हंगामा हो जायेगा।
बैठे-बैठे ही, अफ़साना हो जायेगा।

दे सिला प्यार का तू मुझे जाने जाँ।
मैं तेरा हो चुका, तू मेरी जाने जाँ।
ज़िंदगी का सफर, तन्हा कटता नहीं,
तू ख़ुदा है मेरा, तू है दोनों ज़हाँ।
छोड़ तन्हा दूँगा तो, हंगामा हो जायेगा।
बैठे-बैठे ही, अफ़साना हो जायेगा।
नाम तेरा लूँगा मैं, हंगामा हो जायेगा।
बैठे-बैठे ही अफ़साना हो जायेगा।

नहीं भी देता कोई जवाब हम ही पागल थे

नहीं भी देता कोई जवाब, हम ही पागल थे, कर बैठे सवाल।
माना कि, चेहरा था गुलाब, भला क्या करते? कर बैठे धमाल।
नहीं भी देता, कोई जवाब...।

खूबसूरत वादियों में, पहली-पहली दोस्ती।
सिलसिले शुरू हो गये, नज़रें उनसे थी लड़ी।
बढ़ती जाती दिल की धड़कन, अरमान कुछ थे जवाँ।
आँखों-आँखों में इशारे, वो उधर और हम यहाँ।
ढके थे, चेहरे पर नक़ाब, हम ही पागल थे, कर बैठे बवाल।
माना कि, चेहरा था गुलाब, भला क्या करते? कर बैठे धमाल।
नहीं भी देता कोई जवाब...।

कैसे-कैसे ज़िंदगी में? मोड़ आते ही रहे।
पल-पल यारों बेबसी के, दौर आते ही रहे।
ग़म भुलाने के लिये, जाम मैं पीता गया।
आस बेमतलब लिये, तन्हा मैं जीता गया।
पास से, गुजरे वो ज़नाब, बड़े ही शातिर थे, कर बैठे क़माल।
माना कि चेहरा था गुलाब, भला क्या करते? कर बैठे धमाल।
नहीं भी देता कोई जवाब...।

सर से जो आँचल हटा, चाँद फिर दिख सा गया।
झूमकर बादल उठा, चाँद पर छा सा गया।
गेसू उनके खुल गये, बन्धनों को तोड़कर।
पायेंगे सकून क्या हम? रिश्ते इनसे जोड़कर।
बला का था कोई शबाब, हम ही घायल थे, दे बैठे मिसाल।
माना कि, चेहरा था गुलाब, भला क्या करते? कर बैठे धमाल।
नहीं भी देता कोई जवाब...।

निग़ाहों से तेरे दिल पर मैं अपना नाम

निग़ाहों से तेरे दिल पर, मैं अपना नाम लिख दूँगी।
मैं तुझसे प्यार करती हूँ, तुझे पैग़ाम लिख दूँगी।
निग़ाहों से तेरे दिल पर, मैं अपना नाम लिख दूँगी।

बड़े ही शौक़ से ले-ले, इम्तहाँ प्यार का हमदम।
बनायी तूने जो दूरी, ख़ुशी से फ़ासले कर कम।
अदाओं से तेरी बनकर, मैं तेरे साथ चल दूँगी।
मैं तुझसे प्यार करती हूँ, तुझे पैग़ाम लिख दूँगी।
निग़ाहों से तेरे दिल पर, मैं अपना नाम लिख दूँगी।

है बाँधा तुझसे यह बंधन, तो आकर थाम ले दामन।
बुझा दे आज ये शोले, तू बनकर आ भी जा सावन।
वफ़ाओं से तेरी दुनिया, मैं आबाद कर दूँगी।
मैं तुझसे प्यार करती हूँ, तुझे पैग़ाम लिख दूँगी।
निग़ाहों से तेरे दिल पर, मैं अपना नाम लिख दूँगी।

तेरी हर बात अच्छी है, मगर तड़पा न यूँ ऐसे।
तन्हा मैं आहें भरती हूँ, ये दिल समझाऊँ मैं कैसे?
दिखायेगा अगर तेवर, तुझे बदनाम कर दूँगी।
मैं तुझसे प्यार करती हूँ, तुझे पैग़ाम लिख दूँगी।
निग़ाहों से तेरे दिल पर मैं अपना नाम लिख दूँगी।

यहाँ से दूर कहीं ले चल, जहाँ दूजा न कोई हो।
गिलों से हूँ परेशाँ मैं, जहाँ शिकवा न कोई हो।
नज़ारों में कहीं छिपकर, सुबह से शाम कर दूँगी।
मैं तुझसे प्यार करती हूँ, तुझे पैग़ाम लिख दूँगी।
निग़ाहों से तेरे दिल पर मैं अपना नाम लिख दूँगी।

मैं तुमसे जुदा हो जाऊँ अगर

मैं तुमसे जुदा हो जाऊं अगर,मेरा इंतजार मत करना
दिल बेक़रार मत करना,कभी आँख नम मत करना
मैं तुमसे जुदा हो जाऊं अगर,मेरा इंतजार मत करना

ये चंदा ये तारे,महकते नज़ारे,भले मैं न हूंगा,ये होंगे तुम्हारे
ये गुल से चेहरे,ये रंगीन गलियां,दुआऐं मैं दूंगा,रहेंगे सदा रे
मैं तुमसे ख़फ़ा हो जाऊं अगर,मेरा इन्तख़ाब मत करना
दिल बेक़रार मत करना,कभी आँख नम मत करना
मैं तुमसे जुदा हो जाऊं अगर,मेरा इंतजार मत करना

मैं आशिक़ अलबेला,दुनिया में अकेला
ले जायेगा मुझको,आयेगा ऐसा रैला
न होगा मिलन अब,न होंगे ये करतब
न होंगी ये मस्ती,सुन-सुन मेरी लैला
मैं फिर भी याद आऊं अगर,तुम ये किताब मत पढ़ना
दिल बेक़रार मत करना,कभी आँख नम मत करना
मैं तुमसे जुदा हो जाऊं अगर,मेरा इंतजार मत करना

तुम गीतों में मेरे,तुम लम्हों में मेरे,तुम दिल में हो मेरे,ओ साथी मेरे
लिखा जो भी मैंने,तुम्हारे लिये है,हुए अब अंधेरेओ हमदम मेरे
मैं बन के हवा आ जाऊँ अगर,मेरा ऐतबार मत करना
दिल बेक़रार मत करना,कभी आँख नम मत करना
मैं तुमसे जुदा हो जाऊं अगर,मेरा इंतजार मत करना

हुई बंद पलकें, रुकी है कलम, रुकी हैं सांसें,चलूंगा अब
गगन झुक रहा है,ज़मीं रो रही है,मैं फिर न तुम्हें,मिलूंगा अब
मैं बन पंछी उड़ जाऊं अगर, दिल में ये राज़ मत रखना
दिल बेक़रार मत करना,कभी आँख नम मत करना
मैं तुमसे जुदा हो जाऊं अगर,मेरा इंतजार मत करना

मैं जानूँ न पहचानूँ, तू लोफर है या मजनूँ

मैं जानूँ न पहचानूँ~तू लोफर है या मजनूँ
ऐसे-कैसे मैं तुझको दिल से लगा लूँ
मैं जानूँ न पहचानूँ~तू लोफर है या मजनूँ
ऐसे-कैसे मैं तुझको दिल से लगा लूँ
मैं जानूँ न पहचानूँ~तू लोफर है या मजनूँ

तू जोकर है या कोई मवाली, तू पतझड़ है मैं फूलों की डाली
देखी अच्छी सूरत तेरा मन डोला,
इजाज़त कैसे मैं दे दूँ सवाली
तुझे कैसे अपना मानूँ~मुझे लगता है ठग तू
ऐसे-कैसे मैं तुझको दिल से लगा लूँ
मैं जानूँ न पहचानूँ~तू लोफर है या मजनूँ

अदा मस्तानी नैना मेरे चंचल, देखा नहीं तूने कभी क्या दर्पन
हैं गाल गुलाबी नशीला यौवन
देखी नहीं होगी कभी ऐसी चितवन
चल पीछे हट दीवाने~मेरा चल जायेगा जादू
ऐसे-कैसे मैं तुझको दिल से लगा लूँ
मैं जानूँ न पहचानूँ~तू लोफर है या मजनूँ

शमा जलती मैं,न पास आ मेरे,रे जल जायेगा,लगा न फेरे
ये उल्फ़त मेरी,तुझे न मिलेगी,रे पछताएगा,काहे मुझे घेरे
तू लड़का है बस झगड़ूँ~तू बन्टी है न बबलू
ऐसे-कैसे मैं तुझको दिल से लगा लूँ
मैं जानूँ न पहचानूँ~तू लोफर है या मजनूँ

मैं आशिक तेरा, तुझ ही पे मरता हूँ,
वफ़ा ही की है, वफ़ा करता हूँ
तुने क्या समझा, मुझे दीवानी, मुहब्बत का गुनाह करता हूँ
तुझे जानूँ मैं पहचानूँ~मैं लोफर हूँ या मजनूँ
आ जा तुझे जानम दिल से लगा लूँ
मैं जानूँ न पहचानूँ~तू लोफर है या मजनूँ

प्यार हो गया रफ़्ता-रफ़्ता

प्यार हो गया रफ़्ता-रफ़्ता, इक़रार हो गया रफ़्ता-रफ़्ता।
दिल मेरा खो गया रफ़्ता-रफ़्ता,
तेरे साथ हो गया रफ़्ता-रफ़्ता।
प्यार हो गया रफ़्ता-रफ़्ता, इक़रार हो गया रफ़्ता-रफ़्ता।

हक़ीक़त में कह दूँ, जरूरत तू मेरी।
मैं मिलाना जो चाहूँ नज़र तूने फेरी।
तू करती इशारे मुझे चलते-चलते,
महकते नज़ारे ये बादल गरजते।
बदनाम हो गया रफ़्ता-रफ़्ता, परेशान हो गया रफ़्ता-रफ़्ता।
दिल मेरा खो गया रफ़्ता-रफ़्ता,
तेरे साथ हो गया रफ़्ता-रफ़्ता।
प्यार हो गया रफ़्ता-रफ़्ता, इक़रार हो गया रफ़्ता-रफ़्ता।

तुझे बंद कर लूँ मैं पलकों में अपनी।
मेरी जानम तुझसे मुहब्बत है कितनी?
मैं अधरों पे तेरे अपना नाम लिख दूँ।
तुझे चाँदनी, मैं रंगीन शाम लिख दूँ।
हैरान हो गया रफ़्ता-रफ़्ता, क्या ये हो गया रफ़्ता-रफ़्ता?
दिल मेरा खो गया रफ़्ता-रफ़्ता,
तेरे साथ हो गया रफ़्ता-रफ़्ता।
प्यार हो गया रफ़्ता-रफ़्ता, इक़रार हो गया रफ़्ता-रफ़्ता।

इरादा नहीं था मगर हो गया अब।
दीवाना नहीं था मगर हो गया अब।
मेरी राह रोकें चमन की ये कलियाँ,
मेरा नाम सुनकर हँसती ये गलियाँ।
कभी दूर हो गया रफ़्ता-रफ़्ता, कभी पास आ गया।
दिल मेरा खो गया रफ़्ता-रफ़्ता,
तेरे साथ हो गया रफ़्ता-रफ़्ता।
प्यार हो गया रफ़्ता-रफ़्ता, इक़रार हो गया रफ़्ता-रफ़्ता।

प्यार मुहब्बत करना फ़िजूल

प्यार मुहब्बत करना फ़िजूल है यारों।
किसी पे यूँ ही मरना फ़िज़ूल है यारों।
लगी बुरी है दिल की हुज़ूर मेरे यारों।
नहीं यहाँ कोई चलता रूल है यारों।
प्यार मुहब्बत करना,...।

गहरा ये समुन्दर है और जाना पैदल चलकर है।
गिर जाये यहाँ कब बिजली? बढ़ती दिल की धड़कन है।
चला है जो इस राह बदनाम है यारों।
तन्हा यूँ आहें भरना कोई भूल है यारों।
प्यार मुहब्बत करना...।

बचकर रहना है बेहतर, इन नाटक करने वालों से।
दे जाते हैं दर्द बड़े, इन दस्तक देने वालों से।
क़दमों में इनके पड़ना, न उसूल है यारों।
खोल के खिड़की रखना, न ही ठीक है यारों।
प्यार मुहब्बत करना...।

लिख पाना न-मुमकिन है, अफ़साना इनके गालों का।
पी जाना न-मुमकिन है, मयख़ाना इनकी आँखों का।
छिपा-छिपा कोई इनमें मंसूब है यारों।
धुआँ-धुआँ सा लगता ज़ुनून है यारों।
प्यार मुहब्बत करना...।

डर लगता है, मुझको लूटा है हुस्नवालों ने।
कभी दौलत की दीवारों ने, कभी इनके रिश्तेदारों ने।
ऐसे गुलों का चुनना मंज़ूर है यारों।
भले ही ग़म हो, सहना मंज़ूर है यारों।
प्यार-मुहब्बत करना...।

पछताया बहुत हमदम तेरा ऐतबार करके

पछताया बहुत हमदम, तेरा इंतज़ार करके।
दिल बेक़रार करके, तेरा ऐतबार करके।
पछताया बहुत हमदम, तेरा इंतज़ार करके।

हँसते हुये है पी, तेरे नाम की ये हाला।
जपता सदा रहा, तेरे नाम की मैं माला।
घबराया बहुत हमदम, तेरा इन्तख़ाब करके।
दिल बेक़रार करके, तेरा ऐतबार करके।
पछताया बहुत हमदम, तेरा इंतज़ार करके

सब भूलकर के की, तेरे नाम की इबादत।
शब(रात) हो या सबेरा, तुझे पाने की बदौलत।
क्या पाया मैंने हमदम? कदमों पर तेरे चल के।
दिल बेक़रार करके, तेरा ऐतबार करके।
पछताया बहुत हमदम, तेरा इंतज़ार करके।

मुश्किल हुआ ज़हाँ में, राहें वफ़ा पे चलना।
बदली नज़र है तूने, पलकें झुका गुजरना।
समझाया दिल को हमदम, तुझसे क़रार करके।
दिल बेक़रार करके, तेरा ऐतबार करके।
पछताया बहुत हमदम, तेरा इंतज़ार करके।

मुझे चाहने वाली, चिलमन से झाँकती है।
अब भी सदाओं में, मुझे रब से माँगती है।
निकला सदा मैं हरदम, गली से तेरी गुजर के।
दिल बेक़रार करके, तेरा ऐतबार करके।
पछताया बहुत हमदम, तेरा इंतज़ार करके।

प्यार तुझसे करुँगा गोरे गालों की

प्यार तुझसे करुँगा, गोरे गालों की कसम।
इकरार तुझसे करूँगा, काले बालों की कसम।
कभी आगे मैं होऊँगा, कभी पीछे चलूँगा
करूँगा इंतज़ार, जीवन भर ऐ-सनम!
प्यार तुझसे करुँगा, गोरे गालों की कसम।
इकरार तुझसे करूँगा, काले बालों की कसम।

लब तेरे हैं अंगारे, नैना दो मय के प्याले।
रंगीला है ये यौवन, कर दे मेरे हवाले।
तेरे कदमों में जानम, सज़दा मैं करूँगा।
तू जो-जो भी कहेगी, वही मैं करुँगा।
दिल है बेक़रार, कब से भी ऐ सनम?
प्यार तुझसे करुँगा, गोरे गालों की कसम।
इकरार तुझसे करूँगा, काले बालों की कसम।

ऋतु है मस्तानी, बनी है कोई कहानी।
मस्ती में क्यों न झूमें? आ जा ओ मेरी रानी!
मैं तेरे लिये गाऊँ, मस्ती भरा तराना।
अदाओं पर मैं लिखूँ, ऐसा एक अफसाना।
कभी दिलबर तुझे मैं, कभी हमदम लिखूँगा।
देखूँगा मैं तो आज, जलवों के ये रंग।
प्यार तुझसे करुँगा, गोरे गालों की कसम।
इकरार तुझसे करूँगा, काले बालों की कसम।

मैंने जिगर तुझे दिया, दर्द-ए-जिगर मैंने लिया।
मजनू बना तेरे लिये, मीठा ज़हर मैंने पिया।
किया मुझे बेकाबू, किया है कैसा जादू?
कभी कहे तू हाँ-हाँ, कभी कहे है ना तू।
तुझे रब से माँगा है, एक दिन पाऊँगा।
कर ले तू ऐतबार, मेरे अच्छे ओ सनम!
प्यार तुझसे करुँगा, गोरे गालों की कसम।
इकरार तुझसे करूँगा, काले बालों की कसम।

पहचानना है मुश्किल

पहचानना है मुश्किल, पुकारना है मुश्किल।
ज़िंदा है रहना मुश्किल, मरना हुआ है मुश्किल।
पहचानना है मुश्किल, पुकारना है मुश्किल।

सताता बेवज़ह कोई, रुलाता बेवज़ह कोई।
न ही कोई याद करता है, भुलाता बेवज़ह कोई।
हर रास्ता है मुश्किल, हर दास्ताँ है मुश्किल।
ज़िंदा है रहना मुश्किल, मरना हुआ है मुश्किल।
पहचानना है मुश्किल, पुकारना है मुश्किल।

हुई धूमिल हर आशा है, ग़ज़ब का ये तमाशा है।
न ही दुआ न ही दवा दिलासा ही दिलासा है।
पुल बाँधना है मुश्किल, पुल पार करना मुश्किल।
ज़िंदा है रहना मुश्किल, मरना हुआ है मुश्किल।
पहचानना है मुश्किल, पुकारना है मुश्किल।

कैसी ये तो छिड़ी जंग है? निराला यारों दुश्मन है।
हुई सूनी सभी गलियाँ, हवा भी आज उलझन है।
दिल थामना है मुश्किल ,घर छोड़ना है मुश्किल।
ज़िंदा है रहना मुश्किल, मरना हुआ है मुश्किल।
पहचानना है मुश्किल, पुकारना है मुश्किल।

बचाऊँ ख़ुद को कैसे मैं? डूबा हूँ ग़म के सागर में।
मिलेगी कैसे अब मुक्ति? सोया हूँ ले के चादर मैं।
ग़म बाँटना है मुश्किल, वक़्त काटना है मुश्किल।
ज़िंदा है रहना मुश्किल, मरना हुआ है मुश्किल।
पहचानना है मुश्किल, पुकारना है मुश्किल।

पहला-पहला, पहला-पहला प्यार

पहला-पहला, पहला-पहला, पहला-पहला प्यार।
दिलरुबा-दिलरुबा, दिलरुबा-दिलरुबा, कर रहा बेक़रार।
पहला-पहला, पहला-पहला, पहला-पहला प्यार।
दिलरुबा-दिलरुबा, दिलरुबा-दिलरुबा, कर रहा बेक़रार।
पहला-पहला, पहला-पहला...।

नैन से नैन लड़ गये कहीं राह में।
बेज़ुबाँ होंठ खुल गये मुलाक़ात में।
देखकर ऐसा मंजर, तेज होती गयी धड़कन।
रूपसी मोहनी बाला, डोल उठा मेरा तन-मन।
पहला-पहला, पहला-पहला, पहला-पहला प्यार।
दिलरुबा-दिलरुबा, दिलरुबा-दिलरुबा, कर रहा बेक़रार।
पहला-पहला, पहला-पहला...।

बोली मुझसे वो आ जा नज़दीक आ।
सुर्ख़ अधरों से मेरे, आ लाली चुरा।
देखा मस्त जो यौवन, लगा बरसेगा सावन।
कान में मुझसे बोली, तू ही है मेरा साजन।
पहला-पहला, पहला-पहला, पहला-पहला प्यार।
दिलरुबा-दिलरुबा, दिलरुबा-दिलरुबा, कर रहा बेक़रार।
पहला-पहला, पहला-पहला...।

लगा चलती-फिरती है वो कोई ग़ज़ल।
किया मुझसे ये वादा, मिलूँगी फिर मैं कल।
फूल की डाली जैसी, अरे गरदन सुराही।
चाँद सा मुखड़ा उसका, बढ़ी मेरी बेताबी।
पहला-पहला, पहला-पहला, पहला-पहला प्यार।
दिलरुबा-दिलरुबा, दिलरुबा-दिलरुबा, कर रहा बेक़रार।
पहला-पहला, पहला-पहला...।

पहली-पहली बार किसी ने

पहली-पहली बार, किसी ने बेक़रार किया।
दिल-ए-नादान क्यों भी? तेरा इंतज़ार किया।
पहली-पहली बार, किसी ने बेक़रार किया।

उसका चेहरा उसके सपने, उसका ही नाम जुबाँ पर।
उसके अरमाँ, उसके किस्से, उसका ही पैग़ाम जुबाँ पर।
सहमे-सहमे आज किसी ने ऐतबार किया।
दिल-ए-नादान क्यों भी? तेरा इंतज़ार किया।
पहली-पहली बार, किसी ने बेक़रार किया।

सुर्ख़ रुख़सार जैसे मखमल बिखरे-बिखरे गेसू।
बन के कोई शाम रँगीली, आयी दुनिया में तू।
लम्हा-लम्हा आज, किसी ने इक़रार किया।
दिल-ए-नादान क्यों भी? तेरा इंतज़ार किया।
पहली-पहली बार, किसी ने बेक़रार किया।

पहले देखी न कभी, मैंने ऐसी जन्नत।
किस ख़ुदा ने है बनाया, लेके इतनी फुर्सत?
जीना मेरा आज, किसी ने दुश्वार किया।
दिल-ए-नादान क्यों भी? तेरा इंतज़ार किया।
पहली-पहली बार, किसी ने बेक़रार किया।

बन गयी वो आज, मेरे जीने मरने की वज़ह।
बस गयी वो दिल में मेरे, मीठे सपने की तरह।
दिल पर रख हाथ, किसी ने इज़हार किया।
दिल-ए-नादान क्यों भी? तेरा इंतज़ार किया।
पहली-पहली बार, किसी ने बेक़रार किया।

पहली-पहली बार लिखा ख़त

पहली-पहली बार लिखा ख़त, मुझको मेरी महबूबा ने।
प्यार भरा पैग़ाम लिखा, मुझको मेरी महबूबा ने।
पहली-पहली बार लिखा ख़त, मुझको मेरी महबूबा ने।

लिखा! कागज पर यह लिख दो, क्या तुम्हारे दिल में है?
डर हमें लगता है पल-पल, हम बड़ी मुश्किल में हैं?
रफ़्ता-रफ़्ता हाल लिखा सब, मुझको मेरी महबूबा ने।
प्यार भरा पैग़ाम लिखा, मुझको मेरी महबूबा ने।
पहली-पहली बार लिखा ख़त, मुझको मेरी महबूबा ने।

चाहते हैं तुम ही को हरदम, प्यार तुम्हीं से करते हैं।
सुबह हो या शाम सिंदूरी, याद तुम्हीं को करते हैं।
ऊपर-नीचे जान लिया सब, मुझको मेरी महबूबा ने।
प्यार भरा पैग़ाम लिखा, मुझको मेरी महबूबा ने।
पहली-पहली बार लिखा ख़त, मुझको मेरी महबूबा ने।

जैसे हो पसन्द हमें तुम, तुमसे रिश्ता रख लेंगे।
तुम ही हो संसार हमारे, संग तुम्हारे चल देंगे।
मानों भी मान लिया रब, मुझको मेरी महबूबा ने।
प्यार भरा पैग़ाम लिखा, मुझको मेरी महबूबा ने।
पहली-पहली बार लिखा ख़त, मुझको मेरी महबूबा ने।

अब ज़ुदा हमसे न होना, चाहें जो हालात हों।
तुम मेरे सपनों के साजन, जानेमन हमराज हो।
लिखते-लिखते नींद लगी कब, मुझको मेरी महबूबा ने?
प्यार भरा पैग़ाम लिखा, मुझको मेरी महबूबा ने।
पहली-पहली बार लिखा ख़त, मुझको मेरी महबूबा ने।

पहली निग़ाह में ले गई दिल

पहली निग़ाह में ले गई दिल, लड़की थी क्या ग़ज़ब?
हो गया हो गया उससे लव, हो गया हो गया उससे लव।
पहली निग़ाह में ले गई दिल, लड़की थी क्या ग़ज़ब?

छत पर थी वो बैठी, सहेली के संग।
दिल में न थे कोई मुहब्बत के रंग।
गोरा-गोरा मुखड़ा, शराबी नयन,
रखती थी कदम, वो नज़ाक़त के संग।
पहली ही बार में गयी घुल-मिल, कैसा था ये सबब?
हो गया हो गया उससे लव, हो गया हो गया उससे लव।

संग-संग मेरे, एकदम निकल वो पड़ी।
चली जब गली में, लगती वो परी।
बिन्दास चेहरा, मचलती ग़ज़ल,
मिलाये मुझसे नैना, वो तो हर घड़ी।
लगी मुझे सपनों की वो मंज़िल, कुछ हुआ अलग।
हो गया हो गया उससे लव, हो गया हो गया उससे लव।

पहले नहीं देखी थी जवानी ऐसी।
पहले नहीं हुई थी कहानी ऐसी।
मन का यह पंछी हुआ बेक़रार।
पहले नहीं हुई थी नादानी ऐसी।
कैसी ये बाग में कली गई खिल? मौसम था क्या ग़ज़ब?
हो गया हो गया उससे लव, हो गया हो गया उससे लव।

प्यार करते हैं तुमसे सनम

प्यार करते हैं तुमसे सनम, इतना ज्यादा न इतना भी कम।
तुम हो मेरी ज़िंदगी, मेरे हमदम! ऐ-मेरे सनम!
प्यार करते हैं तुमसे सनम, इतना ज्यादा न, इतना भी कम।

तुम्हें वादों में बाँध देंगे, तुम्हें दिल में पनाह देंगे।
सह लेंगे मिलेंगे जो ग़म, तुमसे न शिक़वा करेंगे।
याद करते हैं तुमको सनम, इतना ज्यादा न इतना भी कम।
तुम हो मेरी ज़िंदगी, मेरे हमदम! ऐ-मेरे सनम।
प्यार करते हैं तुमसे सनम, इतना ज्यादा न इतना भी कम।

सदियों से तेरे दीवाने, गलियों-गलियों में हमारे फ़साने।
तुम्हें पाने की चाहत में जानम, यूँ ही गुजरे हैं कितने ज़माने।
वफ़ा करते हैं कब से सनम, इतना ज्यादा न इतना भी कम?
तुम हो मेरी ज़िंदगी, मेरे हमदम! ऐ-मेरे सनम।
प्यार करते हैं तुमसे सनम, इतना ज्यादा न इतना भी कम।

गर बातों पे मेरे यकीं है, मुझे बाहों में अपनी उठा लो।
मैं सदा से तुम्हारी साजन, मुझे साँसों में अपनी समा लो।
चैन मिलता है तुमसे सनम, इतना ज्यादा न इतना भी कम।
तुम हो मेरी ज़िंदगी, मेरे हमदम! ऐ-मेरे सनम!
प्यार करते हैं तुमसे सनम, इतना ज्यादा न इतना भी कम।

गोरे गालों को मेरे छू लो, नर्म होंठों को मेरे चूमो।
है कब से प्यासा तन-मन? गर्म साँसों को मेरी चूमो।
हम मरते हैं तुमपे सनम, इतना ज्यादा न इतना भी कम।
तुम हो मेरी ज़िंदगी, मेरे हमदम! ऐ-मेरे सनम!
प्यार करते हैं तुमसे सनम, इतना ज्यादा न इतना भी कम।

नींद आती नहीं, दिल है बेक़रार

नींद आती नहीं, दिल है बेक़रार।
नींद आती नहीं, दिल है बेक़रार।
क्या यही प्यार है? क्या यही है भी प्यार?
हरदम ही मुझे, रहता इंतज़ार।
क्या यही प्यार है? क्या यही है भी प्यार?

तन्हा-तन्हा तन्हाइयों में मैं डरती।
लम्हा-लम्हा तुझे मैं याद करती।
आते-जाते दीदार मुझे दे जा।
मुझे दिल का क़रार तू दे जा।
चाल चलता है तू, ग़म दे बेशुमार।
क्या यही प्यार है? क्या यही है भी प्यार?
नींद आती नहीं दिल है बेक़रार क्या यही प्यार है, क्या...?
हरदम ही मुझे रहता इंतज़ार क्या यही प्यार है, क्या...?

हैं भी कब से उदास, मेरी गलियाँ?
हैं भी करती उपहास, मेरी सखियाँ।
ऐसे-कैसे गुजरेगी जवानी?
अभी नादाँ हूँ, नहीं मैं सयानी।
बेवजह हो गयी, हममें तक़रार।
क्या यही प्यार है? क्या यही है भी प्यार?
नींद आती नहीं, दिल है बेक़रार, क्या यही प्यार है, क्या...?
हरदम ही मुझे रहता इंतज़ार, क्या यही प्यार है, क्या...?

धड़कनों में बसा तू है ऐसे।
जैसे बादल में बिजुरी हो ऐसे।
सदियों से दीवानी मैं तेरी,
जैसे सागर में नदिया हो ऐसे।
रफ़्ता-रफ़्ता करे, मुझपे इख़्तियार।
क्या यही प्यार है? क्या यही है भी प्यार?
नींद आती नहीं, दिल है बेक़रार, क्या यही प्यार है? क्या...?
हरदम ही मुझे रहता इंतज़ार, क्या यही प्यार है? क्या...?

पटा ले, मुझे पटा ले, पटा ले, मुझे पटा ले

पटा ले, मुझे पटा ले, पटा ले, मुझे पटा ले।
लड़की हूँ हँसीन, मिजाज है रंगीन, लड़की हूँ हँसीन...।
चंदा जैसा गोरा मुखड़ा, लब से लब मिला ले।
पटा ले मुझे पटा ले, पटा ले मुझे पटा ले।

माथे की बिंदिया, कंगना तू ला दे।
हुआ पुराना, झुमका तू ला दे।
ला-दे, ला-दे बनारस की चोली,
ला-दे, ला-दे जयपुरा लहँगा।
ला-दे हीरे की मुझको नथनियाँ,
ला-दे ला-दे बरेली का सुरमा।
सिखा दे मुझे सिखा दे, सिखा दे मुझे सिखा दे।
लड़की हूँ हँसीन, मिजाज़ है रंगीन।
चंदा जैसा गोरा मुखड़ा, लब से लब मिला ले।
पटा ले मुझे पटा ले, पटा ले मुझे पटा ले।

आँखों में जादू, अदाओं में जादू।
चिलमन उठाऊँ, हो जाये बेकाबू।
तू अनाड़ी है, उल्फ़त न समझे।
सुस्त रहता, हक़ीक़त न समझे।
ऐसे कटती नहीं ज़िंदगानी, तू है लोफर नहीं भी खिलाड़ी।
मुझ ही से मुझे चुरा ले, मुझ ही से मुझे चुरा ले।
लड़की हूँ हँसीन, मिजाज है रंगीन।
चंदा जैसा गोरा मुखड़ा, लब से लब मिला ले।
पटा ले मुझे पटा ले, पटा ले मुझे पटा ले।

डोली तू ले आ, बनकर के दूल्हा।
हुए ज़माने में, हम आज रुसवा।
मुस्कायी हैं बागों में कलियाँ।
देख हँसती हैं मुझ पर सखियाँ।
देख हँसते हैं हम पर नज़ारे, करते हैं ये पल-पल इशारे।
कुड़ी कुँवारी पटा ले, अभी शादी करा ले।
लड़की हूँ हँसीन, मिजाज़ है रंगीन।
चंदा जैसा गोरा मुखड़ा, लब से लब मिला ले।
पटा ले मुझे पटा ले, पटा ले मुझे पटा ले।

पाकर तुम्हें, मैं अब नहीं, यूँ खोना चाहती

पाकर तुम्हें मैं अब नहीं यूँ खोना चाहती हूँ सनम।
दुनिया जले जलती रहे, तुझको चाहती हूँ सनम।
पाकर तुम्हें मैं अब नहीं यूँ, खोना चाहती हूँ सनम।

सुने कोई हमारे फ़साने, हुए हम दोनों हैं सयाने।
बँध गई जब प्रीत की डोरी, गायें क्यों न प्रेम तराने?
रोयी बहुत मैं अब नही भी, रोना चाहती हूँ सनम।
दुनिया जले जलती रहे, तुझको चाहती हूँ सनम।
पाकर तुम्हें मैं अब नहीं, यूँ खोना चाहती हूँ सनम।

मिला मुझको जीने का बहाना, मिला मुझको है आशियाना।
रंग लाते हैं अरमान मेरे, देखा तुझको हुआ दिल दीवाना।
यादें तेरी मैं अब कहीं, सँजोना चाहती हूँ सनम।
दुनिया जले जलती रहे, तुझको चाहती हूँ सनम।
पाकर तुम्हें मैं अब नहीं, यूँ खोना चाहती हूँ सनम।

बनूँ मैं तेरे ख़्वाबों की रानी, बने तू मेरे सपनों का राजा।
जुड़ जाये जन्मों का बंधन, तू मनमोहन मैं तेरी राधा।
तन्हा सफर कटता नहीं, खिलौना चाहती हूँ सनम।
दुनिया जले जलती रहे, तुझको चाहती हूँ सनम।
पाकर तुम्हें मैं अब नहीं, यूँ खोना चाहती हूँ सनम।

भर दे मेरा खुशियों से दामन, झूमता गाता आया सावन।
छोड़ शर्मो हया का ये पर्दा, आ हटा अपने हाथों से चिलमन।
तेरे ही बस कदमों में मैं, ठिकाना चाहती हूँ सनम।
दुनिया जले जलती रहे, तुझको चाहती हूँ सनम।
पाकर तुम्हें मैं अब नहीं, यूँ खोना चाहती हूँ सनम।

पिया मैं तेरी हो जाऊँगी

पिया मैं तेरी हो जाऊँगी, सदा मैं तेरे गुन गाऊँगी,
अपना बना ले मुझे।
तेरे लिये उदास रहती, सदायें दिल किससे कहती,
अपना बना ले मुझे।
पिया मैं तेरी हो जाऊँगी, सदा मैं तेरे गुन गाऊँगी, अपना...।

चम-चम चम-चम चमके, मेरे माथे की बिंदिया।
खन-खन खन-खन खनके, मेरे हाथों के कंगना।
नैना ये मेरे सावन भादों, मय से शराबी।
चैन-चुरायें जानम तेरा, गाल गुलाबी।
और न तुझे तड़पाऊँगी, देख तुझे मैं शरमाऊँगी, अपना...।
तेरे लिये उदास रहती, सदायें दिल किससे कहती, अपना...।
पिया मैं तेरी हो जाऊँगी, सदा मैं तेरे गुन गाऊँगी, अपना...।

कैसे-कैसे आये हैं? मौसम सुहाने।
रफ़्ता-रफ़्ता हो गये, हम दोनों दीवाने।
आ-जा आ-जा मेरे बाँके सिपहिया।
आ-जा कस के थाम मेरी, गोरी कलाइयाँ।
जवाँ हैं चन्दा और सितारे, जवाँ हैं हरसू नजारे, अपना...।
तेरे लिये उदास रहती, सदायें दिल किससे कहती? अपना...।
पिया मैं तेरी हो जाऊँगी, सदा मैं तेरे गुन गाऊँगी, अपना...।

धड़कन-धड़कन मेरी, तेरे ही गीत गाये।
चंचल चितवन मेरी, समझ तुझे न आये।
पलकों की चिलमन, पिया मुझको छिपा ले।
नादाँ अभी मैं हूँ, मुझे उल्फ़त सिखा दे।
बिन तेरे कैसे जी पाऊँगी? मिला न तू मर जाऊँगी, अपना...।
तेरे लिये उदास रहती, सदायें दिल किससे कहती? अपना...।
पिया मैं तेरी हो जाऊँगी, सदा मैं तेरे गुन गाऊँगी, अपना...।

रब ने दिया है हुस्न तो

रब ने दिया है हुस्न तो इतराइये ज़रूर।
चिलमन की लेकर आड़, शरमाइये ज़रूर।
रब ने दिया है हुस्न तो इतराइये ज़रूर।

खुलने दो गेसुओं को, बढ़ने दो बात को।
कैसा ये इम्तिहान है? खुलने दो राज़ को।
लिखा है तुमने आज क्या? सुनवाइये ज़रूर।
चिलमन की लेकर आड़, शरमाइये ज़रूर।
रब ने दिया है हुस्न तो इतराइये ज़रूर।

बोलो तुम्हारा नाम मैं, रख दूँ क्या चाँदनी?
वल्ला तेरा क्या रूप है? दिलक़श तू नाज़नीं।
छलका लबों का जाम, पिलवाइये ज़रूर।
चिलमन की लेकर आड़, शरमाइये ज़रूर।
रब ने दिया है हुस्न तो इतराइये ज़रूर।

सुने हैं तेरे नाम के चर्चे जगह-जगह।
चाहा तुम्हें है प्यार में, शिकवे से क्या मिला?
थाने में रपट मेरी, लिखवाइये ज़रूर।
चिलमन की लेकर आड़, शरमाइये ज़रूर।
रब ने दिया है हुस्न तो इतराइये ज़रूर।

बाहर है कूल-कूल सा, अन्दर से आग है।
कैसे बुझायेगी भला? शबनम उदास है।
कितने दीवाने और हैं? गिनवाइये ज़रूर।
चिलमन की लेकर आड़, शरमाइये ज़रूर।
रब ने दिया है हुस्न तो इतराइये ज़रूर।

रूह को तन से परिन्दा होना पड़ता है

रूह को तन से परिन्दा होना पड़ता है।
रूह को तन से परिन्दा होना पड़ता है।
ख़ुद को ख़ुद से ही बावस्ता होना पड़ता है,
रूह को तन से परिन्दा होना पड़ता है।

अनगिनत सी लकीरें पढ़ना नामुमकिन।
बेमुरब्बत ज़िंदगी से लड़ना है पल छिन।
ज़िस्म को मरकर भी ज़िंदा होना पड़ता है।
ख़ुद को ख़ुद से ही बावस्ता होना पड़ता है।
रूह को तन से परिन्दा होना पड़ता है।

वक़्त की रफ़्तार के संग चलना है सबको।
कर्मों का ये फ़लसफ़ा रटना है सबको।
हर सुबह उठते ही फ़न्दा होना पड़ता है।
ख़ुद को ख़ुद से ही बावस्ता होना पड़ता है।
रूह को तन से परिन्दा होना पड़ता है।

माना कि तूने हजारों को हराया है।
बेवज़ह कितनों को तूने क्यों रुलाया है?
चल चुका अब और मन्दा होना पड़ता है।
ख़ुद को ख़ुद से ही बावस्ता होना पड़ता है।
रूह को तन से परिन्दा होना पड़ता है।

जाँ की दुश्मन है, कभी प्यार की बाजी।
क्या करेगा बैठकर अब बीच में क़ाज़ी?
ले लिया एक रोज पंगा महँगा पड़ता है।
ख़ुद को ख़ुद से ही बावस्ता होना पड़ता है।
रूह को तन से परिन्दा होना पड़ता है।

रंग में तेरे ढल जाने को

रंग में तेरे ढल जाने को, जानेमन बेताब हूँ।
तू अगर है गुल कोई, मैं भी आफ़ताब हूँ।
रंग में तेरे ढल जाने को, जानेमन बेताब हूँ।

इम्तहाँ कितने भी ले-ले ऐ-सनम!
दे चुकी तुझको ये दिल मैं सनम।
क्यों मिलाता है नज़र, मैं तेरा इन्तख़ाब हूँ?
तू अगर है गुल कोई, मैं भी आफ़ताब हूँ।
रंग में तेरे ढल जाने को, जानेमन बेताब हूँ।

आ भी लिख मेरी अदाओं पर ग़ज़ल।
खूबसूरत मैं, अधर मेरे कमल।
दिलरुबा महके गुलशन का, मैं ही वो गुलाब हूँ।
तू अगर है गुल कोई, मैं भी आफ़ताब हूँ।
रंग में तेरे ढल जाने को, जानेमन बेताब हूँ।

यह सफर रँगीन है गर तू मिले।
सूने से आँगन में कोई गुल खिले।
देखता तू रात भर, मैं वही तो ख़्वाब हूँ।
तू अगर है गुल कोई, मैं भी आफ़ताब हूँ।
रंग में तेरे ढल जाने को, जानेमन बेताब हूँ।

कह दे कि मुझसे मुहब्बत है नहीं।
अच्छी तेरी यह शरारत है नहीं।
तन्हा-तन्हा पढ़ता तू जो, मैं ही वो किताब हूँ।
तू अगर है गुल कोई, मैं भी आफ़ताब हूँ।
रंग में तेरे ढल जाने को, जानेमन बेताब हूँ।

रंगीला मेरा साजन छबीला मेरा...

रंगीला मेरा साजन, छबीला मेरा साजन।
जाने न दिल का लगाना।
रे उड़ जाये चुनर, है बाली मेरी उमर, जाने न अँखियाँ लड़ाना।
रंगीला मेरा साजन, छबीला मेरा साजन, जाने न दिल का.....।

मतवाला है हुस्न मेरा, बड़ी दिलकश है मेरी जवानी।
दूर से खड़ा मुस्कुराये, कैसे उल्फ़त करें तुझसे रानी?
कभी तो शरमाए, कभी तो घबराये, रे जाने न सीटी बजाना।
रे उड़ जाये चुनर, है बाली मेरी उमर, जाने न अँखियाँ लड़ाना।
रंगीला मेरा साजन, छबीला मेरा साजन, जाने न दिल का...।

घूमता आवारों की तरह, करे गलियों में मेरी फेरे।
बड़ा अद्भुत मेरा दीवाना, करे कदमों में सज़दे मेरे।
हवायें चलें सन-सन, पायलिया छम-छम, जाने न तीर चलाना।
रे उड़ जाये चूनर, है बाली मेरी उमर, जाने न अँखियाँ लड़ाना।
रँगीला मेरा साजन, छबीला मेरा साजन, जाने न दिल का...।

बलखा के मैं जब-जब चलती, दुनिया देख ये सब जलती।
सहर होते यही एक नशा है, शाम यादों में तेरी गुजरती।
भादो हो या सावन, कोई हो मौसम, जाने न गाना बजाना।
रे उड़ जाये चुनर, है बाली मेरी उमर, जाने न अँखियाँ लड़ाना।
रँगीला मेरा साजन, छबीला मेरा साजन, जाने न दिल का...।

पलकों में उसे बंद करके, रखूँगी मैं सदा के लिये अब।
दिल मेरे हवाले करेगा, ऐसा मौक़ा मिले न फिर अब।
नशीला मेरा यौवन, करूँगी उसको अर्पन।
नहीं टूटेगा फिर याराना।
रे उड़ जाये चुनर, है बाली मेरी उमर, जाने न अँखियाँ लड़ाना।
रँगीला मेरा साजन, छबीला मेरा साजन, जाने न दिल का...।

रास्ते में प्यार के उलझन ही उलझन

रास्ते में प्यार के, उलझन ही उलझन है,
दुश्मन ही दुश्मन हैं हर मोड़ पर।
फूल हैं ये नाम के, गुलशन ही गुलशन है,
झूठा यह दरपन है हर मोड़ पर।
रास्ते में प्यार के...।

दीवानों को तका करती, बहारों की यहाँ गलियाँ।
लिये बैठी यहाँ खंज़र, हसीनों की यहाँ अँखियाँ।
फ़ासले हैं दूर से, नश्तर ही नश्तर हैं।
तड़पन ही तड़पन है हर मोड़ पर।
रास्ते में प्यार के...।

वो बैठे खोल कर खिड़की, सुने न बात पल भर भी।
फ़रेबी से इशारे हैं, गिरा दें कब ये बिजली?
खुशबूएँ हैं नाम की, नकली ही चन्दन है।
चितवन ही चितवन है हर मोड़ पर।
रास्ते में प्यार के...।

मैं पछताया वफ़ा करके, कि पल भर चैन न पाया।
लुटा मैं चन्द लम्हों में कि तब से मैं नहीं सोया।
चिलमनों की आड़ में, धड़कन ही धड़कन है।
क्रन्दन ही क्रन्दन है हर मोड़ पर।
रास्ते में प्यार के...।

मचलते हैं यहाँ अरमाँ, मगर कुछ हो नहीं सकता।
सुलगती है चिंगारी, मगर शोला हो नहीं सकता।
क्या किसी का साथ दें? भादों है न सावन है।
पतझड़ सा मौसम है हर मोड़ पर,
रास्ते में प्यार के...।

सब कुछ लुटा दिया है अफसोस क्या

सब कुछ लुटा दिया है, अफसोस क्या करें?
पग-पग पर उलझनें हैं, अब सोच क्या करें?
सब कुछ लुटा दिया है, अफसोस क्या करें?

शमा ने आँधियों से डरना नहीं है सीखा।
पुरबा के बादलों ने रुकना नहीं है सीखा।
सागर की कश्तियों ने मुड़कर नहीं है देखा।
हमने तो बन्दगी में, अवसर नहीं देखा।
सिर यह झुका दिया है, अब गौर क्या करें?
पग-पग पर उलझनें हैं, अब सोच क्या करें?
सब कुछ लुटा दिया है, अफसोस क्या करें?

शिकवा करेगी दुनिया, करती रहे तमाशा।
देती रही है हरदम, झूठी सदा दिलासा।
बैठी है रास्तों में, लिये हाथ में है खंज़र।
हमने भी ज़िंदगी में, देखे हज़ारों मंजर।
दुश्मन छिपा-छिपा है, अब शोर क्या करें?
पग पग-पर उलझनें हैं, अब सोच क्या करें?
सब कुछ लुटा दिया है, अफसोस क्या करें?

अपने नसीब पर क्यों रोते घड़ी-घड़ी?
देते हमें नसीहत तुम तो बड़ी-बड़ी।
हुई क्यों उदास नज़रें? ऐसा भी क्या हुआ?
औरों के वास्ते क्यों की तुमने बद्दुआ?
दरपन दिखा दिया है, अब और क्या करें?
पग-पग पर उलझनें हैं, अब सोच क्या करें?
सब कुछ लुटा दिया है, अफसोस क्या करें?

सभी की यहाँ एक सी तक़दीर

सभी की यहाँ एक सी तक़दीर कहाँ होती है?
दीवानों को न दिन पता और रात कहाँ होती है?
सभी की यहाँ एक सी तक़दीर कहाँ होती है?

अन्जानी उल्फ़त का मशहूर फ़साना है।
बस अपने लफड़ों में मग़रूर ज़माना है।
सभी को दवा एक सी तक़सीम कहाँ होती है?
दीवानों को न दिन पता और रात कहाँ होती है?
सभी की यहाँ एक सी तक़दीर कहाँ होती है?

पल भर है समझौता फिर कौन यहाँ किसका?
फ़ैशन सा बन गया है, यहाँ खेल मुहब्बत का।
सभी की यहाँ अर्जी, मंज़ूर कहाँ होती है?
दीवानों को न दिन पता और रात कहाँ होती है?
सभी की यहाँ एक सी तक़दीर कहाँ होती है?

लगती है हरियाली, पतझड़ की तरह यारों।
लगते हैं अब मेले, मरघट की जगह यारों।
युद्ध के लिये हाथों में शमशीर कहाँ होती है?
दीवानों को न दिन पता और रात कहाँ होती है?
सभी की यहाँ एक सी तक़दीर कहाँ होती है?

तड़पते हैं यहाँ लाखों सिर्फ़ एक हवा के लिये।
तड़पता है पपीहरा सिर्फ कुछ बूँदों के लिये।
मिटाने के लिये ऐसी तहरीर कहाँ होती है?
दीवानों को न दिन पता और रात कहाँ होती है?
सभी की यहाँ एक सी तक़दीर कहाँ होती है?

सज़ा देनी हमें भी आती है

सज़ा देनी हमें भी आती है, ओ बेखबर!
मगर तक़लीफ़ में तुम हो नहीं ऐसा जिगर।
सज़ा देनी हमें भी आती है, ओ बेखबर!

वफ़ा का वास्ता देकर, ज़फ़ा करना नहीं सीखा।
हमें इल्जाम देते हो, पलटकर के नहीं देखा।
नज़र मेरी बहक जाती है, तुम्हें देखकर।
मगर तक़लीफ़ में तुम हो नहीं ऐसा जिगर।
सज़ा देनी हमें भी आती है, ओ बेखबर!

अगर कि वक़्त आया तो तुम्हें हम ये बता देंगे।
किये वादे निभा देंगे, नहीं तुमको दगा देंगे।
नहीं हम हैं फरेबी, ऐ-सनम जाने जिगर।
मगर तक़लीफ़ में तुम हो, नहीं ऐसा जिगर।
सज़ा देनी हमें भी आती है, ओ बेखबर!

तेरी उम्मीद पर पलकें, बिछाये बैठे हैं कब से?
तेरी तस्वीर को दिल में, समाये बैठे हैं कब से?
कहाँ ये नींद हमें भी आती है रात भर?
मगर तक़लीफ़ में तुम हो, नहीं ऐसा जिगर।
सज़ा देनी हमें भी आती है, ओ बेखबर!

बड़ा दिलकश समाँ जानम, बड़ा रंगीन मौसम है।
तुम्हें ही याद करता दिल, लबों पर तेरी सरगम है।
कभी लिखा करते थे, फ़साने रेत पर।
मगर तक़लीफ़ में तुम हो, नहीं ऐसा जिगर।
सज़ा देनी हमें भी आती है, ओ बेखबर!

पल्लू ज़रा सा हटा दे गोरी

पल्लू ज़रा सा हटा दे गोरी।
चेहरा ज़रा सा दिखा दे गोरी।
इस बहाने मुलाक़ात हो जायेगी।
आज ही प्यार की बरसात हो जायेगी।
जलवा ज़रा सा दिखा दे गोरी,
पल्लू ज़रा सा हटा दे गोरी, चेहरा ज़रा सा दिखा दे गोरी।

पल्लू हटेगा तो सज़दा करूँगा,उल्फ़त का कुछ ईनाम दूँगा।
पल्लू हटेगा तो सखियाँ हँसेंगी,जज़्बात को मैं अंजाम दूँगा।
ठुमका ज़रा सा लगा दे गोरी, ये मुझको तमाशा दिखा दे गोरी,
इस बहाने मुलाक़ात हो जायेगी।
आज ही प्यार की बरसात हो जायेगी।
जलवा ज़रा सा दिखा दे गोरी,
पल्लू ज़रा सा हटा दे गोरी, चेहरा ज़रा सा दिखा दे गोरी।

पाँव में तेरे आ पायल पहना दूँ,
कानों में तेरे झुमके पहना दूँ।
चम-चम माथे पे चमके बिंदिया,
आँखों का तेरे कजरा दिला दूँ।
बैंया पकड़कर चलेंगे गोरी, हम-तुम संग-संग नाचेंगे गोरी।
इस बहाने मुलाक़ात हो जायेगी,
आज ही प्यार की बरसात हो जायेगी।
जलवा ज़रा सा दिखा दे गोरी,
पल्लू ज़रा सा हटा दे गोरी, चेहरा ज़रा सा दिखा दे गोरी।

चल मेले तुझे जलेबी खिलाऊँ।
'सागर' का तुझको जादू दिखाऊँ।
आया है मेले में नाव का झूला,
देवी का तुझको दर्शन कराऊँ।
हलुआ-पराठा आ खायें गोरी, टिक्की बतासे हैं ताज़ा गोरी,
इस बहाने मुलाक़ात हो जायेगी।
आज ही प्यार की बरसात हो जायेगी।
जलवा ज़रा सा दिखा दे गोरी,
पल्लू ज़रा सा हटा दे गोरी, चेहरा ज़रा सा दिखा दे गोरी।

संग तू गर चले हर सफर है हँसीं

संग तू गर चले, हर सफर है हँसीं
साथ तू गर जो दे, हरसू है खुशी
साथिया! दिलरुबा! साथिया! दिलरुबा!
संग तू गर चले, हर सफर है हँसीं~साथ तू गर जो दे, हरसू...

गलियों में चर्चे अपने हुए, लाखों हम अरमाँ दिल में लिये
एक हो गये दोनों के रास्ते, एक-दूजे बिन अब कैसे जियें
आ मिलकर करें हम बंदगी, साथ तू गर जो दे, हरसू है खुशी
साथिया! दिलरुबा! साथिया! दिलरुबा!
संग तू गर चले हर सफर है हँसीं~साथ तू गर जो दे, हरसू...

मिल जायें मुहब्बत में कितने ग़म
अब रोके रुकेंगे न बढ़ते कदम
तूने दी है जो दस्तक मैं आ गया
दिलवाले भी हैं दीवाने हैं हम
औरों से अलग तू है नाज़नीं, साथ तू गर जो दे, हरसू है खुशी
साथिया! दिलरुबा! साथिया! दिलरुबा!
संग तू गर चले, हर सफर है हँसीं~साथ तू गर जो दे, हरसू...

आ सौगंध खा लें मेरे सनम, जीतेंगे हम जब छेड़ी है जंग
आँधी हो या तूफाँ काँटों की डगर,
परवाह क्या जब तेरा है संग
धड़कनों में सदा, तू है बसी, साथ तू गर जो दे, हरसू है ख़ुशी
साथिया! दिलरुबा! साथिया! दिलरुबा!
संग तू गर चले हर सफर है हँसीं~साथ तू गर जो दे, हरसू...

दुनिया की नज़रें हम पर पड़ी, हाथों में खंजर लिए वो खड़ी
अफ़साने दिल जवाँ हो गये, मेरे राम दुहाई ये कैसी घड़ी
अब लगा दे ज़माना, हमें हथकड़ी
साथ तू गर जो दे, हरसू है ख़ुशी
साथिया! दिलरुबा! साथिया! दिलरुबा!
संग तू गर चले,हर सफर है हँसीं~साथ तू गर जो दे, हरसू...

संग चलूँ मैं तेरे कैसे तंग करेगा

संग चलूँ मैं तेरे कैसे? तंग करेगा मुझको ऐसे।
जैसे जल बिन हो मछली, पंख बिना जैसे हो तितली।
संग चलूँ मैं तेरे कैसे? तंग करेगा मुझको ऐसे।
जैसे जल बिन हो मछली, पंख बिना जैसे हो तितली।
छोड़ जिद ये सनम, कर दे मुझ पे करम।
छोड़ जिद ये सनम, कर दे मुझ पे करम।

मैं जोगनियाँ बनी तेरे बिन साजना।
दिल चुराता है तू काहे को जानेजाँ।
नाचूँ मैं मोरनी जैसे, गाऊँ मैं रागिनी कैसे?
जल बिन सावन बदरी चुनर जैसे बेरंगी।
छोड़ जिद ये सनम, कर दे मुझ पे करम।
छोड़ जिद ये सनम, कर दे मुझ पे करम।

ठीक होता नहीं, रोग क्या है सनम?
कैसी उलझन भरी है जहाँ की रस्म?
पार डगर हो यह कैसे? मीलों सा सफर हो जैसे।
भारी सर पर है गठरी, गोरा बदन है जख़्मी।
छोड़ जिद ये सनम, कर दे मुझ पे करम।
छोड़ जिद ये सनम, कर दे मुझ पे करम।

हुस्न की मैं परी, जिस्म है मखमली।
देखे मुझको जो भी, होती है खलबली।
चाल चलूँ मैं हिरनी जैसे, अंग मेरे कस्तूरी जैसे।
बालों में मेरे गजरा, आँखें मेरी कज़रारी।
छोड़ जिद ये सनम, कर दे मुझ पे करम।
छोड़ जिद ये सनम, कर दे मुझ पे करम।

संगी-साथी न भाई-बन्धु मैं अकेला चला

संगी-साथी, न भाई-बन्धु, मैं अकेला चला, मैं अकेला चला।
छोड़ दुनिया के सारे बंधन, अलविदा कह चला, अलविदा...।
संगी-साथी, न भाई-बन्धु, मैं अकेला चला, मैं अकेला चला।

बंद कर लो सभी खिड़कियाँ, बंद कर लो दरवाजे कस के।
बड़ा शातिर है वायरस, भाई! भूल जाओ रिवाज़ जो कल थे।
छोड़ भाई मेरी लगन तू, मैं अकेला चला, मैं अकेला चला।
छोड़ दुनिया के सारे बंधन, अलविदा कह चला, अलविदा...।
संगी साथी, न भाई-बन्धु, मैं अकेला चला, मैं अकेला चला।

चले जाना है मुझको जहाँ से, मैं मुसाफिर यहाँ मेरा क्या है?
करता मैं रहा सबकी ख़िदमत, अब मेरा यहाँ काम क्या है?
हँसते-हँसते विदा कर तू, मैं अकेला चला, मैं अकेला चला।
छोड़ दुनिया के सारे बंधन, अलविदा कह चला, अलविदा...।
संगी-साथी, न भाई-बन्धु, मैं अकेला चला, मैं अकेला चला।

न काँधा लगाओ मुझे तुम, न पीछे चलो मेरे तुम।
ऊपर-अम्बर नीचे धरती, मान चिता सजाओ मेरी तुम।
क्यों बर्बाद करते सामग्री? मैं अकेला चला, मैं अकेला चला।
छोड़ दुनिया के सारे बंधन, अलविदा कह चला, अलविदा...।
संगी-साथी, न भाई-बन्धु, मैं अकेला चला, मैं अकेला चला।

मौत के नाम हुई तिजारत, करते सब ही अपनी वक़ालत।
कौन जीता यहाँ कौन हारा? ज़िंदा इंसाँ है अपनी बदौलत।
मत करना मेरा ग़ाम तू अब, मैं अकेला चला, मैं अकेला चला।
छोड़ दुनिया के सारे बंधन, अलविदा कह चला, अलविदा...।
संगी-साथी, न भाई-बन्धु, मैं अकेला चला, मैं अकेला चला।

मैंने सोचा मुहब्बत करूँगी नहीं

मैंने सोचा मुहब्बत करूंगी नहीं
ऐसी झूठी मुहब्बत से क्या फ़ायदा
गर दुआऐं करके ख़ुदा न मिले
ऐसी झूठी इबादत से क्या फ़ायदा

लोग करते हैं उल्फ़त न जाने क्यों
गिला करते हैं छिप-छिप न जाने क्यों
हवा चलती है होकर जरा मनचली
मिला करते हैं दीवाने न जाने क्यों
बुरी होती है यारों दिल की लगी
ऐसी दिल की लगी से क्या फ़ायदा
गर दुआऐं करके ख़ुदा न मिले,ऐसी झूठी इबादत से क्या..

है चाहत बुरी मिलें ग़म ही ग़म
उम्मीदों की शमा जलायें क्यों हम
ज़माना ये सारा मचाता है शोर
दीवानों के झांसे में आयें क्यों हम
ऐसे कैसे दीवानों पर कर लूँ यकीं
ऐसी नकली शराफ़त से क्या फ़ायदा
गर दुआऐं करके ख़ुदा न मिले,ऐसी झूठी इबादत से क्या..

जोड़ लेना ये नाता है आसां मगर
जोड़कर फिर निभाना मुश्किल मगर
पहले करते हैं वादा जीने मरने का
बेवफ़ा होकर ये फेर लेते नज़र
नज़र आती पैरों से खिसकती ज़मीं
ऐसी पल-पल अदालत से क्या फ़ायदा
गर दुआऐं करके ख़ुदा न मिले,ऐसी झूठी इबादत से क्या..

छोड़ जाती हैं साथ परछाईयाँ,मौत सी लगती तन्हाईयाँ
रूठ से जाते हैं जलते दीए,ख़ौफ़ सी लगती रुसबाईयाँ
प्यार का सिलसिला है नदारत कहीं
ऐसी झूठी लिखावट से क्या फ़ायदा
गर दुआऐं करके ख़ुदा न मिले,ऐसी झूठी इबादत से क्या..

पलटते रहे किताबों के पन्ने

पलटते रहे किताबों के पन्ने, इधर से उधर, उधर से इधर।
बदलते रहे अंदाज अपने-अपने, इधर से उधर, उधर से इधर।
पलटते रहे किताबों के पन्ने, इधर से उधर, उधर से इधर।

लपकते रहे मिला गर मुफ़त में, समझते रहे दिया है गिफ़्ट में।
नपवाते रहे ज़मीनों के रक़बे, वो कहते हैं, सब मेरे हैं जलवे।
चबाते हैं वो होंठों से गन्ने, इधर से उधर, उधर से इधर।
बदलते रहे अंदाज अपने-अपने, इधर से उधर, उधर से इधर।
पलटते रहे किताबों के पन्ने, इधर से उधर, उधर से इधर।

टँकवाते रहे, हज़ारों से तमगे, लिखवाते रहे वो, उल्फ़त के नगमे।
निभाते रहे हम, ज़माने की रस्में,हुए हम तो यारों, हँसीनों के वश में।
तड़पते रहे ले उनके ही सपने, इधर से उधर, उधर से इधर।
बदलते रहे अंदाज अपने-अपने, इधर से उधर, उधर से इधर।
पलटते रहे किताबों के पन्ने, इधर से उधर, उधर से इधर।

लगवाते रहे वो, कील और खंजर, चलवाते रहे वो, अपनों पे खंजर।
करवाते रहे वो, आपसे में झगड़े,खुदवाते रहे वो, सड़कों में गड्ढे।
उतरते रहे हम कैसी जंग में? इधर से उधर, उधर से इधर।
बदलते रहे अंदाज अपने-अपने, इधर से उधर, उधर से इधर।
पलटते रहे किताबों के पन्ने, इधर से उधर, उधर से इधर।

अब होता नहीं, उन पर कुछ असर।
नहीं लेंगे भी, अब वो अपनी ख़बर।
कर कितना भी लें, दीवानापन।
लड़ कितनी भी ले, तू अब ये जंग।
तेरी बातें पल्ले पड़ेंगी न मन्ने, इधर से उधर, उधर से इधर।
बदलते रहे अंदाज अपने-अपने, इधर से उधर, उधर से इधर।
पलटते रहे किताबों के पन्ने, इधर से उधर, उधर से इधर।

सहे हैं मुहब्बत में लाखों सितम

(जमाने में हसरत नहीं होती पूरी)-2
(जमाने में चाहत नहीं होती पूरी)।

सहे हैं मुहब्बत में लाखों सितम।-2
कभी इसका ग़म, कभी उसका ग़म, कभी ख़ुद का ग़म।
चलें अब कहाँ तक, थके हैं कदम?
कभी इसका ग़म, कभी उसका ग़म, कभी ख़ुद का ग़म।-2

वो जिनको हमने माना ख़ुदा-2
हुई बात क्या? हुए हैं ख़फ़ा।
कैसे इनको सँभालूँ? कैसे खुद को सँभालूँ?-2
नहीं अच्छे लगते हैं, इनके करम।
कभी इसका ग़म, कभी उसका ग़म, कभी ख़ुद का ग़म।-2

जवानी के लम्हें, नहीं फिर आते।-2
जवाँ जब हुए, क्यों भी शरमाते?
हाल अपना सुनाते, फिर क्यों घबराते?-2
तो क्यों हैं ये वादे? और क्यों हैं कसम?
कभी इसका ग़म, कभी उसका ग़म, कभी ख़ुद का ग़म।-2

किसी से है उल्फ़त, किसी से सगाई।-2
जमाने ऐ तेरी, दुहाई है दुहाई।
प्रीत हुई है पराई, रीत कैसी चलाई?-2
हुई है दहशत, मिटे न भरम।
कभी इसका ग़म, कभी उसका ग़म, कभी ख़ुद का ग़म।-2

जरा सोच करना~ये उल्फ़त यारों-2
कि वादा न करना~मुसीबत यारों
खूबसूरत समां~ले चला हैं कहाँ-2
कि लेने पड़ेंगे~यूँ कितने जनम
कभी इसका ग़म,कभी उसका ग़म,कभी ख़ुद का ग़म-2
सहे हैं मुहब्बत में लाखों सितम
कभी इसका ग़म,कभी उसका ग़म,कभी ख़ुद का ग़म-2

समझेगी दीवाने को, शमा और...

समझेगी दीवाने को, शमा और परवाने को।
आज नहीं तो कल, आज नहीं तो कल।
कुछ न तू कर पायेगी, चिलमन से शरमायेगी।
बीत जायेंगे ये पल, बीत जायेंगे ये पल।

तड़पेगी तन्हाई में, उलझेगी रुसवाई में,
एक दिन, एक दिन जानेमन।
तन्हा दिल घबरायेगा, समझ न कुछ आयेगा,
एक दिन, एक दिन जानेमन।
आग ये लग जायेगी, बुझ न फिर ये पायेगी।
कुछ न तू कर पायेगी, चिलमन से शरमायेगी, बीत जायेंगे...।

चलना है अँगारों पे, डर न बिन परवाजों के,
कैसी-कैसी-कैसी राह पर?
हँसे-मुस्कुराये थे, नगमें गुनगुनाये थे,
कैसे-कैसे-कैसे याद कर?
मीलों सी ये दूरियाँ, होंगी कई मजबूरियाँ।
कुछ न तू कर पायेगी, चिलमन से शरमायेगी, बीत जायेंगे...।

कैसे दूर जाऊँ मैं? कैसे भूल जाऊँ मैं?
लम्हा-लम्हा लम्हें प्यार के।
लिखे हैं किताबों में, छपते अखबारों में,
तेरे-मेरे किस्से प्यार के।
समझाने रफ़्ता-रफ़्ता, दिल के अफसाने को।
कुछ न तू कर पायेगी, चिलमन से शरमायेगी, बीत जायेंगे...।

तुझको क्या याद नहीं? सावन है वो बात नहीं,
मुझसे तूने वादे जो किये।
बाहों में तू सोयी थी, मुझमें तू खोयी थी,
लब के प्याले हमने थे पिये।
डरना क्या ज़माने से? पूरा कर अरमानों को।
कुछ न तू कर पायेगी, चिलमन से शरमायेगी, बीत जायेंगे...।

सदियों से बेकरार दिल

सदियों से बेकरार दिल, करे भी तो क्या करे?
किससे ये इल्तिजा करे?
ऐसी चलेंगी आँधियाँ, मुझको यकीं नहीं भी था,
ऐसा न कोई दगा करे।

मुझको यूँ रुलायेगी, एक दिन मेरी दीवानगी।
मुझको यूँ रुलायेगी, एक दिन मेरी दीवानगी।
वादे यूँ भूल जायेगी, एक दिन मेरी ही ज़िंदगी।
सदियों से बेकरार दिल, करे भी तो क्या करे? किससे ये...।
ऐसी चलेंगी आँधियाँ, मुझको यकीं नहीं भी था, ऐसा न...।

तुझको बुला-बुला रही हरदम मेरी तन्हाइयाँ।
तुझको बुला-बुला रही हरदम मेरी तन्हाइयाँ।
मुझको तू आ के थाम ले, होती रहें रुसवाइयाँ।
सदियों से बेकरार दिल, करे भी तो क्या करे? किससे ये...।
ऐसी चलेंगी आँधियाँ, मुझको यकीं नहीं भी था, ऐसा न...।

बाकी निशाँ रह जायेंगे, गुजरे कभी इस राह से।
बाकी निशाँ रह जायेंगे, गुजरे कभी इस राह से।
सोचूँगा मैं ये हर घड़ी, लम्हें थे इत्तफ़ाक़ के।
सदियों से बेकरार दिल, करे भी तो क्या करे? किससे ये...।
ऐसी चलेंगी आँधियाँ, मुझको यकीं नहीं भी था, ऐसा न...।

ठण्डी हवा आज फिर, छूकर बदन को गयी।
ठण्डी हवा आज फिर, छूकर बदन को गयी।
जाँ मेरी मुझसे रूठकर, जाने किधर को गयी।
सदियों से बेकरार दिल, करे भी तो क्या करे? किससे ये...।
ऐसी चलेंगी आँधियाँ, मुझको यकीं नहीं भी था, ऐसा न...।

सर्दी है न गर्मी है~मौसम है गुलाबी

सर्दी है न गर्मी है, मौसम है गुलाबी।
बिखरे-बिखरे बालों वाली, नैना तेरे शराबी।
रोज-रोज मिला करो, रोज-रोज मिला करो।
सर्दी है न गर्मी है, मौसम है गुलाबी।

ऋतुएँ आती-जाती हैं, इनसे हमको मतलब क्या?
भँवरे गुनगुनाते हैं, करते पंछी करतब क्या?
असली है या नकली है, जाने ये कैसे भी?
बिखरे-बिखरे बालों वाली, नैना तेरे शराबी।
रोज-रोज मिला करो, रोज-रोज मिला करो।
सर्दी है न गर्मी है, मौसम है गुलाबी।

तेरा ही मैं आशिक हूँ, मन मेरा बन्जारा।
गलियों में मैं तेरी आया, लेकर ये इकतारा।
बन्दा सीधा-सादा है, तेरा है फरियादी।
बिखरे-बिखरे बालों वाली, नैना तेरे शराबी।
रोज-रोज मिला करो, रोज-रोज मिला करो।
सर्दी है न गर्मी है, मौसम है गुलाबी।

दिल कहता तुझसे है, जन्मों का कोई बंधन।
महकी-महकी साँसें तेरी, खुशबू जैसे चन्दन।
नैना तुझसे लड़ गये जब, काहे है शरमाती।
बिखरे-बिखरे बालों वाली, नैना तेरे शराबी।
रोज-रोज मिला करो, रोज-रोज मिला करो।
सर्दी है न गर्मी है, मौसम है गुलाबी।

तेरे ही इशारों पर, चलना अब है मुझको।
तेरी ही सदाओं पर, रुकना अब है मुझको।
अरमानों की मैंने अब, शमा है जला दी।
बिखरे-बिखरे बालों वाली, नैना तेरे शराबी।
रोज-रोज मिला करो, रोज-रोज मिला करो।
सर्दी है न गर्मी है, मौसम है गुलाबी।

सुबह हो या भी शाम

सुबह हो या भी शाम, तुझको लिखता हूँ पैग़ाम।
आये लब पर तेरा नाम, आये लब पर तेरा नाम।
सुबह हो या भी शाम...।

प्यार करने वालों को, जग करता हरदम याद।
ग़मजदा होकर भी, दोनों रहते पास-पास।
नाम अगर हो बदनाम, तुझको लिखता हूँ पैग़ाम।
आये लब पर तेरा नाम, आये लब पर तेरा नाम।
सुबह हो या भी शाम...।

चाहे कैसा तीर चले? हो जिगर के पार।
हँसते-हँसते जान देते, करते हैं जो प्यार।
कुछ तो दे-दे ईनाम, तुझको लिखता हूँ पैग़ाम।
आये लब पर तेरा नाम, आये लब पर तेरा नाम।
सुबह हो या भी शाम...।

यारा नसीबों से मिलते हैं, प्यार के दो पल।
करे शरारत दिल ना माने, किसने देखा कल?
पी लें लबों के ये जाम, तुझको लिखता हूँ पैग़ाम।
आये लब पर तेरा नाम, आये लब पर तेरा नाम।
सुबह हो या भी शाम...।

ले जवानी लिख दी मैंने, नाम तेरे सनम।
छोड़ दुनिया आ भी जा, पास मेरे सनम।
तू राधा मैं हूँ श्याम, तुझको लिखता हूँ पैग़ाम।
आये लब पर तेरा नाम, आये लब पर तेरा नाम।
सुबह हो या भी शाम...।

सोचते थे कि तन्हा रह लेंगे हम

सोचते थे कि तन्हा रह लेंगे हम,
ज़िंदगी का सफर उलझता गया।
पछताये ज़माने में करके वफ़ा,
आशिक़ी का चलन बदलता गया।
सोचते थे कि तन्हा रह लेंगे हम, ज़िंदगी का सफर उलझता...।

झूठी कसमें हुईं, झूठे वादे हुए।
झूठे रिश्ते जुड़े, झूठे नाते हुए।
रेत की सेज पर, घर बनाते रहे।
बेवज़ह दोस्तों, मुस्कुराते रहे।
सोचते थे कि दूरियाँ मिट जायेंगी,
मौसमों का जिगर बदलता गया।
पछताये ज़माने में करके वफ़ा, आशिक़ी का चलन बदलता...।
सोचते थे कि तन्हा रह लेंगे हम, ज़िंदगी का सफर उलझता...।

दिल वश में नहीं, दोनों ही खो गये।
आग ऐसी लगी, जिस्म दो एक हो गये।
समझे थे जिसे, हम अपना ख़ुदा।
एक दिन वो ही हमसे करेगा दगा।
सोचते थे कि ग़म यह सह लेंगे हम,
मन-मयूरा सदा मचलता गया।
पछताये ज़माने में करके वफ़ा, आशिक़ी का चलन बदलता...।
सोचते थे कि तन्हा रह लेंगे हम, ज़िंदगी का सफर उलझता...।

हमें तड़पायेगी ये दीवानगी।
बढ़ती जायेगी यह आवारगी।
जिनके सज़दे में उठते थे ये कदम।
हो जायेंगे इतने वो बेरहम।
सोचते थे बचकर निकल लेंगे हम,
बन्दगी का चमन यूँ ही लुटता गया।
पछताये ज़माने में करके वफ़ा, आशिक़ी का चलन बदलता...।
सोचते थे कि तन्हा रह लेंगे हम, ज़िंदगी का सफर उलझता...।

शायरी के शौक़ ने

शायरी के शौक़ ने इतना तो काम कर दिया।
बेवज़ह दीवाने को बदनाम कर दिया।
शायरी के शौक़ ने, इतना तो काम कर दिया।

इतने हँसीन चेहरे देखे कभी न थे।
जुल्फ़ों के ऐसे बादल, छाये कभी न थे।
गर्दिशों के दौर ने मुझको नाक़ाम कर दिया।
बेवज़ह दीवाने को बदनाम कर दिया।
शायरी के शौक़ ने, इतना तो काम कर दिया।

बैठी है दिलरुबा मेरी चिलमन की ओट में।
मुझको फँसा चुकी है वो एक ऐसे जाल में।
जो भी था मेरा वो उसके नाम कर दिया।
बेवज़ह दीवाने को बदनाम कर दिया।
शायरी के शौक़ ने इतना तो काम कर दिया।

तन्हा हुई है ज़िंदगी जैसे कटी पतंग।
रँगीन आशिक़ी के मिट गये हैं सारे रंग।
दुश्मनों के ख़ौफ़ ने सुबह को शाम कर दिया।
बेवज़ह दीवाने को बदनाम कर दिया।
शायरी के शौक़ ने इतना तो काम कर दिया।

फिर भी हँसीन है सनम ये ज़िंदगी मेरी।
घुट-घुट के माना जी, हर लफ़्ज में तू बसी।
आकर किसी ने पास में, खाली जाम कर दिया।
बेवज़ह दीवाने को, बदनाम कर दिया।
शायरी के शौक़ ने, इतना तो काम कर दिया।

तमाम बातें हैं मेरे दिल में

तमाम बातें हैं मेरे दिल में, मगर कहूँ तो कहूँ मैं कैसे?
निभाना आसाँ नहीं यह बंधन, तुझे चुनूँ तो चुनूँ मैं कैसे?
तमाम बातें हैं मेरे दिल में, मगर कहूँ तो कहूँ मैं कैसे?

तुझे मनाने की कोशिशों में, मैं आँधियों में निकल पड़ा।
बिछे थे काँटे कदम-कदम पर, मैं रास्तों में फिसल पड़ा।
तमाम राहें यूँ चल चुका मैं, कदम रखूँ तो रखूँ मैं कैसे?
निभाना आसाँ नहीं यह बंधन, तुझे चुनूँ तो चुनूँ मैं कैसे?
तमाम बातें हैं मेरे दिल में, मगर कहूँ तो कहूँ मैं कैसे?

ऐसा क्या तुझसे था मैंने माँगा, वफ़ा जो चाही ज़फ़ा मिली।
उदास देख गले लगाया, नादानियों सी सज़ा मिली।
अभी भी डूबा हूँ तेरे ग़म में, यह ग़म सहूँ तो सहूँ मैं कैसे?
निभाना आसाँ नहीं यह बंधन, तुझे चुनूँ तो चुनूँ मैं कैसे?
तमाम बातें हैं मेरे दिल में, मगर कहूँ तो कहूँ मैं कैसे?

हर एक पल की मुझे ख़बर है, गुजारे मैंने जो साथ तेरे।
वो खुल के आना बाहों में मेरी, पिये लबों के वो जाम तेरे।
तमाम रातें गुजारी संग में, तन्हा रहूँ तो रहूँ मैं कैसे?
निभाना आसाँ नहीं यह बंधन, तुझे चुनूँ तो चुनूँ मैं कैसे?
तमाम बातें हैं मेरे दिल में, मगर कहूँ तो कहूँ मैं कैसे?

मुझे मनाकर के रोक लेना,नया कहानी को मोड़ देना।
बढ़े कदम फिर रुकें हैं कैसे? किये जो वादे वो तोड़ देना।
ख़ुदा गवाह है हुआ है ऐसा, फ़लसफ़ा यह गढ़ूँ मैं कैसे?
निभाना आसाँ नहीं यह बंधन, तुझे चुनूँ तो चुनूँ मैं कैसे?
तमाम बातें हैं मेरे दिल में, मगर कहूँ तो कहूँ मैं कैसे?

टिक्की बतासे खाने का मौसम गया

टिक्की बतासे खाने का मौसम गया, मौसम गया।
टिक्की बतासे खाने का मौसम गया, मौसम गया।
मौसम गया, मौसम गया, मौसम गया, मौसम गया।
छोले-भटूरे खाने से 'दिल भर गया-दिल भर गया'।
दिल भर गया, दिल भर गया, 'दिल भर गया-दिल भर गया'।
टिक्की बतासे खाने का, 'मौसम गया-मौसम गया'।

ऐसा हुआ कोरोना, भाये इडली न हमको डोसा।
ऐसा हुआ कोरोना, भाये इडली न हमको डोसा।
भूले हैं रिश्ते-नाते, आये घर में न मौसी-मौसा।
आगे जीवन में, जाने क्या अन्जाम हो?
आगे जीवन में, जाने क्या अन्जाम हो?
जाने कोशिशें, कितनी नाकाम हों।
मिलती नहीं कोई ऐसी दवा, दूषित हुई कितनी हवा?
खेल-तमाशें देखें क्या?, 'इस मर्तबा-इस मर्तबा'।
टिक्की बतासे खाने का, 'मौसम गया-मौसम गया'।

कम हो गयी है आशा, कैसी बदली ज़हाँ की कहानी?
कम हो गयी है आशा, कैसी बदली ज़हाँ की कहानी?
चेहरे को फिर छिपा ले, कैसी है ये ज़िंदगानी?
सोचना भी है क्या?, हल और कोई नहीं।
सोचना भी है क्या?, हल और कोई नहीं।
यह बीमारी है क्या?, जानता कोई नहीं।
मर कर कहाँ जायेगा तू?, जीकर क्या खायेगा तू?
अब तो चिता में जलने का, 'मौसम गया-मौसम गया'।
टिक्की बतासे खाने का, 'मौसम गया-मौसम गया'।

अपना ही ये फ़साना, ख़ुद ही ख़ुद को सुनाना पड़ेगा।
अपना ही ये फ़साना, ख़ुद ही ख़ुद को सुनाना पड़ेगा।
वर्षों का ये याराना, उम्र भर को भुलाना पड़ेगा।
सोच करना न यारों था ग़मजदा।
सोच करना न यारों था ग़मजदा।
कह जाऊँगा सबको मैं अलविदा।
मैं तो चला, लो मैं तो चला, न कोई है-शिकवा गिला।
फिर जन्म ले आने का, 'मौसम गया-मौसम गया'।
टिक्की बतासे खाने का, 'मौसम गया-मौसम गया'।

तारों से प्यारा है चाँद से न्यारा है

तारों से प्यारा है, चाँद से न्यारा है, मेरा साजन, मेरा साजन।
दिल मेरा धड़काये, आँख का तारा है, मेरा साजन, मेरा साजन।
तारों से प्यारा है, चाँद से न्यारा है, मेरा साजन, मेरा साजन।

तन-मन है उसके हवाले, ये दिल है उसका दीवाना।
बाली है मेरी उमरिया, लब पर है उसका फ़साना।
करता शरारत है, फिर भी उल्फ़त है, मेरा साजन, मेरा साजन।
दिल मेरा धड़काये, आँख का तारा है, मेरा साजन, मेरा साजन।
तारों से प्यारा है, चाँद से न्यारा है, मेरा साजन, मेरा साजन।

वो भी है मेरा दीवाना, मैं भी हूँ उसकी दीवानी।
नैन मेरे हैं मय से नशीले, बड़ी दिलकश है उसकी जवानी।
लब की सरगम है, रँगीला हमदम है, मेरा साजन, मेरा साजन।
दिल मेरा धड़काये, आँख का तारा है, मेरा साजन, मेरा साजन।
तारों से प्यारा है, चाँद से न्यारा है, मेरा साजन, मेरा साजन।

जब-जब देखूँ उसे मैं, मन मचलने लगा।
मस्ती भरा मेरा यौवन, रंग बदलने लगा।
माना बंजारा है, यार मतवाला है, मेरा साजन, मेरा साजन।
दिल मेरा धड़काये, आँख का तारा है, मेरा साजन, मेरा साजन।
तारों से प्यारा है, चाँद से न्यारा है, मेरा साजन, मेरा साजन।

चूमेगा लब को मेरे, छुयेगा अंग-अंग वो मेरे।
चूमेगा मेरी हथेली, छेड़ेगा शानों को मेरे।
वो मेरी मन्नत है, वो मेरी जन्नत है, मेरा साजन, मेरा साजन।
दिल मेरा धड़काये, आँख का तारा है, मेरा साजन, मेरा साजन।
तारों से प्यारा है, चाँद से न्यारा है, मेरा साजन, मेरा साजन।

तेरा चुपके-चुपके आना आकर के

तेरा चुपके-चुपके आना, आकर के फिर चले जाना।
मुझे याद है, मुझे याद है, अभी भी वो गुजरा ज़माना।
तेरा चुपके-चुपके आना, आकर के फिर चले जाना।

दुनिया की नज़र से बचना और बाहों में आ जाना।
मिलना वो गले से लगकर और जादू सा कर जाना।
तेरा हलके-हलके गाना, गाकर के मुस्कुराना।
मुझे याद है, मुझे याद है..., अभी भी वो गुजरा ज़माना।
तेरा चुपके-चुपके आना, आकर के फिर चले जाना।

मदहोश जवानी तेरी, जब लेती तू अँगड़ाई।
साँसों में बला की खुशबू, बजे दूर कहीं शहनाई।
तेरा बादल बनकर छाना, सावन की ऋतु का आना।
मुझे याद है, मुझे याद है..., अभी भी वो गुजरा ज़माना।
तेरा चुपके-चुपके आना, आकर के फिर चले जाना।

बिन्दास तेरी वो सखियाँ, अंजान तेरी वो गलियाँ।
सुबह-शाम सजा वो मंदिर, जहाँ रोज़ सँवरती परियाँ।
मंदिर का कर बहाना, मुझसे मिलने को आना।
मुझे याद है, मुझे याद है..., अभी भी वो गुजरा ज़माना।
तेरा चुपके-चुपके आना, आकर के फिर चले जाना।

लम्हें थे वो क्या सुहाने? एक ख़्वाब बना हक़ीक़त।
दो रूहों का था संगम, तब पैर नहीं थे ज़मीं पर।
तुझे लम्हा-लम्हा पाना, पाकर फिर जुदा हो जाना।
मुझे याद है, मुझे याद है..., अभी भी वो गुजरा ज़माना।
तेरा चुपके-चुपके आना, आकर के फिर चले जाना।

तेरा ही तो नाम लिखा है मैंने इस दिल पर

तेरा ही तो नाम लिखा है, मैंने इस दिल पर हमदम।
तुझे पैग़ाम लिखा है, मैंने शब्द चुन-चुन कर हरदम।
तेरा ही तो नाम लिखा है, मैंने इस दिल पर हमदम।

जब भी तुझसे मैं मिला, गुल नये खिलने लगे।
बागवाँ हँसने लगा, रोज़ हम मिलने लगे।
तेरा ही खुमार चढ़ा है, मेरे इस दिल पर हमदम।
तुझे पैग़ाम लिखा है, मैंने शब्द चुन-चुन कर हरदम।
तेरा ही तो नाम लिखा है, मैंने इस दिल पर हमदम।

चन्द लम्हों की दोस्ती, प्यार में बदल गयी।
बेसबब मेरी शायरी, राह में मचल गयी।
तुझे अरमान लिखा है, तेरे हर रुख़ पर हमदम।
तुझे पैग़ाम लिखा है, मैंने शब्द चुन-चुन कर हरदम।
तेरा ही तो नाम लिखा है, मैंने इस दिल पर हमदम।

तुम चले जिस राह को, उस तरफ मैं हो लिया।
आँख नम गर हुई तेरी, मैं भी संग तेरे रो लिया।
मैंने इतिहास लिखा है, तेरे एक ख़त पर हमदम।
तुझे पैग़ाम लिखा है, मैंने शब्द चुन-चुन कर हरदम।
तेरा ही तो नाम लिखा है, मैंने इस दिल पर हमदम।

है बुरी दिल की लगी, समझे न जाने-जिगर।
है दवा ऐसी नहीं, ख़त्म हो दर्दे-जिगर।
मेरा संसार लुटा है, तेरी एक जिद पर हमदम।
तुझे पैग़ाम लिखा है, मैंने शब्द चुन-चुन कर हरदम।
तेरा ही तो नाम लिखा है, मैंने इस दिल पर हमदम।

तेरा-मेरा है साथ सनम, तेरा-मेरा है साथ

तेरा-मेरा है साथ सनम, तेरा-मेरा है साथ सनम।
चलते-फिरते हँसते-रोते लें भी कितने जनम?
तेरा-मेरा है साथ सनम, तेरा-मेरा है साथ सनम।

ज़िंदगी के हर पन्ने पर, बस तेरा ही नाम हो।
हर घड़ी धड़कन में मेरी, बस तेरा पैग़ाम हो।
जीना-मरना हो साथ सनम, जीना-मरना हो साथ सनम।
चलते-फिरते हँसते-रोते, लें भी कितने जनम?
तेरा-मेरा है साथ सनम, तेरा-मेरा है साथ सनम।

साथी बनकर तुम तो मेरे, न भी करना दिल्लगी।
बढ़कर दामन थाम लेना, गर भी हो कभी बेबसी।
याद रखना प्यार में कसम, याद रखना प्यार में कसम।
चलते-फिरते हँसते-रोते, लें भी कितने जनम?
तेरा-मेरा है साथ सनम, तेरा-मेरा है साथ सनम।

ग़म के बादल गहरे हों या दनदनाती आँधियाँ।
बन गया गर न भी उजड़े, प्यार की ये आशियाँ।
हर लम्हा हो ख़ास सनम, हर लम्हा हो ख़ास सनम।
चलते-फिरते हँसते-रोते, लें भी कितने जनम?
तेरा-मेरा है साथ सनम, तेरा-मेरा है साथ सनम।

क्या ही डरना अब किसी से, बन गये जब हमसफर।
साथी तुमको चुन लिया है, आ चलें अपनी डगर।
चढ़ के न उतरे कभी ये रंग, चढ़ के न उतरे कभी ये रंग।
चलते-फिरते हँसते-रोते, लें भी कितने जनम?
तेरा-मेरा है साथ सनम, तेरा-मेरा है साथ सनम।

तेरी गलियों में आऊँगा न अब दुबारा

तेरी गलियों में आऊँगा न अब दुबारा, मर जाऊँगा मैं कुँवारा।
तेरे कहने पर लगाऊँगा न अब ठुमका, बन्दा हूँ मैं बंजारा।
तेरी गलियों में आऊँगा न अब दुबारा, मर जाऊँगा मैं कुँवारा।

गोरा-गोरा मुखड़ा है, चीज तू क़माल।
दुनिया में तू हमदम है बेमिसाल।
यारा तेरी जुल्फ़ें, ग़ज़ब कर रहीं,
बाली उमरिया, उम्र सोलह साल।
तेरे सपनों में आऊँगा न अब दुबारा, मर जाऊँगा मैं कुंवारा।
तेरे कहने पर लगाऊँगा न अब ठुमका, बन्दा हूँ मैं बंजारा।
तेरी गलियों में आऊँगा न अब दुबारा, मर जाऊँगा मैं कुँवारा।

बदरी जैसे गेसू, ग़ज़ब कर रहे।
चंचल तेरे नैना, सितम कर रहे।
महकी-महकी साँसों में, खोया जाता दिल,
तेरे बदले-बदले ढंग, सनम लग रहे।
न झूठी भी खाऊँगा कसम दुबारा, मर जाऊँगा मैं कुँवारा।
तेरे कहने पर लगाऊँगा न अब ठुमका, बन्दा हूँ मैं बंजारा।
तेरी गलियों में आऊँगा न अब दुबारा, मर जाऊँगा मैं कुँवारा।

धीरे-धीरे-धीरे, मेरे दिल में आयी तू।
रफ़्ता-रफ़्ता-रफ़्ता, यादों में छायी तू।
जैसे-जैसे-जैस सयानी तू हुई,
लम्हा-लम्हा-लम्हा हुई है परायी तू।
मैं बेवज़ह हुआ हूँ तुझे देख आवारा, मर जाऊँगा मैं कुँवारा।
तेरे कहने पर लगाऊँगा न अब ठुमका, बन्दा हूँ मैं बंजारा।
तेरी गलियों में आऊँगा न अब दुबारा, मर जाऊँगा मैं कुँवारा।

तेरी मुहब्बत में सनम क्या-क्या

तेरी मुहब्बत में सनम, क्या-क्या सितम मैंने सहे?
गुलों से कम रहा वास्ता, काँटे ज्यादा मैंने चुने।
तेरी मुहब्बत में सनम, क्या-क्या सितम मैंने सहे?

इस क़दर इम्तहाँ हुए, कदम-कदम पर मैं लुटा।
डूबी मेरी क़श्ती वहीं, साथ जब तुमसे छूटा।
तेरी शरारत में सनम, बढ़े कदम मेरे रुके।
गुलों से कम रहा वास्ता, काँटे ज्यादा मैंने चुने।
तेरी मुहब्बत में सनम, क्या-क्या सितम मैंने सहे?

तुम मेरे नज़दीक आकर, आँधियों से डर गये।
नयनों से जादू चलाया, धड़कनों में बस गये।
किस तरह सिखाये सनम? क्या-क्या सबक मैंने तुझे?
गुलों से कम रहा वास्ता, काँटे ज्यादा मैंने चुने।
तेरी मुहब्बत में सनम, क्या-क्या सितम मैंने सहे?

कब शुरू कब ख़त्म हुई? तेरी-मेरी दोस्ती।
ख़ाक़ में मिल जायेगी, इस तरह मेरी आशिक़ी।
बेवफा तेरे अलम, सदियों तलक मैंने गिने।
गुलों से कम रहा वास्ता, काँटे ज्यादा मैंने चुने।
तेरी मुहब्बत में सनम, क्या-क्या सितम मैंने सहे?

प्यार की रुसवाइयाँ, मुस्कुरा तड़पायेंगी।
बागों में हुई मस्त कलियाँ, खिलखिला शरमायेंगी।
तेरी अदाओं के ये रंग, नग़मों में मैंने लिखे।
गुलों से कम रहा वास्ता, काँटे ज्यादा मैंने चुने।
तेरी मुहब्बत में सनम, क्या-क्या सितम मैंने सहे।

तेरी खिड़की खुली मानों जन्नत मिली

तेरी खिड़की खुली, मानों जन्नत मिली।
मुझे सूझी सनम आवारगी।
जुल्फ़ तेरी उड़ी, दिल बेकल हुआ,
मेरी बढ़ने लगी दीवानगी।
तेरी खिड़की खुली, मानों जन्नत मिली, मुझे सूझी सनम...।

गुनगुनाने लगा मैं ग़ज़ल प्यार की।
मेहरबानी बड़ी है सनम आपकी।
मुझे याद आ गयी है कसम आपकी।
है सबसे जुदा शरारत तेरी, मुझे सूझी सनम...।
जुल्फ़ तेरी उड़ी, दिल बेकल हुआ, मेरी बढ़ने लगी...।
तेरी खिड़की खुली, मानों जन्नत मिली, मुझे सूझी सनम...।

मैं उल्फ़त की राहों से अन्जान था।
इस तरह न आँखों में मेहमान था।
इस तरह दिल का कोई न अरमान था।
तुझे फेरी नज़र हुई बेखुदी, मुझे सूझी सनम...।
जुल्फ़ तेरी उड़ी, दिल बेकल हुआ, मेरी बढ़ने लगी...।
तेरी खिड़की खुली, मानों जन्नत मिली, मुझे सूझी सनम...।

बेइरादा नज़र ये मचलने लगी।
मेहन्दी तेरे हाथों में रचने लगी।
नींद मेरी रातों की उड़ने लगी।
तू हसीना मुझे लगती फुलझड़ी, मुझे सूझी सनम आवारगी।
जुल्फ़ तेरी उड़ी दिल बेकल हुआ, मेरी बढ़ने लगी...।
तेरी खिड़की खुली, मानों जन्नत मिली, मुझे सूझी सनम...।

हैराँ हूँ मैं तेरे सितम देखकर।
चढ़ती ये जवानी के रंग देखकर।
फैशन के बदलते ढंग देखकर।
तेरी खुश्बुओं से, खिली हर कली, मुझे सूझी सनम...।
जुल्फ़ तेरी उड़ी, दिल बेकल हुआ, मेरी बढ़ने लगी...।
तेरी खिड़की खुली, मानों जन्नत मिली, मुझे सूझी सनम...।

तेरी तस्वीर छिपाकर रखना

तेरी तस्वीर छिपाकर रखना, मुझे दिन-रात सताने लगा है।
कैसे कर दूँ मैं जुदा अपने से? मुझे कोई और बुलाने लगा है।
तेरी तस्वीर छिपाकर रखना...।

तुझसे किया मैंने प्यार, कर भी दिया तूने इंकार।
इसमें ख़ता क्या है मेरी? तुझमें बसी जान मेरी।
तूने जो किया अच्छा ही किया, तू मुझको याद भले न कर।
आगे अब और दुआ मत करना, मुझे ये दर्द सताने लगा है।
कैसे कर दूँ मैं जुदा अपने से? मुझे कोई और बुलाने लगा है।
तेरी तस्वीर छिपाकर रखना...।

कदम वफ़ा में उठते गये, तुम क्यों बराबर रुकते गये?
पल-पल इशारे मैंने किये, तुम क्यों हलाहल पीते गये?
तुझसे कोई शिक़वा है नहीं, नये क्यों बहाने करते गये?
बीते लम्हों को सँजोकर रखना, लम्हा-लम्हा डराने लगा है।
कैसे कर दूँ मैं जुदा अपने से? मुझे कोई और बुलाने लगा है।
तेरी तस्वीर छिपाकर रखना...।

तन्हा सफ़र अन्जान डगर, रस्में वफ़ा की बात न कर।
चलता रहा अंगारों पर मैं, यूँ मिल मुझसे घात न कर।
कटते हैं नहीं अकेले पल, क्या मिला तुझे फ़ासले कर?
मेरा हमराज मेरा दिलबर, नया यह पाठ सिखाने लगा है।
कैसे कर दूँ? मैं जुदा अपने से, मुझे कोई और बुलाने लगा है
तेरी तस्वीर छिपाकर रखना...।

क्या-क्या ग़म मैंने सहे?, गुल की चाह में काँटे चुने।
टुकड़े दिल के लाख हुए, अरमाँ सारे ख़ाक़ हुए।
लिखूँ क्या गीत, गाऊँ क्या ग़ज़ल? लब पे इतनी प्यास लिए।
मेरे लफ़्जों पर गिला मत करना, मुझे ये साज हँसाने लगा है।
कैसे कर दूँ मैं जुदा अपने से, मुझे कोई और बुलाने लगा है।
तेरी तस्वीर छिपाकर रखना...।

तेरी उल्फ़त ही कुछ ऐसी

तेरी उल्फ़त ही कुछ ऐसी, तलबगार हुए हम।
हमने ही दिल को खोया, गुनहगार हुए हम।
तेरी उल्फ़त ही कुछ ऐसी, तलबगार हुए हम।

दुनिया की निग़ाहें, क़हर हम पे बरपायेंगी।
कुछ तेरी अदायें, सितम करके तड़पायेंगी।
तेरी फ़ितरत ही कुछ ऐसी, शर्मसार हुए हम।
हमने ही दिल को खोया, गुनहगार हुए हम।
तेरी उल्फ़त ही कुछ ऐसी, तलबगार हुए हम।

कुछ ऐसी भी हैं बातें, तुझे कैसे लिख दूँ ऐसे?
तू ही मुझको ये बता, तुझे कैसे चुन लूँ ऐसे?
तेरी गुरबत ही कुछ ऐसी, मददगार हुए हम।
हमने ही दिल को खोया, गुनहगार हुए हम।
तेरी उल्फ़त ही कुछ ऐसी, तलबगार हुए हम।

बढ़-बढ़ कर दिल लगी ने, लिये कितने इम्तहाँ हैं?
मुश्किल में जाँ है मेरी, हुई ग़म की इन्तहाँ है।
मेरी किस्मत ही कुछ ऐसी, गिरफ़्तार हुए हम।
हमने ही दिल को खोया, गुनहगार हुए हम।
तेरी उल्फ़त ही कुछ ऐसी, तलबगार हुए हम।

चैन वो भी न पायेगा, हमें जिसने किया जुदा।
चाहा था कितना उसको? ख़ता अपनी क्या ख़ुदा?
अपनी हद ही इतनी, कलमकार हुए हम।
हमने ही दिल को खोया, गुनहगार हुए हम।
तेरी उल्फ़त ही कुछ ऐसी, तलबगार हुए हम।

तेरे दीदार को सनम

तेरे दीदार को सनम, तड़पने लगा है दिल।
तेरी तहरीर को बराबर, समझने लगा है दिल।
तेरे दीदार को सनम, तड़पने लगा है दिल।

दिल की लगी बुरी है, वर्षों है ज़िंदगानी।
कर दे कुछ इनायत, होगी मेहरबानी।
तुझसे इक़रार को सनम, तड़पने लगा है दिल।
तेरी तहरीर को बराबर, समझने लगा है दिल।
तेरे दीदार को सनम, तड़पने लगा है दिल।

पलकों की चिलमन में, मुझको बन्द कर ले।
दिल में जो हों इरादे, उनको बुलन्द कर ले।
तुझसे तक़रार को, तड़पने लगा है दिल।
तेरी तहरीर को बराबर, समझने लगा है दिल।
तेरे दीदार को सनम, तड़पने लगा है दिल।

तेरी याद ले के जागा, तुझे याद करके सोया।
कितने हँसीन सपने? पत्थर से दिल लगाया।
तेरे इम्तिहान को सनम, तड़पने लगा है दिल।
तेरी तहरीर को बराबर, समझने लगा है दिल।
तेरे दीदार को सनम, तड़पने लगा है दिल।

मीलों सी ज़िंदगी ये, यूँ ही गुजर गयी।
तुझको तलाश करके, नज़रें ये थक गयीं।
कुछ अन्जाम हो सनम, तड़पने लगा है दिल।
तेरी तहरीर को बराबर, समझने लगा है दिल।
तेरे दीदार को सनम, तड़पने लगा है दिल।

तेरे गोरे-गोरे, तेरे गोरे-गोरे, गालों की कसम

तेरे गोरे-गोरे, तेरे गोरे-गोरे, गालों की कसम।
तेरे कारे-कारे, तेरे कारे-कारे, नयनों की कसम।
प्यार करता हूँ तुझसे, ले-ले कोई कसम।
प्यार करता हूँ तुझसे, ले-ले कोई कसम।

रुक जा ओ जाने वाली! तेरे कदमों में सज़दा करूँ मैं।
रूठ कर ना आने वाली, तेरे कदमों के संग-संग चलूँ मैं।
तेरी महकी-महकी, तेरी महकी-महकी, साँसों की कसम।
तेरे कारे-कारे तेरे कारे-कारे, नयनों की कसम।
प्यार करता हूँ तुझसे, ले-ले कोई कसम।
प्यार करता हूँ तुझसे, ले-ले कोई कसम।

एक अधूरा ये सपना, आ मिल के पूरा करें हम।
बे-रंग इस ज़िंदगी में, आ कुछ तो भरें रंग हम।
तेरे निखरे-निखरे, तेरे निखरे-निखरे, यौवन की कसम।
तेरे कारे-कारे, तेरे कारे-कारे, नयनों की कसम।
प्यार करता हूँ तुझसे, ले-ले कोई कसम।
प्यार करता हूँ तुझसे, ले-ले कोई कसम।

हुस्न तेरा है तौबा, उस पर ये क़ातिल जवानी।
होश में मैं नहीं हूँ, तन्हा मेरी ज़िंदगानी।
तेरे सच्चे-झूठे, तेरे सच्चे-झूठे, वादों की कसम।
तेरे कारे-कारे, तेरे कारे-कारे, नयनों की कसम।
प्यार करता हूँ तुझसे, ले-ले कोई कसम।
प्यार करता हूँ तुझसे, ले-ले कोई कसम।

तू ज़मीं पर कहीं हो, भूल जाना नामुमकिन।
दास्ताँ है ये ऐसी, जी सकूँगा न तुझ बिन।
तेरी मीठी-मीठी, तेरी मीठी-मीठी, यादों की कसम।
तेरे कारे-कारे, तेरे कारे-कारे, नयनों की कसम।
प्यार करता हूँ तुझसे, ले-ले कोई कसम।
प्यार करता हूँ तुझसे, ले-ले कोई कसम।

तेरे गोरे-गोरे गालों की कसम

तेरे गोरे-गोरे गालों की कसम, तेरे कारे-कारे नैनों की कसम।
चाहूँगा तुझको जान से ज्यादा, तेरे बिखरे-बिखरे बालों की कसम।
तेरे गोरे-गोरे गालों की कसम, तेरे कारे-कारे नैनों की कसम।

है फ़साना उल्फ़त का ये, है फ़साना चाहत का ये।
दोस्ताना गगन और भू का, है याराना सदियों का ये।
तेरी महकी-महकी साँसों की कसम, तेरे निखरे-निखरे यौवन की कसम।
चाहूँगा तुझको जान से ज्यादा, तेरे बिखरे-बिखरे बालों की कसम।
तेरे गोरे-गोरे गालों की कसम, तेरे कारे-कारे नैनों की कसम।

प्यार की दुनिया तुझसे जवाँ है, मेरी गलियाँ तुझसे रँगीं हैं।
मनवा में उठती हैं उमंगें, देखा सब कुछ तुझसा नहीं है।
तेरी मीठी-मीठी यादों की कसम, तेरे सच्चे-झूठे वादों की कसम।
चाहूँगा तुझको जान से ज्यादा, तेरे बिखरे-बिखरे बालों की कसम।
तेरे गोरे-गोरे गालों की कसम, तेरे कारे-कारे नैनों की कसम।

नयी नहीं ये कोई कहानी, जग की ये है रीत पुरानी।
चमक रही तेरे माथे की बिंदिया, हो जाये न कोई नादानी।
तेरी याद आए रातों में सनम, तू नज़र आये ख़्वाबों में सनम।
चाहूँगा तुझको जान से ज्यादा, तेरे बिखरे-बिखरे बालों की कसम।
तेरे गोरे-गोरे गालों की कसम, तेरे कारे-कारे नैनों की कसम।

जीत लूँगा मैं यह बाजी, गर भी दिल से तू हो राजी।
बँध गया जब प्रीत का बंधन, क्या करेगा बीच में क़ाज़ी?
दूर करें आ ज़माने का भ्रम, है दीवानी तू दीवाने की कसम।
चाहूँगा तुझको जान से ज्यादा, तेरे बिखरे-2 बालों की कसम।
तेरे गोरे-गोरे गालों की कसम, तेरे कारे-कारे नैनों की कसम।

तेरे गोरे-गोरे मुखड़े को देखकर

तेरे गोरे-गोरे मुखड़े को देखकर, मेरा दिल मचल जाता है।
इन मखमल जैसे गालों को चूमकर, मेरा दिल बहल जाता है।
तेरे गोरे-गोरे मुखड़े को देखकर, मेरा दिल मचल जाता है।

सरके -सरके चुनरिया सरके , चमके-चमके रे बिंदिया चमके।
नज़दीक आ ख़्वाबों की रानी, बरसे-बरसे रे प्रेम रंग बरसे।
तेरे बिखरे-बिखरे गेसू को देखकर, मेरा दिल मचल जाता है।
इन मखमल जैसे गालों को चूमकर, मेरा दिल बहल जाता है।
तेरे गोरे-गोरे मुखड़े को देखकर, मेरा दिल-मचल जाता है।

ऐसी कैसी बावरिया है तू? बन्द रखती किवड़िया है तू।
गली-गली में चर्चे हैं तेरे, अरे कैसी गुजरिया है तू?
तेरी महकी-महकी साँसों को देखकर, मेरा दिल मचल जाता है।
इन मखमल जैसे गालों को चूमकर, मेरा दिल बहल जाता है।
तेरे गोरे-गोरे मुखड़े को देखकर, मेरा दिल मचल जाता है।

मन चंचल है चंदन काया, तुझे कैसे ख़ुदा ने बनाया?
लट उलझी समझ में न आये, तुझे पाना है मुझको सवाया।
तेरी ठंडी-ठंडी आहों को देखकर, मेरा दिल मचल जाता है।
इन मखमल जैसे गालों को चूमकर, मेरा दिल बहल जाता है।
तेरे गोरे-गोरे मुखड़े को देखकर, मेरा दिल मचल जाता है।

पलकों में बसा तुझको लूँगा, आ तुझको नज़र बन्द कर लूँ।
तेरी चाहत में जीना है मुझको, हर इरादा बुलन्द कर लूँ।
तेरे चिकने-चिकने शानों को देखकर, मेरा दिल मचल जाता है।
इन मखमल जैसे गालों को चूमकर, मेरा दिल बहल जाता है।
तेरे गोरे-गोरे मुखड़े को देखकर, मेरा दिल मचल जाता है।

तेरे नाम के सिवा हर नाम

तेरे नाम के सिवा, हर नाम भूल जाती हूँ।
तेरी याद में दीवानी, सुबह-शाम भूल जाती हूँ।
तेरे नाम के सिवा, हर नाम भूल जाती हूँ।

मुझे याद आने वाले, तुझे वास्ता ख़ुदा का।
बुरी दिल की ये लगी है, इसमें मेरी खता क्या?
आग़ाज़ करके ख़ुद, अंजाम भूल जाती हूँ।
तेरी याद में दीवानी, सुबह-शाम भूल जाती हूँ।
तेरे नाम के सिवा, हर नाम भूल जाती हूँ।

तन्हाइयों में जीना, मुझे रास आ गया है।
कि हवाओं में लिपट, पैग़ाम आ गया है।
मुझे जाम कोई पिला दे, तन्हा मैं रूठ जाती हूँ।
तेरी याद में दीवानी, सुबह-शाम भूल जाती हूँ।
तेरे नाम के सिवा, हर नाम भूल जाती हूँ।

मुझे प्यार कर या न भी, पर कर न यह तमाशा।
इक़रार कर या न भी, पर तोड़ न यह आशा।
तुझसे मेरा है क्या? बन्धन भूल जाती हूँ।
तेरी याद में दीवानी, सुबह-शाम भूल जाती हूँ।
तेरे नाम के सिवा, हर नाम भूल जाती हूँ।

जीना नहीं है आसाँ, मरने की दे इज़ाजत।
दुनिया चुभाये नश्तर, करने भी दे बग़ावत।
पत्थर न ये उठा, गागर सा टूट जाती हूँ।
तेरी याद में दीवानी, सुबह-शाम भूल जाती हूँ।
तेरे नाम के सिवा, हर नाम भूल जाती हूँ।

तेरे नाम से मुझे प्यार हो गया

तेरे नाम से मुझे प्यार हो गया।
तेरे नाम का मुझे ख़ुमार हो गया।
जानम ओ दिलरुबा!
तुझे सज़दा करूँ जाने-जिगर।
मैं ही हूँ तेरी नीलोफर, जानम ओ दिलरुबा!
तेरे नाम से मुझे प्यार हो गया।
तेरे नाम का मुझे ख़ुमार हो गया, जानम ओ दिलरुबा!

ख़्वाब में तू आता है, मेरी नींदें चुराने को, मेरा चैन चुराने को।
दिल घबराता है, तुझसे नज़रें मिलाने को, नज़दीक आने को।
न जाने कहाँ दिल खो गया?
तेरे वादों पर ऐतबार हो गया, जानम ओ दिलरुबा!
तेरे नाम से मुझे प्यार हो गया।
तेरे नाम का मुझे ख़ुमार हो गया, जानम ओ दिलरुबा!

आँखें हैं बिजलियाँ, मेरा कजरा कमाल, मेरा गजरा कमाल।
गालों पर ताज़गी, मेरी ज़ुल्फ़ें कमाल, मेरा झुमका कमाल।
दीवाने दिल बेकरार हो गया।
घड़ी-घड़ी इंतज़ार हो गया, जानम ओ दिलरुबा!
तेरे नाम से मुझे प्यार हो गया।
तेरे नाम का मुझे ख़ुमार हो गया, जानम ओ दिलरुबा!

हर अदा में जादू, दे-दे कुछ तू निशानी, मैं हूँ तेरी दीवानी।
आ भी जा मुझे थाम ले, मुझसे सँभले न ये मेरी गरम जवानी।
पल-पल कैसा इम्तिहान हो गया?
तुझसे जन्मों का इक़रार हो गया, जानम ओ दिलरुबा!
तेरे नाम से मुझे प्यार हो गया,
तेरे नाम का मुझे ख़ुमार हो गया, जानम ओ दिलरुबा!

तेरे वास्ते मैं लिख रहा

तेरे वास्ते मैं लिख रहा, अफ़साने रोज-रोज।
तेरे वास्ते मैं लिख रहा, अफ़साने रोज-रोज।
तेरी राह में मैं चल रहा, क्यों जाने रोज-रोज?
तेरे वास्ते मैं लिख रहा, अफ़साने रोज-रोज।

परदेसी हो गये, मेरे मेहमाँ थे जो कल।
कोई सपना हो गये, संग गुजरे थे जो पल।
तेरे वास्ते मैं लुट रहा, दुनिया में रोज-रोज।
तेरी राह में मैं चल रहा, क्यों जाने रोज-रोज?
तेरे वास्ते मैं लिख रहा, अफ़साने रोज-रोज।

अन्जाने रास्ते, अन्जानी सी डगर।
हरसू है बेबसी, मुश्किल सा सफर।
तेरे वास्ते मैं चुन रहा, नज़राने रोज-रोज।
तेरी राह में मैं चल रहा, क्यों जाने रोज-रोज?
तेरे वास्ते मैं लिख रहा, अफ़साने रोज-रोज।

पलकों में बन्द तू, क्या सुबह क्या है शाम?
चाहत की रेत पर, तुझे लिखता मैं पैग़ाम।
तेरी याद में मैं मुड़ रहा, मयख़ाने रोज-रोज।
तेरी राह में मैं चल रहा, क्यों जाने रोज-रोज?
तेरे वास्ते मैं लिख रहा, अफ़साने रोज-रोज।

कुछ तूने था कहा, मेरा रास्ता रोक कर।
दुश्मन हुई ज़िंदगी, मुझे हँसता देख कर।
तेरे नाम पर मचल रहा, दिल न माने रोज-रोज।
तेरी राह में मैं चल रहा, क्यों जाने रोज-रोज?
तेरे वास्ते मैं लिख रहा, अफ़साने रोज-रोज।

तुझे ही मैंने पसन्द किया

तुझे ही मैंने पसन्द किया, पसन्द किया, क्या बुरा किया?
उदास दिल को क़रार दे-दे, तू प्यार दे-दे, तू प्यार दे-दे।
तुझे ही मैंने पसन्द किया, पसन्द किया, क्या बुरा किया?

शबाब तेरा गुलाब है, तू आशिक़ी की किताब है।
सुगंध जैसा तेरा बदन, तू दिलबरों की शराब है।
कैसे-कैसे रजामंद किया है? चुन लिया क्या बुरा किया?
उदास दिल को क़रार दे-दे, तू प्यार दे-दे, तू प्यार दे-दे।
तुझे ही मैंने पसन्द किया, पसन्द किया क्या बुरा किया?

है सारी मस्ती का रंग तू, है मेरे जीने का ढंग तू।
तू जो मिले तो ज़हाँ मिले, दीवाने दिल की उमंग तू।
तुझे ही मैंने दिल दिया, दिल दिया क्या बुरा किया?
उदास दिल को क़रार दे-दे, तू प्यार दे-दे, तू प्यार दे-दे।
तुझे ही मैंने पसन्द किया, पसन्द किया क्या बुरा किया?

हवा में जैसे उड़े पतंग, तू मनचली हुई है मेरे संग।
हटा ये चिलमन करीब आ, दीवाने तुझको करेंगे तंग।
तुझे जिगर में है रख लिया, रख लिया क्या बुरा किया?
उदास दिल को क़रार दे-दे, तू प्यार दे-दे, तू प्यार दे-दे।
तुझे ही मैंने पसन्द किया, पसन्द किया क्या बुरा किया?

खिला-खिला तेरा ये रूप कि सर्दियों की हो जैसे धूप।
देखा तुझे तो ठगा हूँ मैं, मेरी यह कश्ती रही है डूब।
इरादा मैंने बुलन्द किया, बुलन्द किया क्या बुरा किया?
उदास दिल को क़रार दे-दे, तू प्यार दे-दे, तू प्यार दे-दे।
तुझे ही मैंने पसन्द किया पसन्द किया क्या बुरा किया।

तुझमें समा मैं जाऊँ

तुझमें समा मैं जाऊँ, तेरे पास ही मैं रह जाऊँ।
मेरा चैन चुराने वाले, तुझसे दूर कहीं न जाऊँ।
तुझमें समा मैं जाऊँ, तेरे पास ही मैं रह जाऊँ।

खामोशियाँ तेरी सुन लूँ, लाखों में से तुझे चुन लूँ।
करने लगी मैं मुहब्बत, आहट तेरी हो रुक लूँ।
तेरी ग़ज़ल मैं गाऊँ, तेरे नग़में गुनगुनाऊँ।
मेरा चैन चुराने वाले, तुझसे दूर कहीं न जाऊँ।
तुझमें समा मैं जाऊँ, तेरे पास ही मैं रह जाऊँ।

बस चाहती तुझे मैं हरदम, तुझे मान लिया मैंने प्रियतम।
अल्फ़ाज की तेरे मैं दीवानी, तुझे जान लिया मैंने बालम।
तुझसे वफ़ा मैं पाऊँ, तेरी ज़न्नत मैं बन जाऊँ।
मेरा चैन चुराने वाले, तुझसे दूर कहीं न जाऊँ।
तुझमें समा मैं जाऊँ, तेरे पास ही मैं रह जाऊँ।

दिन-रात तेरी ही बातें, कटती नहीं तन्हा रातें।
बिन्दास तू मेरी दुनिया, कर ले आ अब चार आँखें।
तुझे देख के मैं शरमाऊँ, तुझे पाऊँ न घबराऊँ।
मेरा चैन चुराने वाले, तुझसे दूर कहीं न जाऊँ।
तुझमें समा मैं जाऊँ, तेरे पास ही मैं रह जाऊँ।

अरमान ले, आ कर पूरे, क्यों हम अब रहें अधूरे।
लगी आग बुझा लें दिल की, क्यों काम रहें अब अधूरे?
जब-जब जनम मैं पाऊँ, परछाई तेरी बन जाऊँ।
मेरा चैन चुराने वाले, तुझसे दूर कहीं न जाऊँ।
तुझमें समा मैं जाऊँ, तेरे पास ही मैं रह जाऊँ।

तुझ ही से मुझको प्यार था

तुझ ही से मुझको प्यार था, तुझ ही से मुझको प्यार है।
कर न मुझसे दिल्लगी, दीवाना दिल बेक़रार है।
तुझ ही से मुझको प्यार था, तुझ ही से मुझको प्यार है।

दिलरुबा तू है मेरी, तुझ ही से है वास्ता।
मिल गये जब दिल यहाँ, एक अपना रास्ता।
तेरा-मेरा इक़रार था, तेरा-मेरा इक़रार है।
कर न मुझसे दिल्लगी, दीवाना दिल बेक़रार है।
तुझ ही से मुझको प्यार था, तुझ ही से मुझको प्यार है।

मैं वही हूँ मनचला, देख मुझको ठीक से।
यादों का ये सिलसिला, हम मिले नज़दीक़ से।
दिल में कब से यह राज़ था? अब भी दिलबर राज़ है।
कर न मुझसे दिल्लगी, दीवाना दिल बेक़रार है।
तुझ ही से मुझको प्यार था, तुझ ही से मुझको प्यार है।

हैं भी क्यों फ़ासले? एक हुई जब मंजिलें।
ख़ूबसूरत है समाँ, गुल हजारों हैं खिले।
तुझपे ही ऐतबार था, तुझपे ही ऐतबार है।
कर न मुझसे दिल्लगी, दीवाना दिल बेक़रार है।
तुझ ही से मुझको प्यार था, तुझ ही से मुझको प्यार है।

लब से मय को पीने दे, थोड़ा मुझको जीने दे।
ये शरारत बेरूख़ी, अब तो यारा रहने दे।
तुझपे ही मुझे विश्वास था,तुझसे मुझे आस है।
कर न मुझसे दिल्लगी, दीवाना दिल बेक़रार है।
तुझ ही से मुझको प्यार था, तुझ ही से मुझको प्यार है।

तुमसे गर ये आँख न लड़ी होती

तुमसे गर ये आँख न लड़ी होती।
तू दीवाना न होता, मैं दीवानी न होती।
रफ़्ता-रफ़्ता बात न बढ़ी होती।
तू दीवाना न होता, मैं दीवानी न होती।
तुमसे गर ये आँख न लड़ी होती, तू दीवाना न होता, मैं....।

है तेरी मेहरबानी, मुझे नींद न आये।
है तेरी मेहरबानी, मुझे चैन न आये।
कैसा मुश्किल-मुश्किल-मुश्किल रोग लग गया?
दिन-रात मैं न जानूँ, गुस्ताख़ दिल घबराये।
तूने गर ये चाल न चली होती, तू दीवाना न होता, मैं....।
रफ़्ता-रफ़्ता बात न बढ़ी होती, तू दीवाना न होता, मैं....।
तुमसे गर ये आँख न लड़ी होती, तू दीवाना न होता, मैं....।

भरूँ ठण्डी-ठण्डी आहें, तू कैसा दिलवाला?
कैसे ख़ुद को समझाऊँ? तूने क्या ये कर डाला?
तुझे बंद कर लिया है मैंने अपनी पलकों में,
जाने न दिल की बातें, तू कैसा है मतवाला?
रात भर शमा न जली होती, तू दीवाना न होता, मैं....।
रफ़्ता-रफ़्ता बात न बढ़ी होती, तू दीवाना न होता, मैं....।
तुमसे गर ये आँख न लड़ी होती, तू दीवाना न होता, मैं....।

दुनिया में आये हैं तो, कुछ ऐसा कर जायें।
एक दूजे के हम होकर, दिल अपना बहलायें।
ये रंगी रंगी मेले,सजते यूँ ही रहेंगे।
आ तोड़ें झूठी रस्में,लाँघें सब सीमायें।
ये जज़्बाती आग न होती, तू दीवाना न होता, मैं....।
रफ़्ता-रफ़्ता बात न बढ़ी होती, तू दीवाना न होता, मैं....।
तुमसे गर ये आँख न लड़ी होती, तू दीवाना न होता, मैं....।

तुझसे ज्यादा तुझसे सुन्दर

तुझसे ज्यादा तुझसे सुंदर कौन मुझको मिलेगा?
तू हँसी है, तू जवाँ है, कौन दिल की सुनेगा?
तुझसे ज्यादा तुझसे सुंदर, कौन मुझको मिलेगा?

ज़िंदगी रंगीन है, तेरे आ जाने से सनम।
हर सफर नज़दीक है, तेरे संग चलने से सनम।
मैं उधर ही चल पड़ा, जिस तरफ तेरे कदम।
तुझ बिन तन्हा मेरा जीवन, कोई संग न चलेगा।
तू हँसीं है, तू जवाँ है, कौन दिल की सुनेगा।
तुझसे ज्यादा तुझसे सुंदर, कौन मुझको मिलेगा?

जानेमन जाने जिगर, तू मेरी महबूब है।
एक खिलौना दिल है मेरा, तू है तो महफ़ूज़ है।
सदियों से जिसे ढूँढता मैं, तू वही मंसूब है।
दिल की मेरे तू ही मेहमाँ, कौन इसमें रुकेगा?
तू हँसीं है तू जवाँ है, कौन दिल की सुनेगा?
तुझसे ज्यादा तुझसे सुंदर, कौन मुझको मिलेगा?

मंजिलों पर मैं निशाँ, छोड़कर चला जाऊँगा।
साथ गर पाया न तेरा, लौटकर न मैं आऊँगा।
जाते-जाते भी मगर, दास्ताँ ये लिख जाऊँगा।
बेगाना मैं हूँ लोफर, कौन मुझको चुनेगा?
तू हँसीं है तू जवाँ है, कौन दिल की सुनेगा?
तुझसे ज्यादा तुझसे सुंदर, कौन मुझको मिलेगा?

तुमसे कुछ मैं बात कहने आया हूँ

तुमसे कुछ मैं बात कहने आया हूँ, सुनो तो !... सुनो तो।
यारों चन्द अल्फ़ाज़ लेकर आया हूँ, सुनो तो !... सुनो तो।
तुमसे कुछ मैं बात कहने आया हूँ, सुनो तो !... सुनो तो।

लाया मैं ऐसे नज़राने ,प्रेम प्रीत के अफ़साने।
बन गया मैं हूँ मनमौजी,यहाँ वहाँ मेरे हैं दीवाने।
अपने दिल के राज़ कहने आया हूँ सुनो तो... सुनो तो...
यारों चन्द अल्फ़ाज़ लेकर आया हूँ सुनो तो... सुनो तो...
तुमसे कुछ मैं बात कहने आया हूँ सुनो तो... सुनो तो...

होंगे भी लाखों दीवाने,मैं उन जैसा नहीं हूँ।
ऐ मतवाली हँसीनों,मैं गुल जैसा नहीं हूँ।
तुमसे बस मैं आज मिलने आया हूँ सुनो तो... सुनो तो...
यारों चन्द अल्फ़ाज़ लेकर आया हूँ सुनो तो... सुनो तो...
तुमसे कुछ मैं बात कहने आया हूँ सुनो तो... सुनो तो...

बागों में रंगीन नजारे,मनवा में मस्ती का आलम।
डालों पर कूके कोयलिया,हर सू है दिलक़श मौसम।
पल दो पल को यार रहने आया हूँ, सुनो तो !... सुनो तो।
यारों चन्द अल्फ़ाज़ लेकर आया हूँ, सुनो तो !... सुनो तो।
तुमसे कुछ मैं बात कहने आया हूँ, सुनो तो !... सुनो तो।

बाँधो मुहब्बत का धागा,टूटे कभी न जीवन भर।
दे दो दुआएँ मुझे तुम,जागे भी मेरा मुकद्दर।
जंजीरों में आज बँधने आया हूँ, सुनो भी !... सुनो तो।
यारों चन्द अल्फ़ाज लेकर आया हूँ सुनो तो !... सुनो तो।
तुमसे कुछ मैं बात कहने आया हूँ सुनो तो !... सुनो तो।

तुझसे माँगा था एक दिल

तुझसे माँगा था एक दिल, नहीं भी मुफ़्त में।
तुझसे माँगा था एक दिल, नहीं भी मुफ़्त में।
तुझको खोऊँगी न मैं कभी, किसी क़ीमत में।
जानेजाँ! जानेजाँ! जानेजाँ! जानेजाँ!

तेरे लिये बेताब है दिल, तेरे लिये दीवाना है दिल।
तू न मिला होगी मुश्किल बड़ी, आ सनम फुरसत में मिल।
तू ही है मंजिल, तू ही साहिल, तेरी ज़रूरत मैं।
तुझको खोऊँगी न मैं कभी, किसी क़ीमत में।
जानेजाँ! जानेजाँ! जानेजाँ! जानेजाँ!

है बन्दगी का तू ही सिला, तुझसे ही हर बंधन जुड़ा।
गुस्ताख़ी मेरी हो माफ़ कर, देखा तुझे तन-मन खिला।
बैठे-बैठे ही लुट गयी, मैं तेरी उल्फ़त में।
तुझको खोऊँगी न मैं कभी, किसी क़ीमत में।
जानेजाँ! जानेजाँ! जानेजाँ! जानेजाँ!

अफ़साने तुझको लिखने लगी, रातों को तन्हा मैं जगने लगी।
ऐसा भी क्या है तुझमें भला? क्यों नाम तेरा मैं जपने लगी?
जानेमन तू जाने जिगर, तू ही है किस्मत में।
तुझको खोऊँगी न मैं कभी, किसी क़ीमत में।
जानेजाँ! जानेजाँ! जानेजाँ! जानेजाँ!

छूटेगी न अब दिल की लगी, टूटेगी न जुड़ गई जो कड़ी।
बेख़ौफ़ हम-तुम मिलते रहेंगे, पड़ जाये जल्द ये हथकड़ी।
मिल न पाये अगर इस जनम, मिलेंगे जन्नत में।
तुझको खोऊँगी न मैं कभी, किसी क़ीमत में।
जानेजाँ! जानेजाँ! जानेजाँ! जानेजाँ!

तुझसे मिलने के लिये बेताब है दिल

तुझसे मिलने के लिये बेताब है दिल, जानेमन-जानेमन-जानेमन।
हो गयी दिलबर मैं तेरी, जानेमन-जानेमन-जानेमन।
तुझसे मिलने के लिये बेताब है दिल, जानेमन-जानेमन...।

मेंहदी हाथों में मैंने रचा ली, बिंदिया माथे पे मैंने सजा ली।
कैसा जादू चलाया है तूने? निंदिया रातों की तूने उड़ा दी।
तुझको पाने के लिये दीवाना है दिल, जानेमन-जानेमन।
हो गयी दिलबर मैं तेरी, जानेमन-जानेमन-जानेमन।
तुझसे मिलने के लिये बेताब है दिल, जानेमन-जानेमन...।

है रँगीला तेरा बाँकपन, तो नशीला मेरा यौवन।
किया पलकों में बंद तुझको, मैं लुटा दूँ तुझपे तन-मन।
अब साहिल मेरा तू ही मंजिल, जानेमन-जानेमन-जानेमन।
हो गयी दिलबर मैं तेरी, जानेमन-जानेमन-जानेमन।
तुझसे मिलने के लिये बेताब है दिल, जानेमन-जानेमन...।

लब मेरे मय के पैमाने, दिलवाला तू कैसा न जाने।
रंग दूँगी तुझे अपने रंग में, मतवाला तू कहना न माने।
ज़िंदगानी में मेरी हुई कैसी मुश्किल? जानेमन-जानेमन...।
हो गयी दिलबर मैं तेरी, जानेमन-जानेमन-जानेमन।
तुझसे मिलने के लिये बेताब है दिल, जानेमन-जानेमन...।

कर ले तुझे जो है करना, बीत जायेगा वक़्त वरना।
बजने दे सुरीली ये सरगम, अब क्या ज़माने से डरना?
वक़्त आने पर गुल जाते हैं खिल, जानेमन-जानेमन...।
हो गयी दिलबर मैं तेरी, जानेमन-जानेमन-जानेमन।
तुझसे मिलने के लिये बेताब है दिल, जानेमन-जानेमन...।

तुझसे मिलने के लिये हरदम

तुझसे मिलने के लिये हमदम, बेताब है दिल।
तू ही दुनिया है मेरी हमदम, समझा है दिल।
तुझसे मिलने के लिये हमदम, बेताब है दिल।

तुझसे मिलकर के ज़ुदा होना, मन्जूर नहीं।
माना हस्ती है क्या मेरी? मजबूर नहीं।
तेरी खुशियों के लिये हमदम, बिंदास है दिल।
तू ही दुनिया है मेरी हमदम, समझा है दिल।
तुझसे मिलने के लिये हमदम, बेताब है दिल।

माँगा करती हूँ तुझे रब से, हर रोज़ सदा में।
किया करती हूँ बराबर, यही रोज़ दुआ मैं।
है भी लब पे तेरी सरगम, तू ही साहिल।
तू ही दुनिया है मेरी हमदम, समझा है दिल।
तुझसे मिलने के लिये हरदम, बेताब है दिल।

ऐसा होता है मुहब्बत में, मालूम नहीं था।
कभी दिल में तेरे जैसा, मेहमान नहीं था।
जुड़े जन्मों के हैं बंधन, पशेमाँ है दिल।
तू ही दुनिया है मेरी हमदम, समझा है दिल।
तुझसे मिलने के लिये हरदम, बेताब है दिल।

मेरे इस दिल को दुःखा कर, मिलेगा क्या तुझे भला?
मेरे सपनों को यूँ मिटाकर, मिला क्या तुझे सिला?
झूठी कसमों से ही हमदम, बरबाद है दिल।
तू ही दुनिया है मेरी हमदम, समझा है दिल।
तुझसे मिलने के लिये हरदम, बेताब है दिल।

तुझसे मुहब्बत के सिवा

तुझसे मुहब्बत के सिवा, चाहा ही क्या था।
झूठा ही सही मुझसे कोई, वादा तो किया था।
तुझसे मुहब्बत के सिवा, चाहा ही क्या था?

तन्हाई कभी ऐसे, मेरे ग़म को बढ़ा देगी।
घड़ियाँ वे शरारत की, मुझे इतनी सजा देंगी।
अरमान मुहब्बत के, यूँ ही भी मिटा देंगी।
तुझसे इजाजत के सिवा, माँगा ही क्या था?
झूठा ही सही मुझसे कोई, वादा तो किया था।
तुझसे मुहब्बत के सिवा, चाहा ही क्या था?

उल्फ़त थी कभी हममें, शमा जला रखना।
चाहत के इरादों को, मुद्दत तक जवाँ रखना।
कदमों में सिर तुम्हारे, बस इसकी ख़बर रखना।
वही गुल वही गुन्चे, भला मेरा भी क्या था?
झूठा ही सही मुझसे कोई, वादा तो किया था।
तुझसे मुहब्बत के सिवा, चाहा ही क्या था?

मिट जाऊँगा एक दिन मैं, तेरी ही तमन्ना में।
हो जाऊँगा रुसवा मैं, तेरी ही अदालत में।
कर पाऊँगा न शिकवा, तेरी ही हिफ़ाजत में।
तुझसे तेरे इस ग़म के सिवा, जाना ही क्या था?
झूठा ही सही मुझसे कोई, वादा तो किया था।
तुझसे मुहब्बत के सिवा, चाहा ही क्या था?

तुझसे नहीं तो किससे कहूँगा

तुझसे नहीं तो किससे कहूँगा? दिल की मैं बात अपने।
सुन! सुन! सुन! मेरी महबूबा, सुन! सुन! सुन! मेरी महबूबा।
शिकवा-गिला मैं तुझसे करूँगा, कहूँगा राज़ अपने।
सुन! सुन! सुन! मेरी महबूबा, सुन! सुन! सुन! मेरी महबूबा।

दिल की बातें मुझसे सुन, चुन-चुन-चुन मुझको चुन।
दिल को आये पसंद, तुम तुम-तुम-तुम तुम-तुम-तुम।
तेरे नहीं तो किसके भला? मैं देखूँगा रोज सपने।
सुन! सुन! सुन! मेरी महबूबा, सुन! सुन! सुन! मेरी महबूबा।
शिकवा-गिला मैं तुझसे करूँगा, कहूँगा राज़ अपने।
सुन! सुन! सुन! मेरी महबूबा, सुन! सुन! सुन! मेरी महबूबा।

कोरे कागज पर लिखवा, तुझको चाहा है सनम।
तू है ख़ुदा, मेरा रब, तुझको माना है हमदम।
गुजरें हैं जो पल बयाँ करूँगा, जानम जज़्बात अपने।
सुन! सुन! सुन! मेरी महबूबा, सुन! सुन! सुन! मेरी महबूबा।
शिकवा-गिला मैं तुझसे करूँगा, कहूँगा राज़ अपने।
सुन! सुन! सुन! मेरी महबूबा, सुन! सुन! सुन! मेरी महबूबा।

संग मेरे कहीं तू चल, मैं शोला हूँ तू शबनम।
महज़बीं ऐ दिलनशीं, मैं खुशबू हूँ तू चन्दन।
कह दे मुझसे फिर न मिलूँगा, दिल पर रख हाथ अपने।
सुन! सुन! सुन! मेरी महबूबा, सुन! सुन! सुन! मेरी महबूबा।
शिकवा-गिला मैं तुझसे करूँगा, कहूँगा राज़ अपने।
सुन! सुन! सुन! मेरी महबूबा, सुन! सुन! सुन! मेरी महबूबा।

काहे धड़कता है जिगर, धक-धक-धक, धक-धक-धक।
मुझको नहीं अपनी ख़बर, तन्हा मैं पल-पल-पल।
तू न मिली तो मैं वो करूँगा, तोड़ूँगा मैं सारी रस्में।
सुन! सुन! सुन! मेरी महबूबा, सुन! सुन! सुन! मेरी महबूबा।
शिकवा-गिला मैं तुझसे करूँगा, कहूँगा राज़ अपने।
सुन! सुन! सुन! मेरी महबूबा, सुन! सुन! सुन! मेरी महबूबा।

तुझे बार-बार देखना अच्छा लगने लगा

तुझे बार-बार देखना, अच्छा लगने लगा।
तेरा इंतज़ार ऐ-सनम, अच्छा लगने लगा।
तुझे बार-बार देखना, अच्छा लगने लगा।

क्यों हुआ? कब हुआ? प्यार... प्यार... तुझसे प्यार।
बेवजह ही हुआ दिल... दिल...बेकरार।
तेरा खिलखिला के हँसना, अच्छा लगने लगा।
तेरा इंतज़ार ऐ-सनम, अच्छा लगने लगा।
तुझे बार-बार देखना, अच्छा लगने लगा।

हर घड़ी आ रही याद... याद...तेरी याद।
रब से मैं कर रहा यार... यार...फ़रियाद।
मुझे सुबह-शाम लिखना, अच्छा लगने लगा।
तेरा इंतज़ार ऐ-सनम!, अच्छा लगने लगा।
तुझे बार-बार देखना, अच्छा लगने लगा।

ज़िंदगी लिख मैंने दी नाम... नाम...तेरे नाम।
आ पिला दे मुझे जाम... जाम...लब के जाम।
तेरा रात 'ओ' दिन सजना, अच्छा लगने लगा।
तेरा इंतज़ार ऐ-सनम, अच्छा लगने लगा।
तुझे बार-बार देखना, अच्छा लगने लगा।

कुछ मिले या नहीं आस... पास...तू मिले।
देखूँ दुनिया को मैं ख़ास... ख़ास...तू दिखे।
तेरा पास आ के मिलना, अच्छा लगने लगा।
तेरा इंतज़ार ऐ-सनम, अच्छा लगने लगा।
तुझे बार-बार देखना, अच्छा लगने लगा।

तुझे दिल मेरा दुःखा कर

तुझे दिल मेरा दुःखाकर, मेरे यार क्या मिला है?
तुझे दिल मेरा दुःखाकर, मेरे यार क्या मिला है?
गम मुझे तूने वो दिया है, कह दे भी क्या ग़िला है?
तुझे दिल मेरा दुःखाकर, मेरे यार क्या मिला है?

जीने की मेरे वज़ह है तू, ख़्वाबों की मेरे मल्लिका तू।
मैं चाँद हूँ तू चाँदनी, नयनों की मेरे निंदिया है तू।
मेरी ज़िंदगी में आकर, तोड़ा ये सिलसिला है।
तुझे दिल मेरा दुःखाकर, मेरे यार क्या मिला है?

तू है नहीं गर तक़दीर में, चाहूँगा तुझको तस्वीर में।
सजदा करूँगा तुझको तो मैं, मागूँगा तुझको उस रब से मैं।
हर बार मुस्कुराकर, इंकार ही लिखा है।
तुझे दिल मेरा दुःखाकर, मेरे यार क्या मिला है?

तेरा है दिल में दर्द-ए-जिगर, तेरी बदौलत तन्हा सफर।
कर बैठा कैसे मंसूब मैं? तेरी अदालत का यह क़हर।
उजड़ा मेरा चमन, न ही कोई भी गुल खिला है।
तुझे दिल मेरा दुःखाकर, मेरे यार क्या मिला है?

तड़पायेंगी मुझे यादें तेरी, याद आयेंगी मुझे बातें तेरी।
रातों को तन्हा हम-तुम मिले, याद आयेंगी मुलाक़ातें बड़ी।
मेरे जिस्म-ओ-जाँ में आकर, रुख़सत हो क्या मिला है?
तुझे दिल मेरा दुःखाकर, मेरे यार क्या मिला है?

तुम अगर साथ में होते

तुम अगर साथ में होते तो अच्छा होता,
तुम अगर साथ न दो, तो भी कोई बात नहीं।
मयक़दा दूर नहीं है, मुझे पीने के लिये,
तुम अगर जाम न दोगे, तो भी कोई बात नहीं।

ढूँढ़ता फिरता तुझे मैं, हूँ कब से गलियों में?
छोड़ जग सारा बसाये हूँ, तुझको अँखियों में।
हमसफर तुम जो होते, तो अच्छा होता,
मुख़्तसर साथ न दो, तो भी कोई बात नहीं।
मयक़दा दूर नहीं है मुझे पीने के लिये,
तुम अगर जाम न दोगे, तो भी कोई बात नहीं।

हाय! ये दुनिया तिजारत के सिवा कुछ भी नहीं।
हैं यहाँ मोड़, क़यामत के सिवा, कुछ भी नहीं।
तुम अगर साँस भी लोगे तो चर्चा होगा,
हम अगर लुट भी गये हैं, तो कोई बात नहीं।
मयक़दा दूर नहीं है, मुझे पीने के लिये,
तुम अगर जाम न दोगे तो, तो भी कोई बात नहीं।

क्या मिला मुझको सनम तेरी तमन्ना करके?
दिल यह बेक़ल है सनम, तेरी पतियाँ पढ़के।
तुम अगर जिद में न होते जहाँ अपना होता।
तुम अगर जिद पर अड़े हो, तो भी कोई बात नहीं।
मयक़दा दूर नहीं है, मुझे पीने के लिये।
तुम अगर जाम न दोगे, तो भी कोई बात नहीं।

तू है जादूगर तू है बाजीगर

तू है जादूगर, तू है बाजीगर, तू है दिलवाला, तू है सौदागर।
प्यार कर, प्यार कर, प्यार कर, प्यार कर।
तू है जादूगर, तू है बाजीगर, तू है दिलवाला, तू है सौदागर।
प्यार कर, प्यार कर, प्यार कर, प्यार कर।

दिल की हर धड़कन तेरी, तू ही मालिक तू ही ख़ुदा।
बन्दगी तेरी मैं करती, तुझसे कैसे मैं रहूँ जुदा?
तू माने न माने, लबों के पैमाने।
तेरे ही लिये, तेरे ही लिये।
तू है जानेमन, तू है दिलरुबा, तू है सिलसिला, तू फ़लसफ़ा।
प्यार कर। प्यार कर। प्यार कर। प्यार कर।

हर खुशी तेरे ही दम से, कर भी ले मुझ पर यह यकीं।
तुझसे कितना प्यार करूँ मैं? गर जवाँ तू, मैं हूँ हँसी।
तू बादल, मैं बिजली, तू सागर, मैं नदिया।
ले खायी कसम, ले खायी कसम।
तू है जानेजाँ, तू जाने जिगर, तू है मतवाला, तू हमसफर।
प्यार कर, प्यार कर, प्यार कर, प्यार कर।

सँभलेगा कैसे भला दिल? तू बता मुझको क्या पता?
बन गयी तेरी मैं दीवानी, हुई भी क्या मुझसे है ख़ता?
लूँ जब-जब अँगड़ाई, याद तू ही तो आये।
उतरे कैसे? तेरा ये रंग।
तू है दर्दे दिल, तू ही है दवा, तू मेरी मंजिल, तू ही है सदा।
प्यार कर ! प्यार कर ! प्यार कर ! प्यार कर !

तू ही है मेरे सपनों में तू ही है...

तू ही है, मेरे सपनों में, तू ही है, मेरी यादों में।
तू ही है, मेरी धड़कन में, तू ही है, मेरी साँसों में।
तू ही है, मेरे सपनों में, तू ही है, मेरी यादों में।

हजारों तूने, लिये इम्तहाँ, तब जा के, इक़रार हुआ।
है तेरी गलियों में ख़ाक़ छानी, दिल मेरा, बेक़रार हुआ।
तू ही तो, मेरी मन्नत है, बसी है, मेरी आँखों में।
तू ही है, मेरी धड़कन में, तू ही है, मेरी साँसों में।
तू ही है, मेरे सपनों में, तू ही है, मेरी यादों में।

गुजारे मैंने, हँसते-गाते, चन्द लम्हें, तेरे साथ सनम।
वफ़ा की कसमें, वफ़ा के वादे, बढ़ भी गये, तेरी ओर कदम।
घुली हो जैसे, प्यार की मिस्री, सुरीली तेरी, बातों में।
तू ही है, मेरी धड़कन में, तू ही है, मेरी साँसों में।
तू ही है, मेरे सपनों में, तू ही है, मेरी यादों में।

मेरी वफ़ा और मेरी सदायें, बनी सजा ऐ-मेरे ख़ुदा।
क़हर ये ढ़ा, वो हुआ किनारे, दीवाने दिल, दो हुए जुदा।
तू ही है, मेरे दिन का उजाला, शमा है, मेरी रातों की।
तू ही है, मेरी धड़कन में, तू ही है, मेरी साँसों में।
तू ही है, मेरे सपनों में, तू ही है, मेरी यादों में।

जवाँ मुहब्बत, प्यार के किस्से, क्या इनको, मैं नाम दूँ?
किस तरह, जाकर ये उसको, उल्फत का, पैग़ाम दूँ।
रखा है क्या, इन रिश्तों में? रखा है क्या, नातों में?
तू ही है, मेरी धड़कन में, तू ही है, मेरी साँसों में।
तू ही है, मेरे सपनों में, तू ही है, मेरी यादों में।

तू काला है मैं गोरी करता क्यों सीना जोरी

तू काला है मैं गोरी, करता क्यों सीना-जोरी?
कैसे अपनी जोड़ी, जमेगी भला?
तू बुद्धू तू लोफर, करता है गोरखधंधा।
कैसे अपनी ढपली बजेगी भला?
तू काला है मैं गोरी, करता क्यों सीना-जोरी? कैसे अपनी...?

लड़की इंगलिस्तानी, है नाम मेरा रानी, मेरे नखरे बड़े।
कानों में झुमका डोले, तेरे जैसे कितने छोरे, मेरे पीछे पड़े?
बरसाने की मैं हूँ छोरी, करता क्यों सीना-जोरी? कैसे अपनी...?
तू बुद्धू तू लोफर, करता है गोरखधंधा, कैसे अपनी...?
तू काला है मैं गोरी, करता क्यों सीना-जोरी? कैसे अपनी...?

कभी कमर लचकी जाये,
कभी चुनर सरकी जाये, अभी बाली उमर।
झुकी पेड़ों की हैं डाली, कोयल कू-कू गाये, है सूनी डगर।
कसमें रस्में हैं थोड़ी, करता क्यों सीना जोरी? कैसे अपनी...
तू बुद्धू तू लोफर, करता है गोरखधंधा, कैसे अपनी...?
तू काला है मैं गोरी, करता क्यों सीना-जोरी? कैसे अपनी...?

अंग-अंग मेरा जादू, हो जायेगा बेकाबू, चल पीछे तू हट।
ऊपर-नीचे क्या देखे? काहे आगे-पीछे डोले? तू बड़ा नटखट।
बाँध न मुझसे तू डोरी, करता क्यों सीना-जोरी? कैसे अपनी...?
तू बुद्धू तू लोफर, करता है गोरखधंधा, कैसे अपनी...?
तू काला है मैं गोरी, करता क्यों सीना-जोरी? कैसे अपनी...?

हैं लब मेरे अंगारे, नैना मेरे कजरारे, है चंचल जिया।
है चाल मेरी मस्तानी, उस पर नाजुक जवानी, तू गँवार पिया।
गाँव मेरा चोरा-चोरी, करता क्यों सीना जोरी, कैसे अपनी...?
तू बुद्धू तू लोफर, करता है गोरखधंधा, कैसे अपनी...?
तू काला है मैं गोरी, करता क्यों सीना-जोरी? कैसे अपनी...?

तू लैला मेरी बन जा मैं बन जाऊँ

तू लैला मेरी बन जा, मैं बन जाऊँ तेरा मजनूँ।
आ कर लें थोड़ी गुफ़्तगू, दिल करता तेरी जुस्तजू।
तू लैला मेरी बन जा, मैं बन जाऊँ तेरा मजनू।

आज किस्मत ने हमको, मिला है दिया।
क्यों न कर लें कहे जो? हमारा जिया।
कर लें सिर झुकाकर के बन्दगी,
आ बुझा लें लगी, बेकल है जिया।
आ बैठें पीपल छैंयाँ, न छोड़े हम ये बैंया।
आ कर लें थोड़ी गुफ़्तगू, दिल करता तेरी जुस्तजू।
तू लैला मेरी बन जा, मैं बन जाऊँ तेरा मजनू।

नाम तेरा दीवारों पर लिखने लगा।
ऐसा तुझमें क्या मुझको दिखने लगा?
तू भी मेरे इशारे समझने लगी,
शोला दिल में मेरे मचलने लगा।
मैं तन्हा, तू भी तन्हा, ठण्डी आहें ना भर तू।
आ कर लें थोड़ी गुफ़्तगू, दिल करता तेरी जुस्तजू।
तू लैला मेरी बन जा, मैं बन जाऊँ तेरा मजनू।

बन्द हो जायें कमरे में और चाबी न हो।
फिर वो सब करें हम, गर राजी तू हो।
थम जायें ज़माने की धड़कनें,
रात यूँ ही रहे, सुबह आती न हो।
तू नदिया मैं हूँ सागर, तू कहने में मेरे चल तू।
आ कर लें थोड़ी गुफ़्तगू, दिल करता तेरी जुस्तजू।
तू लैला मेरी बन जा, मैं बन जाऊँ तेरा मजनू।

तू न मुझको भुला सकी

तू न मुझको भुला सकी, मैं न तुझको भुला सका।
पास तू न आ सकी, दूर मैं न जा सका।
तू न मुझको भुला सकी, मैं न तुझको भुला सका।

ज़िंदगी एक दास्तान-ए-प्यार, बनकर रह गयी।
हर खुशी एक खूबसूरत, याद बनकर रह गयी।
तू न मुझको बुला सकी, मैं न तुझको बुला सका।
पास तू न आ सकी, दूर मैं न जा सका।
तू न मुझको भुला सकी, मैं न तुझको भुला सका।

बेसबब ये आशिक़ी, नगमें ही गाती रही।
संदेशे बरबादियों के, आँधियाँ लाती रही।
राज़-ए-दिल न तू कह सकी, न मैं राज़ ये कह सका।
पास तू न आ सकी, दूर मैं न जा सका।
तू न मुझको भुला सकी, मैं न तुझको भुला सका।

फ़लसफ़ा यह प्यार का, है अधूरा क्या करें?
नयी-नयी हर बार उलझन, हम जियें या मरें।
तू न दवा कोई ला सकी, न मैं ज़हर ये पी सका।
पास तू न आ सकी, दूर मैं न जा सका।
तू न मुझको भुला सकी, मैं न तुझको भुला सका।

तुझको ख़त मैंने लिखे, बन्दगी के वास्ते।
पर ग़िला तूने किया, हुये ज़ुदा ये रास्ते।
तू न मुझको डिगा सकी, न मैं तुझको डिगा सका।
पास तू न आ सकी, दूर मैं न जा सका।
तू न मुझको भुला सकी, मैं न तुझको भुला सका।

टूटी जाती हैं दिनों-दिन

टूटी जाती हैं दिनोदिन~वर्षों पुरानी यारियाँ
ज़िंदगी एक क़ैद सी है~क्या करें तैयारियाँ
टूटी जाती हैं दिनोदिन~वर्षों पुरानी यारियाँ

ख़त्म हो गये सिलसिले वो~खेले-कूदे संग-संग
रस्में हो गयीं नाम की बस~नाचे-गाये संग-संग
सूनी सूनी हैं आजकल~मयक़सों की प्यालियाँ
ज़िंदगी एक क़ैद सी है~क्या करें तैयारियाँ
टूटी जाती हैं दिनोदिन~वर्षों पुरानी यारियाँ

सोचते ही रह गये हम~जाने कब वो ज़ुदा हुए
खट्टे-मीठे देखे सपने~ख़्वाब सारे फनाह हुए
सूखी जाती हैं जल बिन~मालियों की क्यारियाँ
ज़िंदगी एक क़ैद सी है~क्या करें तैयारियाँ
टूटी जाती हैं दिनोदिन~वर्षों पुरानी यारियाँ

मर गया इन्सान है~पर अकेला ही पड़ा
संगी-साथी-रिश्तेदार~साथ उसके नहीं खड़ा
कौन है जो अब बजाता~कहकहों पर तालियाँ
ज़िंदगी एक क़ैद सी है~क्या करें तैयारियाँ
टूटी जाती हैं दिनोदिन~वर्षों पुरानी यारियाँ

याद आते हैं वो दिल गये

याद आते हैं वो, दिल गये तोड़कर जो।
याद आते हैं वो, दिल गये तोड़कर जो।
हमसफर बन मेरे, मुँह गये मोड़कर वो।
याद आते हैं वो, दिल गये तोड़कर जो।

मंजिलें प्यार की, हमने पायी थी जहाँ।
रास्ते हैं वही, अब भी बाकी हैं निशाँ।
साथ में हम थे चले, हाथ में हाथ लेकर।
पी गये थे ज़हर, तेरा ही नाम लेकर।
लौट आते कैसे थे खड़े रोककर वो?
लौट आते कैसे थे खड़े रोककर वो?
हमसफर बन मेरे, मुँह गये मोड़कर वो।
याद आते हैं वो, दिल गये तोड़कर जो।

जंग थे हारे हम और ज़फ़ा उसने की।
पायी हमने सज़ा जो ख़ता उसने की।
मिलती क्यों है नहीं? ऐसी कोई ग़म की दवा।
चलती है आजकल, ग़म बढ़ाने की हवा।
ख़्वाब में आते वो, जागे थे रात भर जो।
ख़्वाब में आते वो, जागे थे रात भर जो।
हमसफर बन मेरे, मुँह गये मोड़कर वो।
याद आते हैं वो, दिल गये तोड़कर जो।

फूल उसने जो दिये, रखे हमने हैं छिपा।
वह सलामत रहे, करते हैं रब से दुआ।
मानने वाले नहीं, हैं पत्थर के सनम।
बस अदालत की तरह, झूठी खाते हैं कसम।
मुस्कुराते हैं, जंग ये जीतकर वो।
मुस्कुराते हैं, जंग ये जीतकर वो।
हमसफर बन मेरे, मुँह गये मोड़कर वो।
याद आते हैं वो, दिल गये तोड़कर जो।

ये जाँ है आपकी ये दिल है आपका

ये जाँ है आपकी, ये दिल है आपका, आ कर लें वादा प्यार का।
मुझको पसंद है, हर जलवा आपका, आ कर लें वादा प्यार का।
ये जाँ है आपकी, ये दिल है आपका, आ कर लें वादा प्यार का।

डूबा... डूबा... डूबा..., तेरी यादों में सनम।
खोया... खोया... खोया... तेरे ख़्वाबों में सनम।
हुआ... हुआ... हुआ... दीवाना मैं हुआ।
लम्हा... लम्हा... लम्हा... अफ़साना ये हुआ।
डगर है प्यार की, तुझ ही से वास्ता, आ कर लें वादा प्यार का।
मुझको पसंद है, हर जलवा आपका, आ कर लें वादा प्यार का।
ये जाँ है आपकी, ये दिल है आपका, आ कर लें वादा प्यार का।

शमा... शमा... शमा... परवाने को चाहे।
घटा... घटा... घटा... बरसना क्यों चाहे?
तुझसा... तुझसा... तुझसा... ज़माने में नहीं।
मजा... मजा... मजा... तड़पाने में नहीं।
मंजिल आपसे, हर रास्ता आपका, आ कर लें वादा प्यार का।
मुझको पसंद है, हर जलवा आपका, आ कर लें वादा प्यार का।
ये जाँ है आपकी, ये दिल है आपका, आ कर लें वादा प्यार का।

लूटा... लूटा... लूटा... इस ज़माने ने मुझे।
रूठा... रूठा... रूठा... हर नज़ारा मुझसे।
लिखूँ... लिखूँ... लिखूँ... तेरी आँखों पर ग़ज़ल,
कहूँ...कहूँ....कहूँ... तेरे होंठों को कमल।
ऋतु है दीदार की, मौसम बहार का, आ कर लें वादा प्यार का।
मुझको पसंद है, हर जलवा आपका, आ कर लें वादा प्यार का।
ये जाँ है आपकी, ये दिल है आपका, आ कर लें वादा प्यार का।

ये जो दिल में तुम्हारी याद है

ये जो दिल में तुम्हारी याद है, बस यही एक मेरी जायदाद है।
छोड़कर तन्हा तुम न जाओगे, बस ख़ुदा से यही फ़रियाद है।
ये जो दिल में तुम्हारी याद है, बस यही एक मेरी जायदाद है।

इससे ज्यादा मैं नहीं जानती, तुमको अपना मैं सनम मानती।
जैसी भी हूँ भली या बुरी, ख़ुद को तेरे ही रंग में मैं ढालती।
छोड़ा जग तुझ ही से है वास्ता, तू ही एक मेरी क़ायनात है।
छोड़कर तन्हा तुम न जाओगे, बस ख़ुदा से यही फ़रियाद है।
ये जो दिल में तुम्हारी याद है, बस यही एक मेरी जायदाद है।

जब से देखा तुझे मैंने पास से, बंदगी तेरी करूँ दिन-रात मैं।
हो तुझसे जुदा न रह पाऊँगी, बन गई हूँ तेरी परछाईं मैं।
छिपा रखा है तेरी तस्वीर को, तुझसे दुनिया मेरी आबाद है।
छोड़कर तन्हा तुम न जाओगे, बस ख़ुदा से यही फ़रियाद है।
ये जो दिल में तुम्हारी याद है, बस यही एक मेरी जायदाद है।

संग लेकर मुझे कहीं दूर चल, मुझसे वादा कोई ज़रूर कर।
तुझे सदियों से मैं ढूँढ़ती, मुझको ज्यादा न तू मजबूर कर।
भीगे लब पे तुम्हारा नाम है, बस तू ही एक मेरा हमराज़ है।
छोड़कर तन्हा तुम न जाओगे, बस ख़ुदा से यही फ़रियाद है।
ये जो दिल में तुम्हारी याद है, बस यही एक मेरी जायदाद है।

ख़त्म हो न कभी ये दास्ताँ, दोनों मिलकर बनायें आशियाँ।
धरती-अंबर जवाँ है जब तक, दोनों मिल बिछड़ें न साथिया।
गुनगुनाते हैं लब जो आजकल, वो तेरी और मेरी आवाज है।
छोड़कर तन्हा तुम न जाओगे, बस ख़ुदा से यही फ़रियाद है।
ये जो दिल में तुम्हारी याद है, बस यही एक मेरी जायदाद है।

यूँ ही तू गाये जा

यूँ ही तू गाये जा, नग़में ये प्यार के।
सर्द मौसम है ये, दिन हैं बहार के।
यूँ ही तू गाये जा, नग़में ये प्यार के।

खिल गयी बागों में, देख भी कलियाँ।
मिल गयी दोनों की, देख भी अँखियाँ।
यूँ ही निभाये जा, वादे क़रार के।
सर्द मौसम है ये, दिन हैं बहार के।
यूँ ही तू गाये जा, नग़में ये प्यार के।

न कोई चिलमन है, न कोई परदा।
न कोई उलझन है, न कोई शिक़वा।
यूँ ही बुलाये जा, तू मुझको याद से।
सर्द मौसम है ये, दिन हैं बहार के।
यूँ ही तू गाये जा, नग़में ये प्यार के।

मक़सद है दोनों का, बन्दगी करना।
न तू कभी मुझसे, दिल्लगी करना।
यूँ ही तू बाँधे जा, प्रीत की डोर से।
सर्द मौसम है ये, दिन हैं बहार के।
यूँ ही तू गाये जा, नग़में ये प्यार के।

गलियों में ज़न्नत है, हाँ तेरे दम से।
रँगी नज़ारे हैं, हाँ तेरे दम से।
यूँ ही सिखाये जा, उल्फ़त का पाठ ये।
सर्द मौसम है ये, दिन हैं बहार के।
यूँ ही तू गाये जा, नग़में ये प्यार के।

उड़-उड़ जाने को करने लगा जी

उड़-उड़ जाने को, करने लगा जी, हाँ-जी, हाँ-जी, हाँ-जी।
उड़-उड़ जाने को, करने लगा जी, हाँ-जी, हाँ-जी, हाँ-जी।
गुन-गुन गाने को, करने लगा जी, हाँ-जी, हाँ-जी, हाँ-जी।
उड़-उड़ जाने को, करने लगा जी, हाँ-जी, हाँ-जी, हाँ-जी।

चन्दा के पास चली जाऊँ, तू बुलाये मैं न आऊँ।
सूरज की किरन बन जाऊँ, तू पुकारे मैं शरमाऊँ।
दूर-दूर जाने को, करने लगा जी, हाँ-जी, हाँ-जी, हाँ-जी।
गुन-गुन गाने को, करने लगा जी, हाँ-जी, हाँ-जी, हाँ-जी।
उड़-उड़ जाने को, करने लगा जी, हाँ-जी, हाँ-जी, हाँ-जी।

सागर से नदिया मिली है, अम्बर से ज़मीं मिल रही है।
फूलों पर भँवरा दीवाना, बगियन में कली खिल रही है।
धुन कोई गाने को, करने लगा जी, हाँ-जी, हाँ-जी, हाँ-जी।
गुन-गुन गाने को, करने लगा जी, हाँ-जी, हाँ-जी, हाँ-जी।
उड़-उड़ जाने को, करने लगा जी, हाँ-जी, हाँ-जी, हाँ-जी।

दिलवाले मुझ पर फ़िदा हैं, घरवाले मुझसे ख़फ़ा हैं।
जन्जीरें तोड़ चली मैं, मेरी बातें सबसे जुदा हैं।
छम-छम नाचूँ मैं, करने लगा जी, हाँ-जी, हाँ-जी, हाँ-जी।
गुन-गुन गाने को, करने लगा जी, हाँ-जी, हाँ-जी, हाँ-जी।
उड़-उड़ जाने को, करने लगा जी, हाँ-जी, हाँ-जी, हाँ-जी।

बस में नहीं मेरे जियरा, हुई ज़ालिम है मेरी जवानी।
लबों के जाम मैं छलकाऊँ, हुई नटखट है मेरी कहानी।
तेरा हो जाने को, करने लगा जी, हाँ-जी, हाँ-जी, हाँ-जी।
गुन-गुन गाने को, करने लगा जी, हाँ-जी, हाँ-जी, हाँ-जी।
उड़-उड़ जाने को, करने लगा जी, हाँ-जी, हाँ-जी, हाँ-जी।

उसका ही है इंतज़ार

उसका ही है इंतज़ार, जिसने किया दिल बेकरार।
वो है मेरी जानेमन, जिसने लिया मेरा इम्तिहान।
उसका ही है इंतज़ार, जिसने किया दिल बेकरार।

गुल सा खिला चेहरा, हँसीं, मस्ती भरा बदन।
नयनों की बात क्या करूँ? मयखाने की तरंग।
उस पर ही है ऐतबार, जिसने किया कभी है क़रार।
वो है मेरी जानेमन, जिसने लिया मेरा इम्तिहान।
उसका ही है इंतज़ार, जिसने किया दिल बेकरार।

साँसों में वो बस कर मेरी, अब तक तड़पाती है।
आती है जब सामने वो, हल्के से शरमाती है।
उस पर मेरा इख्तियार, जिसने दिया ग़म बेशुमार।
वो है मेरी जानेमन, जिसने लिया मेरा इम्तिहान।
उसका ही है इंतज़ार, जिसने किया दिल बेकरार।

माना कि वो नाचीज़ है, उसके लिये हर गीत है।
सुबह मेरी वो शाम है, वो ही मेरी मनमीत है।
वो है मेरी जीत-हार, जिससे मैंने किया है प्यार।
वो है मेरी जानेमन, जिसने लिया मेरा इम्तिहान।
उसका ही है इंतज़ार, जिसने किया दिल बेकरार।

उसके बिना दिल न लगे, अरमाँ कई मन में जगे।
क्या मैं करूँ क्या न करूँ? तन्हा कहीं वो आहें भरें।
वो ही सदा आये याद, कैसे करूँ उसका दीदार?
वो है मेरी जानेमन, जिसने लिया मेरा इम्तिहान।
उसका ही है इंतज़ार, जिसने किया दिल बेकरार।

वो मुझको याद करता है तन्हा-तन्हा

वो मुझको याद करता है, तन्हा-तन्हा रातों में।
बसा है मेरी यादों में।
उसे ही चाहता है दिल, लम्हा-लम्हा जाने क्यों?
बसा है मेरी साँसों में।
वो मुझको याद करता है, तन्हा-तन्हा रातों में बसा है...।

हवा पैग़ाम लाती है, मेरे दीवाने दिलबर का।
फ़िजा नग़मा सुनाती है, मुझे शोला-शबनम का।
सुबह से शाम करता है, मुझको लेकर बाहों में बसा है...।
उसे ही चाहता है दिल, लम्हा-लम्हा जाने क्यों बसा है...?
वो मुझको याद करता है, तन्हा-तन्हा रातों में बसा है...।

उसी के नाम लिख दूँगी, जवानी की हँसी घड़ियाँ।
अगर वो सामने आया, मिलाऊँगी मैं अँखियाँ।
वो मुझसे बात करता है रंग-रँगीले ख़्वाबों में बसा है...।
उसे ही चाहता है दिल लम्हा-लम्हा जाने क्यों बसा है...?
वो मुझको याद करता है, तन्हा-तन्हा रातों में बसा है...।

बहकते हैं कदम मेरे, मचलता है मेरा मनवा।
कि डर लगता मुझे पल-पल, कहीं हो जायें न रुसवा।
वो मुझसे आस रखता है, ज़िंदगी की राहों में बसा है...।
उसे ही चाहता है दिल लम्हा-लम्हा जाने क्यों बसा है...?
वो मुझको याद करता है, तन्हा-तन्हा रातों में बसा है...।

बदन गोरा ये मलमल है, पिघलती शमा पल-पल है।
मैं उसकी हुस्न की रानी, ये कैसा राग पंचम है?
वो मुझको बाँध सकता है, रफ़्ता-रफ़्ता वादों में, बसा है...।
उसे ही चाहता है दिल, लम्हा-लम्हा जाने क्यों बसा है...?
वो मुझको याद करता है, तन्हा-तन्हा रातों में बसा है...।

न ही है नाई न ही है बाई

न ही है नाईन ही है बाईकमाई न धमाई
न ही है नाईन ही है बाईकमाई न धमाई
न काला जामबर्फी तमामन ही है रसमलाई
बस...सारा दिन दिखे लुगाई ही लुगाई
सारा दिन दिखे लुगाई ही लुगाई
न ही है नाई न ही है बाई ~~~~~

इधर बैठनाउधर बैठनाबंद हो गया कब का
इधर ताकनाउधर झांकनाबंद हो गया रास्ता
न साला आज न साली~न बहना है न भाई
बस...सारा दिन दिखे लुगाई ही लुगाई
सारा दिन दिखे लुगाई ही लुगाई
न ही है नाईन ही है बाई ~~~~~~

सुबह शाम हो रात दुपहर~देखे जा रामायण
आज कहीं नपैद हो गया~छप्पन फिट का रावण
न जोड़ा कल न सोचा आज~कहाँ विभीषण आई
बस...सारा दिन दिखे लुगाई ही लुगाई
सारा दिन दिखे लुगाई ही लुगाई
न ही है नाईन ही है बाई ~~~~~~

बिन ताले ही क़ैद हो गयी~ख़्वाबों की वो रानी
छत पर भी अब मिले नहीं~यारा दिलबर जानी
बिठा सासले फेरे सातबन जा घर जमाई
बस...सारा दिन दिखे लुगाई ही लुगाई
सारा दिन दिखे लुगाई ही लुगाई
न ही है नाईन ही है बाई ~~~~~~

जिधर भी देखो एक बात है~बीमारी बीमारी
जिसे भी देखो वही फेल है~लाचारी लाचारी
न हरिद्वारन ब्रजघाटहर जगह गड़बड़ भाई
बस...सारा दिन दिखे लुगाई ही लुगाई
सारा दिन दिखे लुगाई ही लुगाई
न ही है नाईन ही है बाई ~~~~~~

सच कहने से हम क़तराते नहीं

सच कहने से हम क़तराते नहीं,सजा कितनी दो घबराते नहीं
अपने वादों के हम पाबन्द हैं,सह लेते हैं ग़म बताते नहीं
सच कहने से हम क़तराते नहीं,सजा कितनी दो घबराते नहीं

अब कितनी ही लो तुम अंगड़ाईयाँ,संग चलती हमारे तन्हाईयाँ
चांद-तारों की अब तमन्ना नहीं,अब डरती,हमसे रुसवाईयाँ
दुनिया भर से हम शरमाते नहीं,बंद खिड़की कभी खुलवाते नहीं
अपने वादों के हम पाबन्द हैं,सह लेते हैं ग़म बताते नहीं
सच कहने से हम क़तराते नहीं,सजा कितनी दो घबराते नहीं

चाहे धरती फटे या अंबर झुके,बढ़ गया जो कदम कैसे रुके
हैं हंसी जमाने में तुझसे कई,चढ़ गया जो रंग कैसे मिटे
दिल खिलौने अब बहलाते नहीं,जुल्म उनके हम गिनवाते नहीं
अपने वादों के हम पाबन्द हैं,सह लेते हैं ग़म बताते नहीं
सच कहने से हम क़तराते नहीं,सजा कितनी दो घबराते नहीं

अरमां कब के हम दफ़न कर चुके,ज़िंदगानी में सब करम कर चुके
तुम इशारों से हमको सिखाते हो क्या,उन यादों को हम ख़त्म कर चुके,
जो न समझे उसे समझाते नहीं,बेवज़ह ख़ुद पे तीर चलवाते नहीं
अपने वादों के हम पाबन्द हैं,सह लेते हैं ग़म बताते नहीं
सच कहने से हम क़तराते नहीं,सजा कितनी दो घबराते नहीं

कर जायेंगे ऐसे कुछ काम हम,दे जायेंगे दुनिया को पैग़ाम हम
याद रखे ज़माना सदियों जिसे,लिख जायेंगे ऐसा इतिहास हम
है दिल का मर्ज़ जज़्बाती नहीं,प्यार मिलता जहां रम जाते वहीं
अपने वादों के हम पाबन्द हैं,सह लेते हैं ग़म बताते नहीं
सच कहने से हम क़तराते नहीं,सजा कितनी दो घबराते नहीं

एक गोरे मुखड़े वाली ने

एक गोरे मुखड़े वाली ने~कजरारे नयनों वाली ने
दिल तोड़ दिया~दिल तोड़ दिया
पतझड़ के ग़ाफिल आलम में~उजड़े-उजड़े से गुलशन में
मुझे छोड़ दिया~मुझे छोड़ दिया
एक गोरे मुखड़े वाली ने~कजरारे नयनों वाली ने
दिल तोड़ दिया~दिल तोड़ दिया

मुझे भुलाना चाहे भुला तू~मुझे मिटाना चाहे मिटा दे तू
उलझा हूँ मैं ख़ुद उलझन में~मुझे और भी उलझा दे तू
एक मय मस्त प्याली ने~पत्थर से सख़्त सवाली ने
ग़म और दिया~ग़म और दिया
पतझड़ के ग़ाफिल आलम में~उजड़े-उजड़े से गुलशन में
मुझे छोड़ दिया~मुझे छोड़ दिया
एक गोरे मुखड़े वाली ने~कजरारे नयनों वाली ने
दिल तोड़ दिया~दिल तोड़ दिया

खिला-खिला गुलों सा बदन,मेरा जिगर दुःखाती चली पवन
तेरी बुलन्दियों से मैं दूर था~तुम नज़र चुराकर चले सनम
एक छोटी सी चिंगारी ने~मुझे मेरी ही ख़ुमारी ने
झकझोर दिया~झकझोर दिया
पतझड़ के ग़ाफिल आलम में~उजड़े-उजड़े से गुलशन में
मुझे छोड़ दिया~मुझे छोड़ दिया
एक गोरे मुखड़े वाली ने~कजरारे नयनों वाली ने
दिल तोड़ दिया~दिल तोड़ दिया

मुझे पसन्द है मेरी आरजू~तुझे पसन्द है तेरी जुस्तजू
मुझे पसन्द है तेरी बन्दगी~मुझे पसन्द है गर मिले भी तू
एक ख़्वाबों की दिलवाली ने~जुल्फों की एक हरियाली ने
मुख मोड़ लिया~मुख मोड़ लिया
पतझड़ के ग़ाफिल आलम में~उजड़े-उजड़े से गुलशन में
मुझे छोड़ दिया~मुझे छोड़ दिया
एक गोरे मुखड़े वाली ने~कजरारे नयनों वाली ने
दिल तोड़ दिया~दिल तोड़ दिया

निकलते आशियाँ के आगे से

निकलते आशियाँ के आगे से, तेरे ही हैं ऐ-हमदम!
लबों पर हम लिये फिरते, सदा ही प्यार की सरगम।
निकलते आशियाँ के आगे से, तेरे ही हैं ऐ-हमदम!

बहकते हैं कदम क्यों भी? नहीं मालूम हमको है।
हो बैठे तुम कहीं तन्हा, कि ये एहसास दिल को है।
सुबह हम तब से जागे हैं, मचलती पेड़ों पर शबनम।
लबों पर हम लिये फिरते, सदा ही प्यार की सरगम।
निकलते आशियाँ के आगे से, तेरे ही हैं ऐ-हमदम!

गुज़ारिश है बहारों से, कि उन पर फूल बरसाओ।
बड़े वो सीधे-सादे हैं, यूँ ही तुम रूठ मत जाओ।
लिपट जाओ भी शाने से, रँगीले हैं मेरे हमदम।
लबों पर हम लिये फिरते, सदा ही प्यार की सरगम।
निकलते आशियाँ के आगे से, तेरे ही हैं ऐ-हमदम!

कभी थे हम अन्जाने, मगर अब एक-दूजे के।
मिला करते थे चंद लम्हें, मगर अब शाम-सुबह हैं।
बँधे हम सुई धागे की तरह से, हो ख़ुशी या ग़म।
लबों पर हम लिये फिरते, सदा ही प्यार की सरगम।
निकलते आशियाँ के आगे से, तेरे ही हैं ऐ-हमदम!

यह कैसा प्रेम बन्धन है? बिना जोड़े ही जुड़ जाता।
पड़ी हों लाख जंजीरें, रोके से न रुक पाता।
न बुझते आँधियों के आने से, चिराग वो हैं ये हमदम।
लबों पर हम लिये फिरते, सदा ही प्यार की सरगम।
निकलते आशियाँ के आगे से, तेरे ही हैं ऐ-हमदम!

ले चलो काँधे पर मुझको

ले चलो काँधे पर मुझको, ले चलो काँधे पर मुझको।
फिर नहीं मिलने वाला हूँ, फिर नहीं आने वाला हूँ।
रोकना न मेरे हमदम, रोकना न मेरे हमदम।
मैं वही ढपली वाला हूँ, गीतों को रचने वाला हूँ।
ले चलो काँधे पर मुझको...।

राह में काँटें हैं माना, मगर समझौता मैंने कर लिया।
गौर से ऐसे न देखो, अरे! हर लम्हा मैंने पढ़ लिया।
बाँध दो धागों से मुझको, अब नहीं हिलने वाला हूँ।
रोकना न मेरे हमदम, रोकना न मेरे हमदम।
मैं वही ढपली वाला हूँ, गीतों को रचने वाला हूँ।
ले चलो काँधे पर मुझको...।

चाँद पर मेरी दुनिया है, वहीं करने हैं सभी फैसले।
तोड़ मुझसे सब बंधन दो, नहीं तुमसे हैं मुझे कोई गिले।
दे चला सब कुछ मैं तुमको, गुल नहीं खिलने वाला हूँ।
रोकना न मेरे हमदम, रोकना न मेरे हमदम।
मैं वही ढपली वाला हूँ, गीतों को रचने वाला हूँ।
ले चलो काँधे पर मुझको...।

वफ़ा की राह में यूँ तो, बढ़ा मेरा है यारों हर कदम।
बजाता हूँ मैं एक तारा, नहीं छेड़ूँगा अब जलतरंग।
दो विदा खुशियों से मुझको, फिर नहीं दिखने वाला हूँ।
रोकना न मेरे हमदम, रोकना न मेरे हमदम।
मैं वही ढपली वाला हूँ, गीतों को रचने वाला हूँ।
ले चलो काँधे पर मुझको...।

न रोओ तुम ऐसे कलियों, मुझे मत रोको अब जाने दो।
सदा खुश रहना ऐ-बच्चों! कि अब पिंजड़ा खुल जाने दो।
नींद अब आती है मुझको, मैं वही लिखने वाला हूँ।
रोकना न मेरे हमदम, रोकना न मेरे हमदम।
मैं वही ढपली वाला हूँ, गीतों को रचने वाला हूँ।
ले चलो काँधे पर मुझको...।

www.ingramcontent.com/pod-product-compliance
Ingram Content Group UK Ltd.
Pitfield, Milton Keynes, MK11 3LW, UK
UKHW041631190726
13854UKWH00006B/2428

9 789391 571412